Benjamin Castaldi

avec la collaboration de Jean-Michel Caradec'h

Dans les yeux de SIMONE

Directeur de Collection :
Lise Boëll

22, rue Huyghens
75014 Paris
www.albin-michel.fr

ISBN : 978-2-226-18189-3

Dans les yeux de SIMONE

par
Benjamin Castaldi

Albin Michel

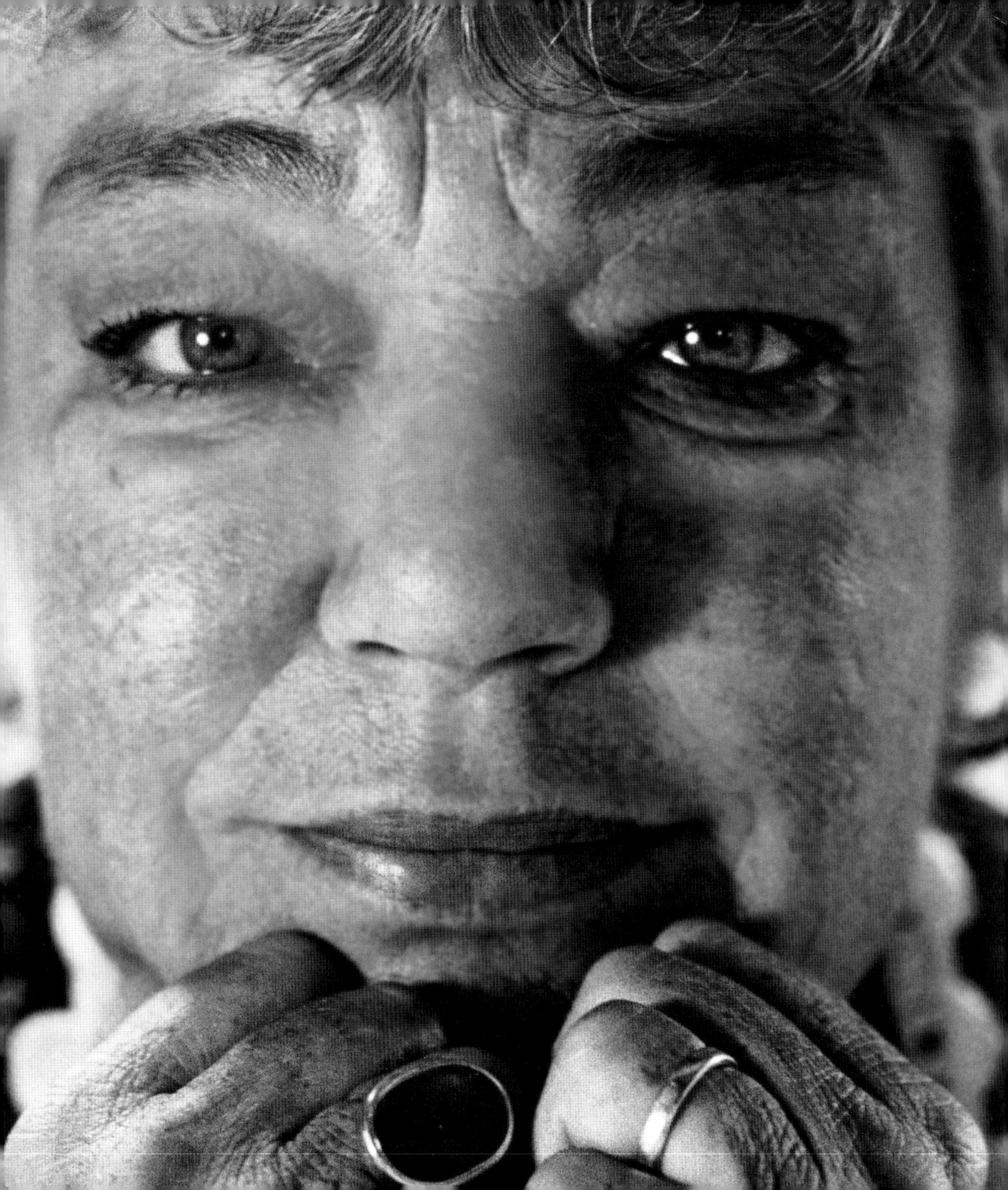

Je l'appelais Mamie. Et aussi loin que remontent mes souvenirs, elle était pour moi une vraie grand-mère, attentive et affectueuse. La dernière image que je garde d'elle est celle d'une vieille dame assise à une table à l'ombre dans le jardin d'Autheuil, légèrement penchée en avant pour soulager la douleur de son ventre, le visage brouillé par la fumée d'une cigarette fixée entre ses doigts, de grosses lunettes sur le nez. Ce tableau paisible et bucolique de la fin de l'été 1985 cache une réalité dramatique : ma grand-mère n'a plus que quelques semaines à vivre et je ne sais rien de sa maladie, ni de la gravité de son état. Ces dernières vacances d'été dans la maison d'Autheuil verront mes adieux à l'insouciance et ma naissance à la vie adulte. De tout temps, je passais mes vacances et la plupart de mes week-ends dans cette grande maison blanche qu'elle avait achetée avec Montand en 1953, et qu'ils avaient patiemment aménagée et meublée au fil des années. L'image de Mamie était si intimement liée à ce lieu que je ne peux évoquer l'une sans réveiller les souvenirs qui me rattachent à l'autre. Je n'avais à

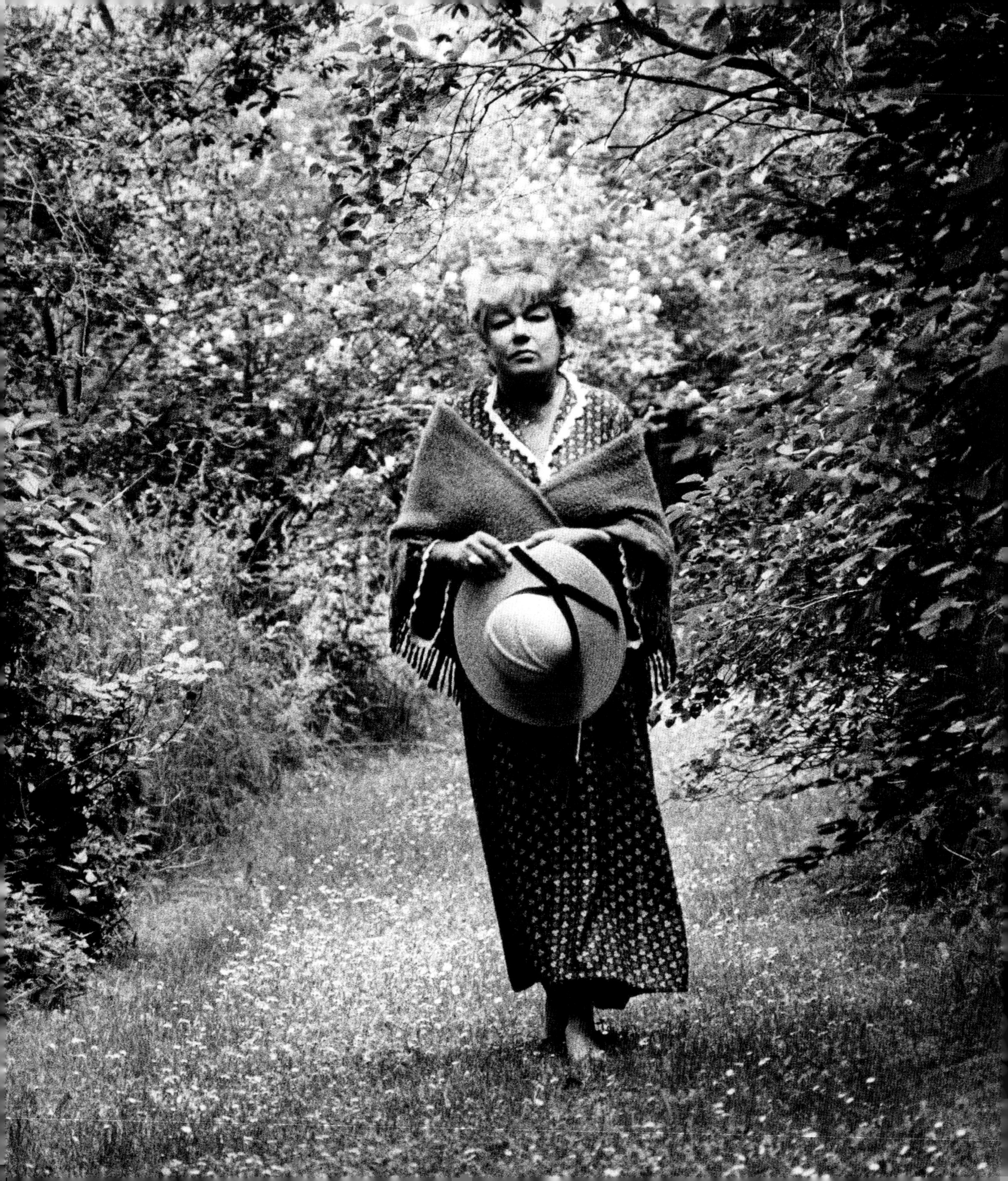

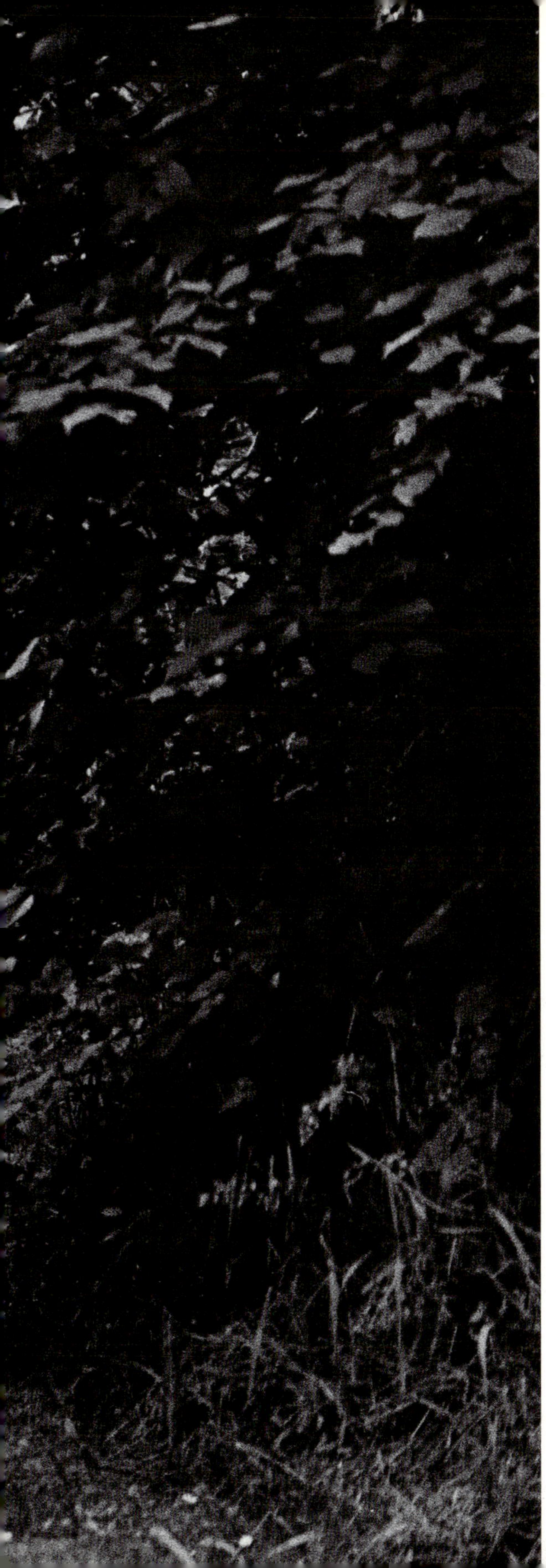

J'avais 15 ans lorsqu'elle est morte.
Je n'arrive même pas à me souvenir de la dernière fois où je l'ai vue debout.

l'époque qu'une vague idée de ce que ma Mamie d'Autheuil était aussi Simone Signoret. J'étais en classe, au lycée de Saint-Mandé, lorsque j'appris sa mort dans le bureau du proviseur. L'ami, Jean-Claude Dauphin, était venu me prendre en voiture pour m'emmener à Autheuil, où elle s'était éteinte en ce petit matin du 30 septembre 1985. L'annonce de la disparition de Mamie faisait la une de toutes les radios et c'est sur la route vers la Normandie que je pris conscience que je ne savais rien de la Signoret. Le déferlement des commentaires, la multiplication des témoignages retraçant sa carrière cinématographique, ses engagements politiques, ses fermes prises

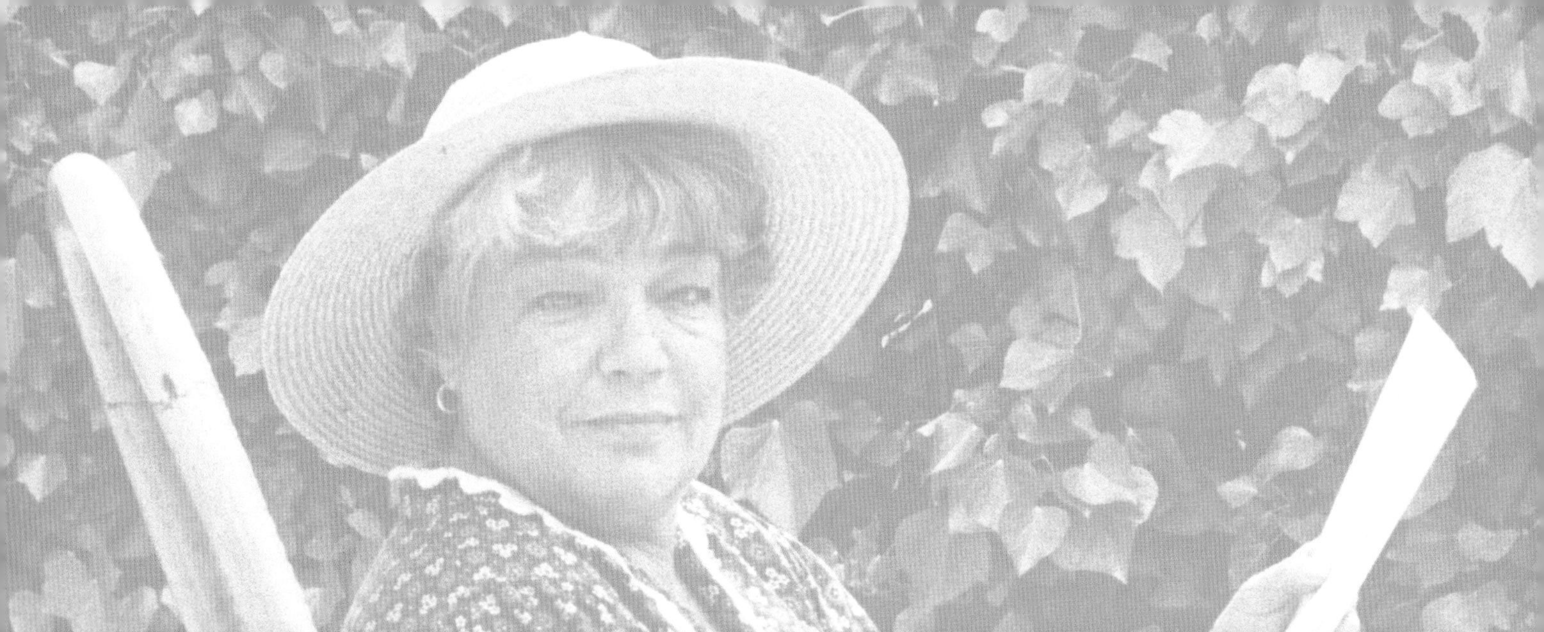

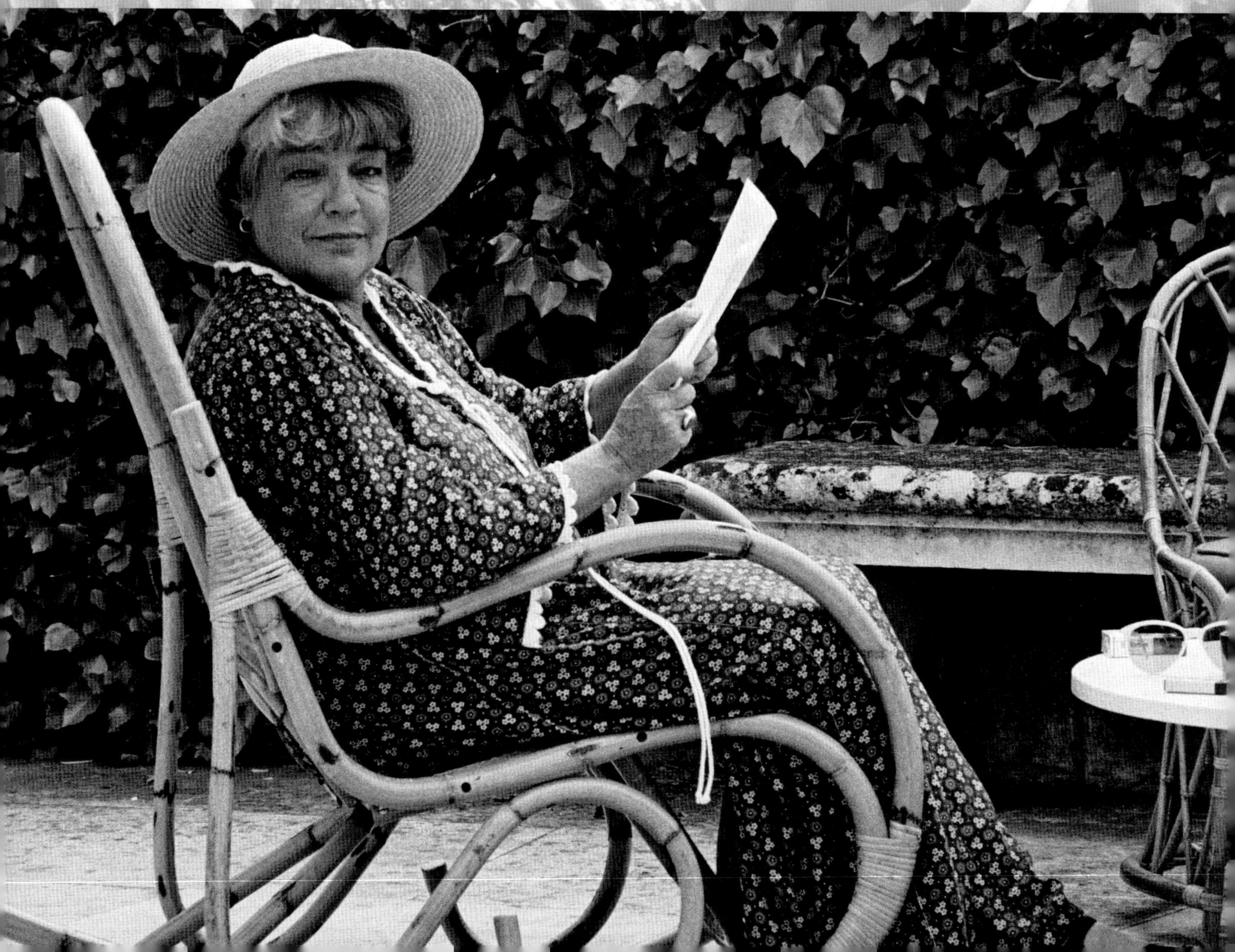

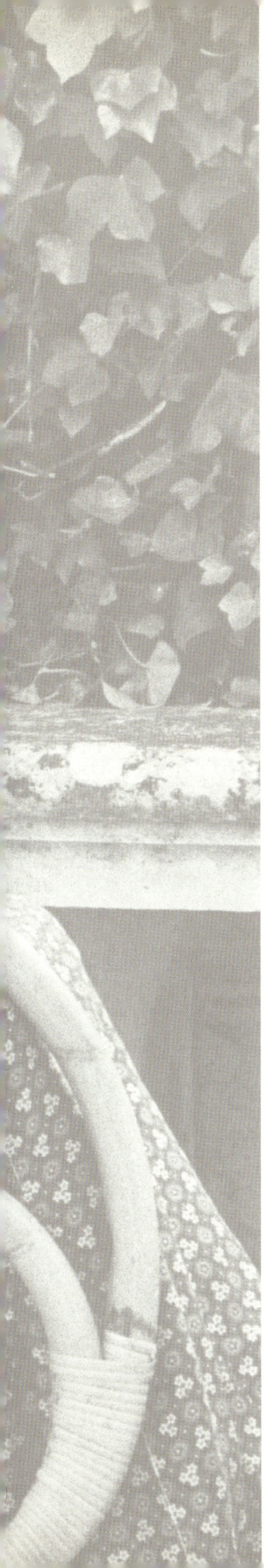

de position, et surtout les péripéties de plus de trente-cinq ans de vie avec Montand déferlaient sur les ondes et j'avais l'impression d'être étranger à tout cela. J'avais joué toute mon enfance entre une photo dédicacée de John F. Kennedy, une lettre de Jean-Paul Sartre et une compression de César, sans m'interroger sur ce que ces objets représentaient. Pour moi, l'Oscar d'Hollywood n'avait été qu'une statuette dorée servant de presse-papier. Je réalisai – et cette idée me rendait misérable – que j'étais passé à côté de ma grand-mère. Je subis le contre-coup de ce choc émotionnel et culturel le jour de l'enterrement de Mamie, au lendemain même de sa mort. Je garde le souvenir précis du moment où Mamie a quitté la maison d'Autheuil.

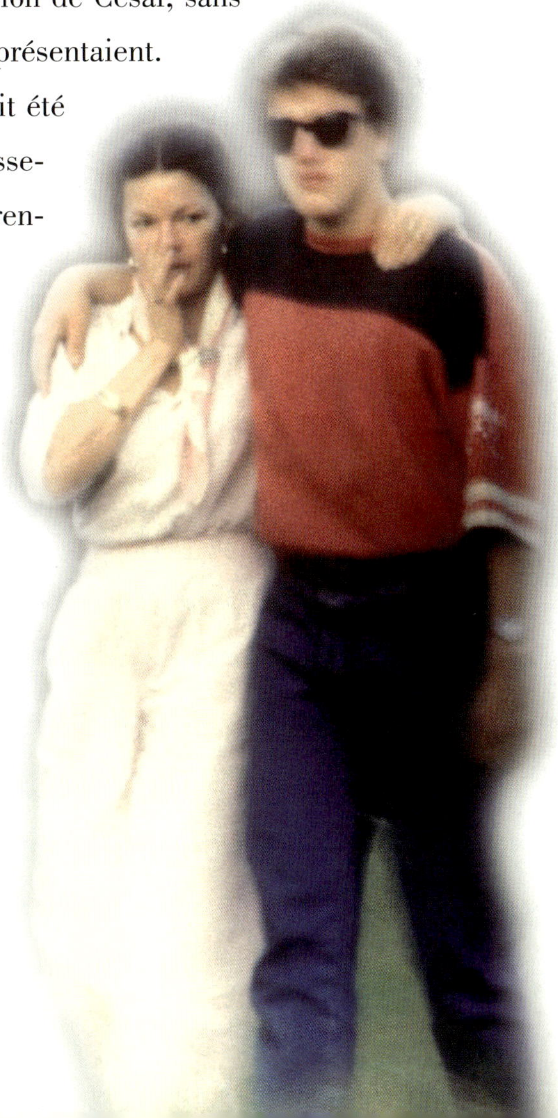

Montand avait fait ouvrir les grandes portes-fenêtres, toujours fermées, qui donnaient sur l'avant, et le cercueil, porté par les hommes des pompes funèbres, a traversé la cour sous les flashs des photographes, dans un silence impressionnant. Montand et ma mère, Maurice, mon beau-père, et moi, puis les proches et les amis. On n'entendait que le claquement des appareils et le bruit du gravier foulé par nos pas. C'est en me retournant, un peu plus tard sur l'autoroute, et en mesurant l'ampleur du cortège de voitures escorté par des motards, que je réalisai que j'étais le petit-fils de Simone Signoret. L'arrivée aux abords du cimetière du Père-Lachaise ne fit que m'impressionner un peu plus. Une immense foule s'était massée sur près de deux ou trois kilomètres devant les grilles fermées, agitant les mains au passage du cortège. Plusieurs brandissaient la sublime Une de *Libé*, où un SIMONE barrait toute la première page au-dessus d'un portrait de Mamie en noir et blanc. En fait, tout commençait pour moi. Je me lançai dans une quête haletante pour découvrir ce qu'avait été la vie de Simone Signoret qui, avant d'être cette Mamie

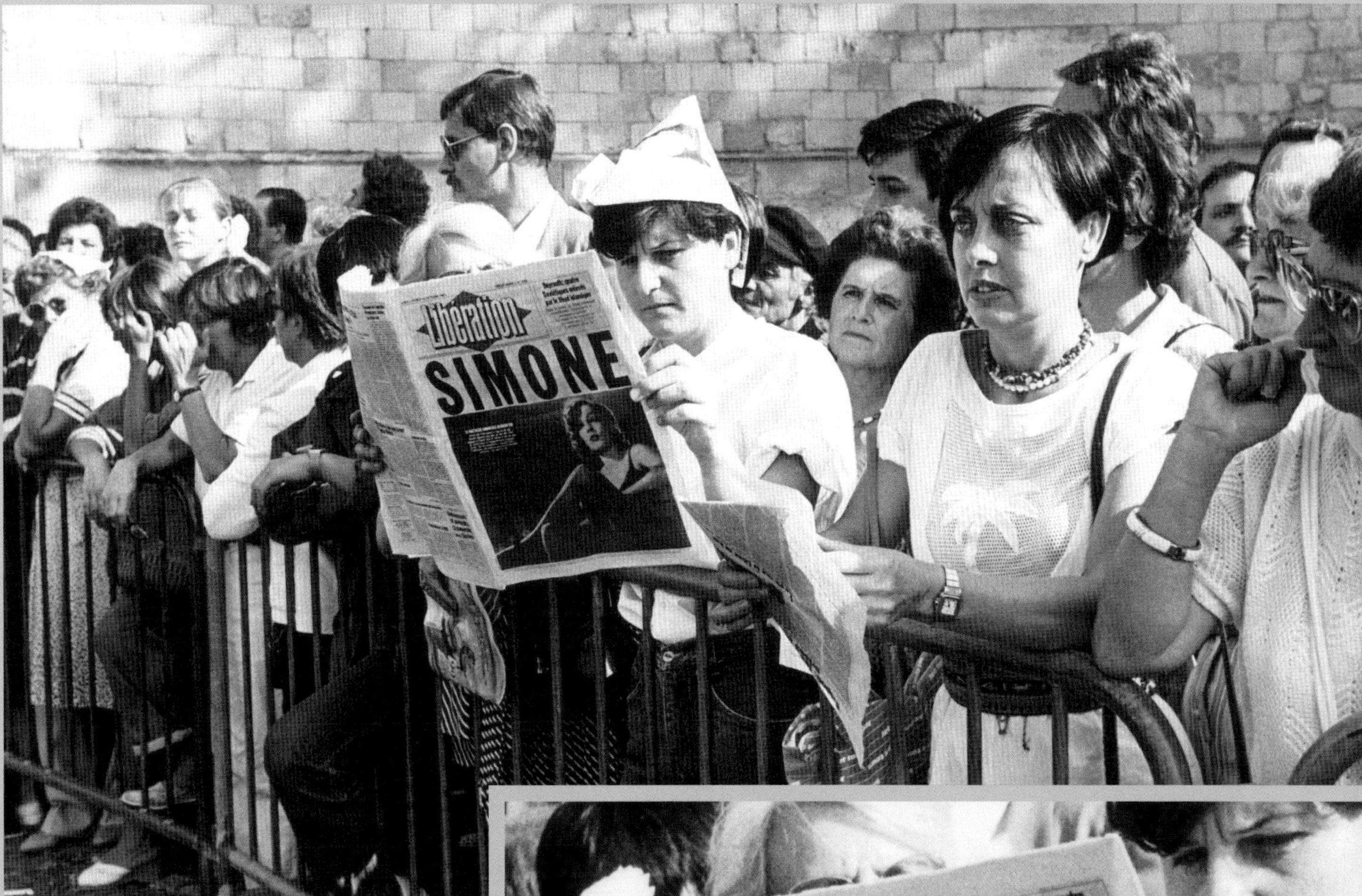

Mamie était très malade.
Tout le monde savait,
sauf moi.

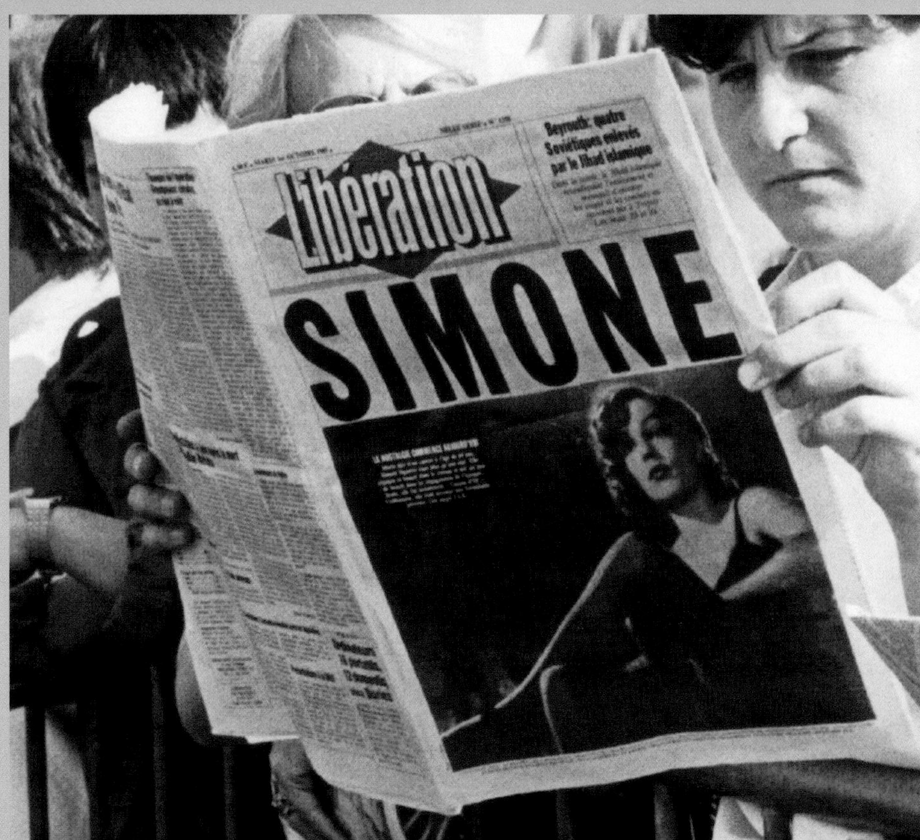

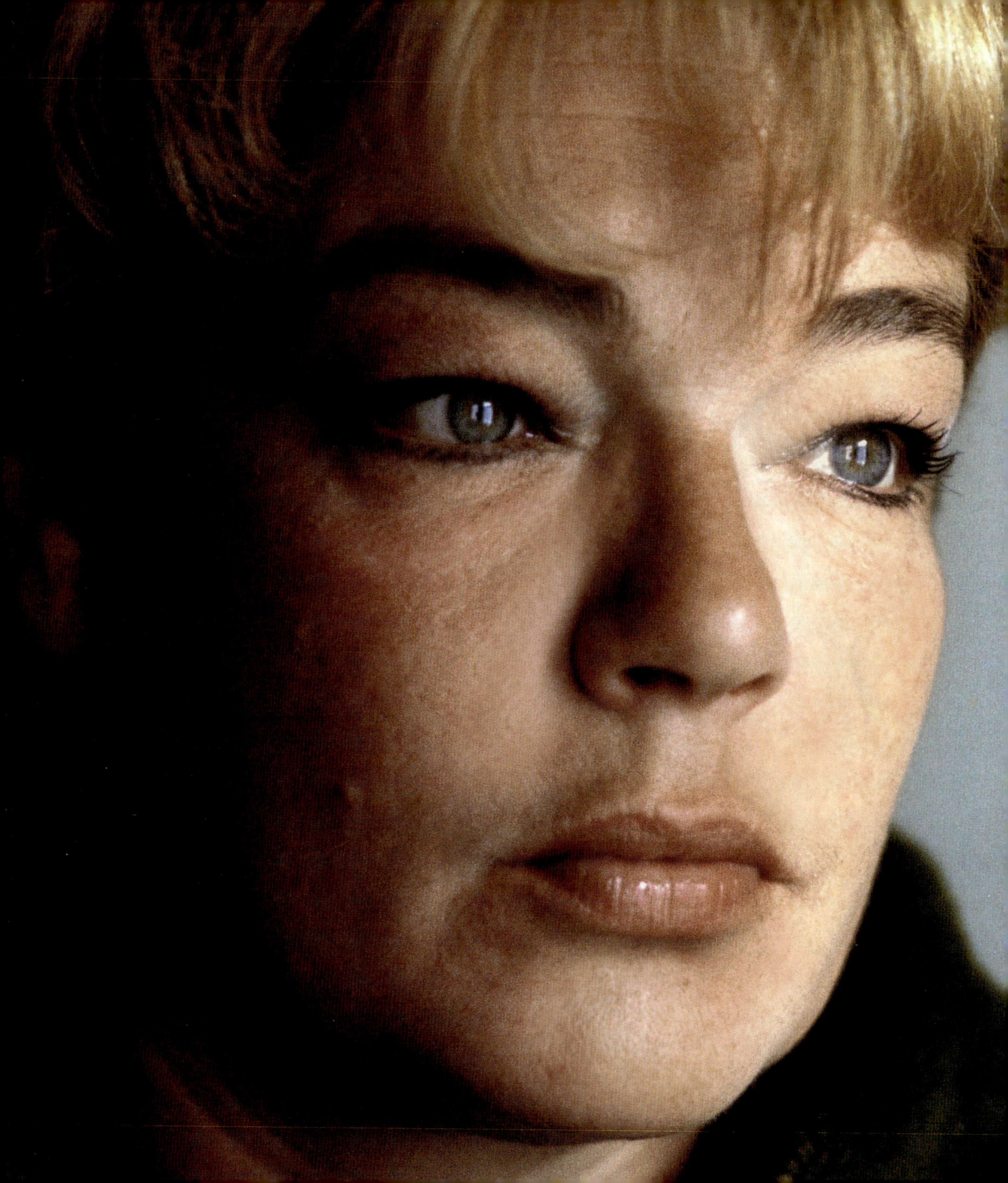

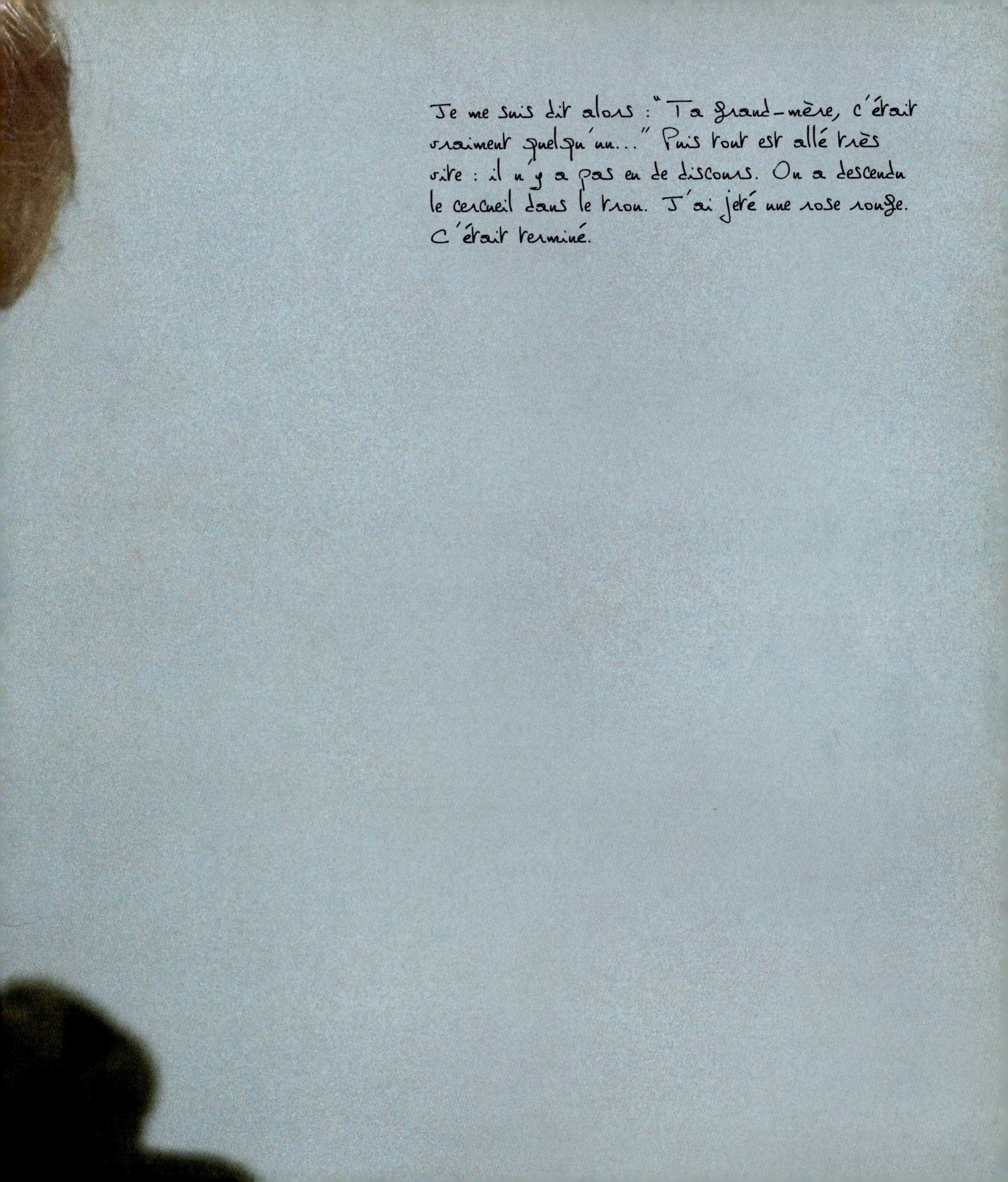

Je me suis dit alors : "Ta grand-mère, c'était vraiment quelqu'un..." Puis tout est allé très vite : il n'y a pas eu de discours. On a descendu le cercueil dans le trou. J'ai jeté une rose rouge. C'était terminé.

Mamie souffrait mais s'efforçait d'assister aux repas lorsqu'il était là. Elle se maquillait, soignait sa tenue, souriait.

familière et bienveillante, avait été une amoureuse, une actrice, une femme d'esprit. Elle avait formé, avec Montand, le couple emblématique du cinéma français pendant trente ans et je résolus de retrouver leur trace, patiemment, en explorant les lieux qui avaient marqué leur vie commune, leurs amours, et même leurs déceptions. Je réalisai ce projet au gré des circonstances de ma propre vie, comme si en mettant mes pas dans les leurs, je m'appropriais un peu de leur légende.

La Colombe d'Or est sans conteste le creuset fondateur de leur amour. Ce petit hôtel de Saint-Paul de Vence, au luxe discret, accueille une prestigieuse clientèle, dans une atmosphère familiale entretenue par les propriétaires, Paul et Titine Roux et leur fils, Francis. Chagall, Braque ou Picasso y côtoient Prévert et Pagnol ; Montand y a ses habitudes avec ses deux inséparables complices, Castella le pianiste et Crolla le guitariste.

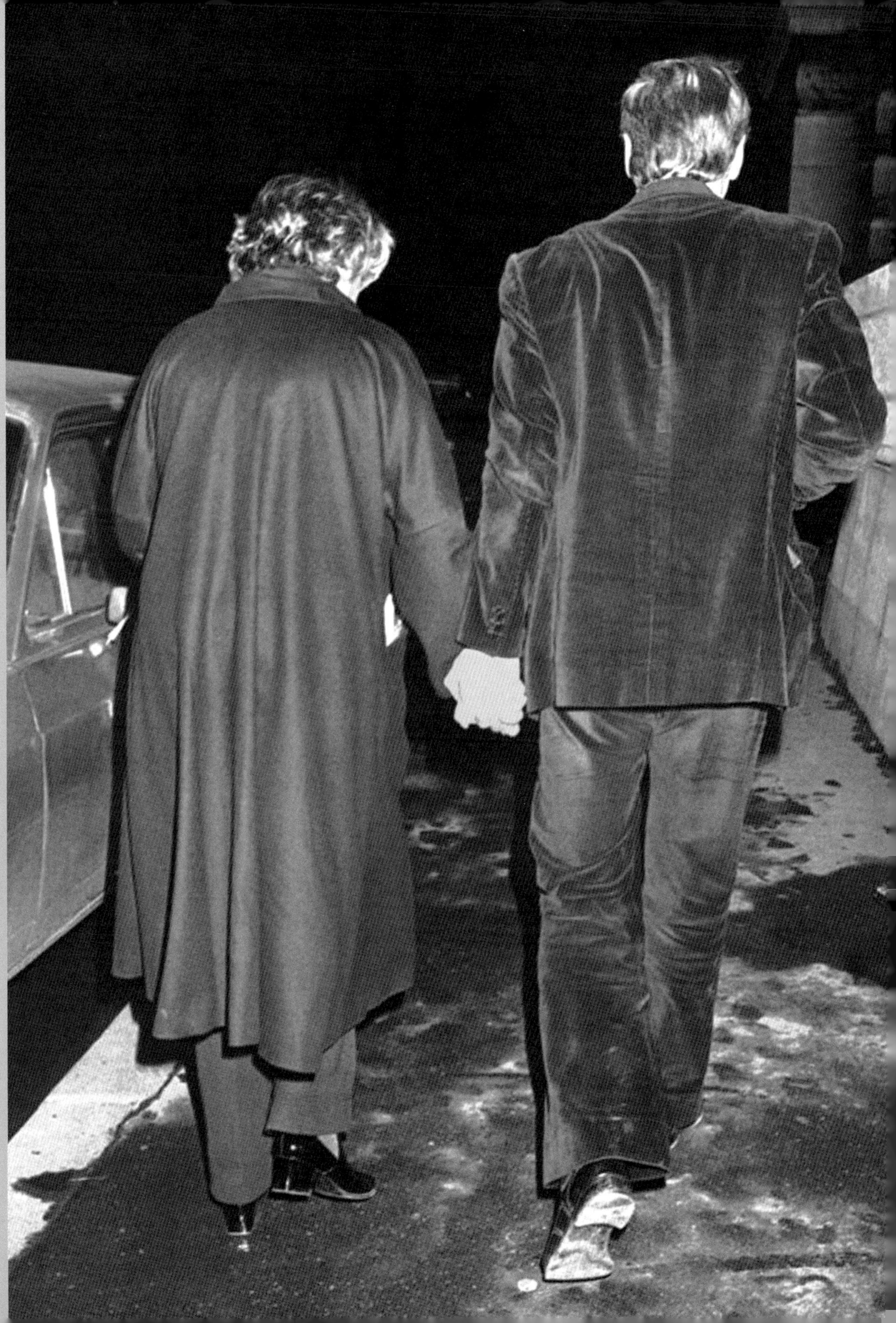

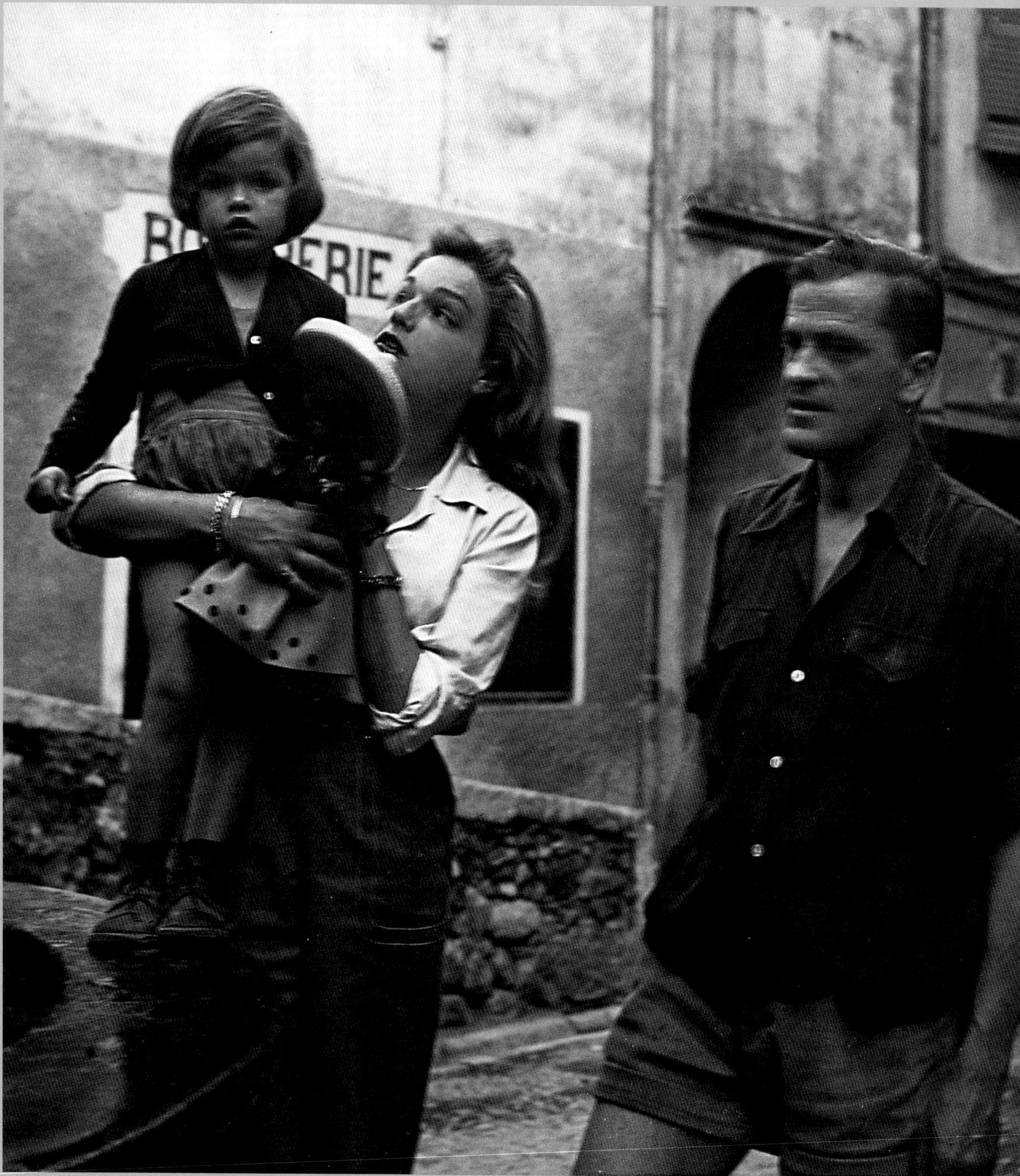

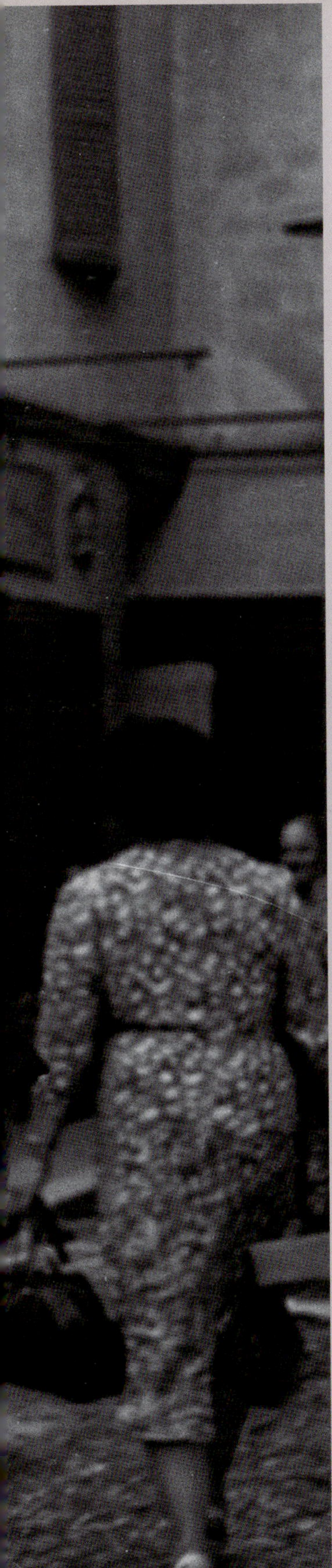

Mamie et Yves Allégret, que je ne
rencontrerai que deux ou trois fois.
Dans ses bras : ma mère, Catherine.

Ce 19 août 1949, une jeune actrice dîne dans le patio, avec sa petite fille de trois ans, Catherine, seule à une table. Elle attend son mari, le réalisateur Yves Allégret, retenu à Paris qui doit les rejoindre quelques jours plus tard. Simone Signoret est déjà une comédienne reconnue depuis son interprétation de Gisèle dans *Macadam* (1946) de Marcel Blistène et Jacques Feyder, et les premiers rôles dans *Dédée d'Anvers* (1947) et *Manèges* (1949) d'Yves Allégret, qu'elle a épousé l'année précédente, après cinq ans de vie commune. À la table d'à côté, échappés de la Côte d'Azur où ils sont en concert, Yves Montand, Bob Castella et Henri Crolla. Le guitariste connaît la jeune comédienne et se fait un plaisir de la présenter au séduisant crooner. Elle, aime bien ses chansons, lui, n'a vu aucun de ses films, mais réunis à la même table par un destin léger, ils s'éprennent l'un de l'autre avant la fin du dîner. Ce coup de foudre immédiat et impérieux, Simone en a raconté les effets fulgurants sur deux êtres qui ne se connaissaient pas la veille. « Le lendemain, Yves Montand est revenu déjeuner à *La Colombe d'Or*

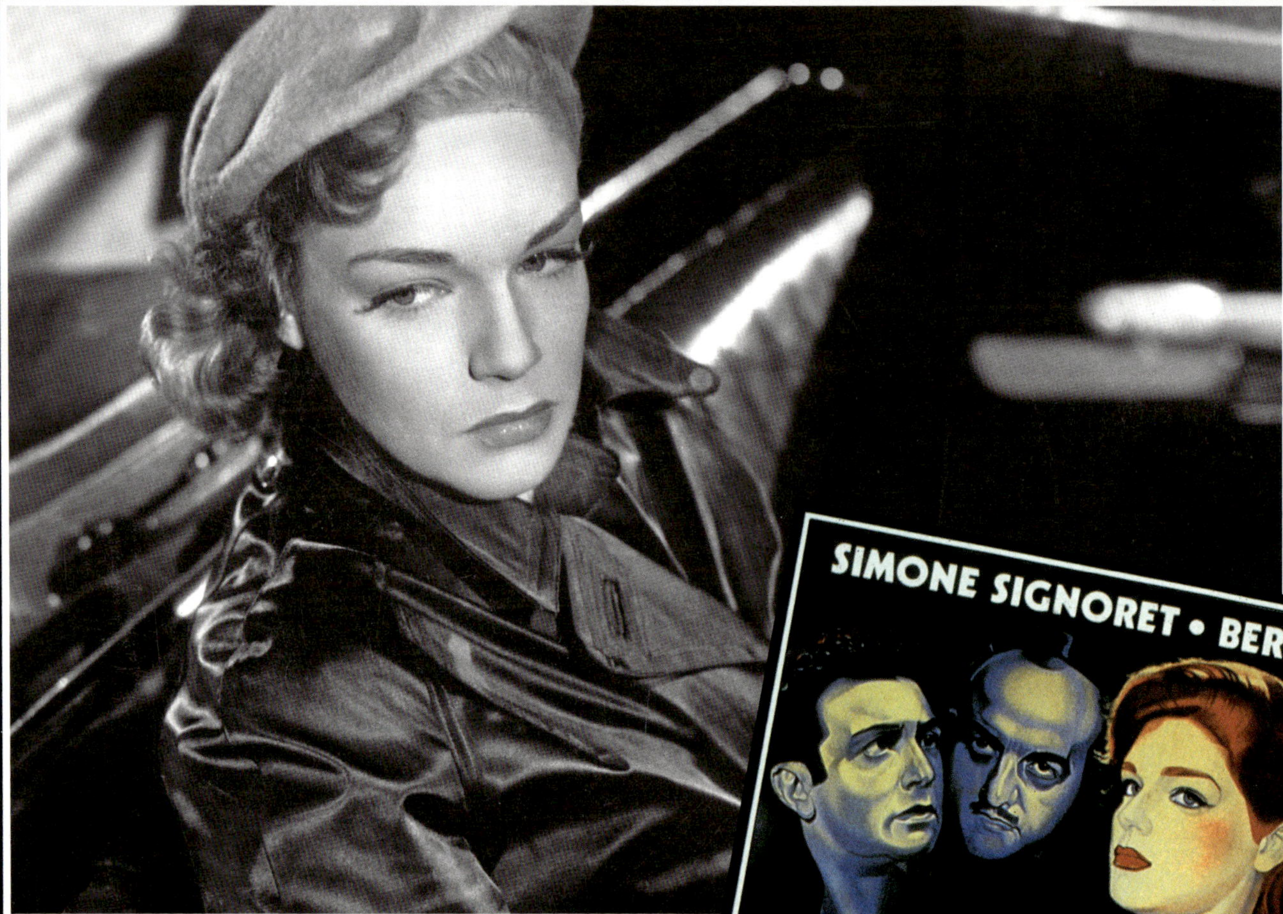

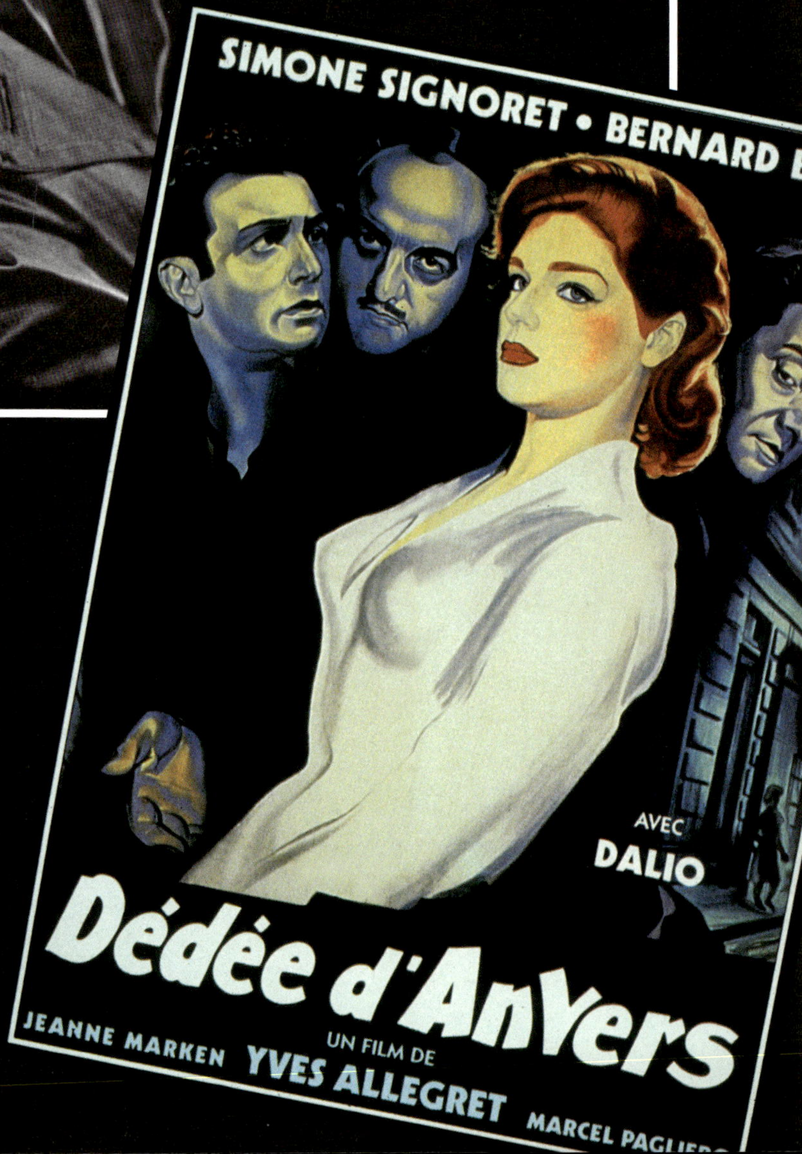

Moi le premier, j'avais oublié que Simone était sublime. Son regard restera éternel...

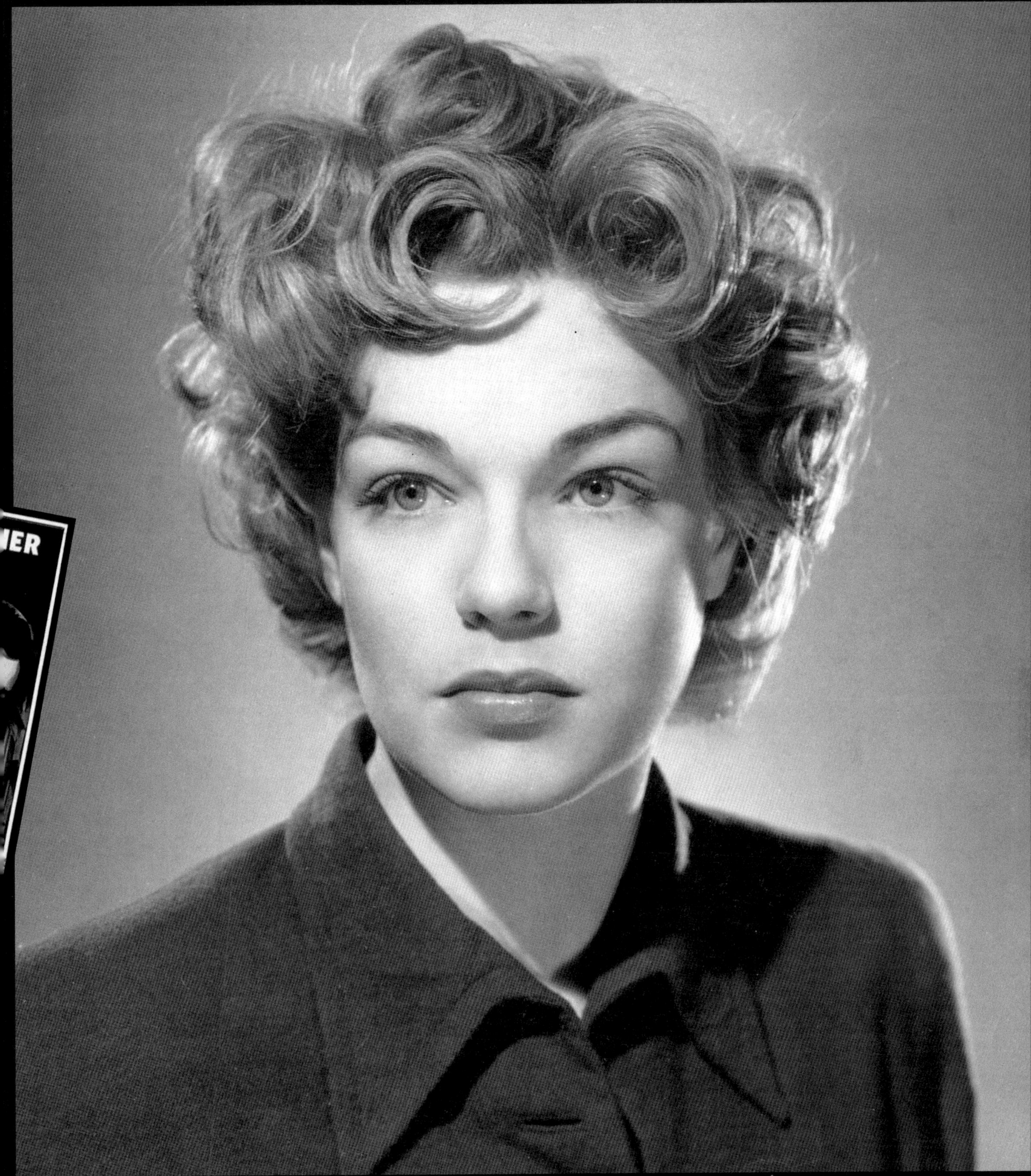

et le soir, je suis descendue à Nice pour l'entendre chanter, et il est remonté à Saint-Paul, et je suis redescendue à Cannes pour l'entendre chanter, et puis il est allé chanter ailleurs… et ça a été déchirant. » Ils s'étaient trouvés, et en quatre jours, souffraient de se quitter quelques heures. L'amour en ces circonstances se moque des ravages qu'il va, à l'évidence, provoquer, mais s'élance avec l'impétueuse force d'un torrent déchaîné par un orage de montagne. Montand et Mamie ne se cachent pas, le pourraient-ils dans cette auberge qui tient plus de la pension de famille que d'un hôtel ! Leurs témoins s'appellent Prévert, les Roux et tous les clients de *La Colombe d'Or*, et Simone ne veut pas en faire les complices d'une histoire qui deviendrait sordide. Avec la détermination et le courage que j'ai toujours retrouvés chez ma grand-mère, Simone se porte au-devant de son mari qui vient la rejoindre par la route. Elle a de l'amour et de l'estime pour Yves Allégret, le père de ma mère, Catherine, et c'est aux portes de Saint-Paul qu'elle veut lui apprendre de sa bouche la vérité. « Il n'y a rien de plus triste au monde que de faire du mal à la personne que l'on aime. »

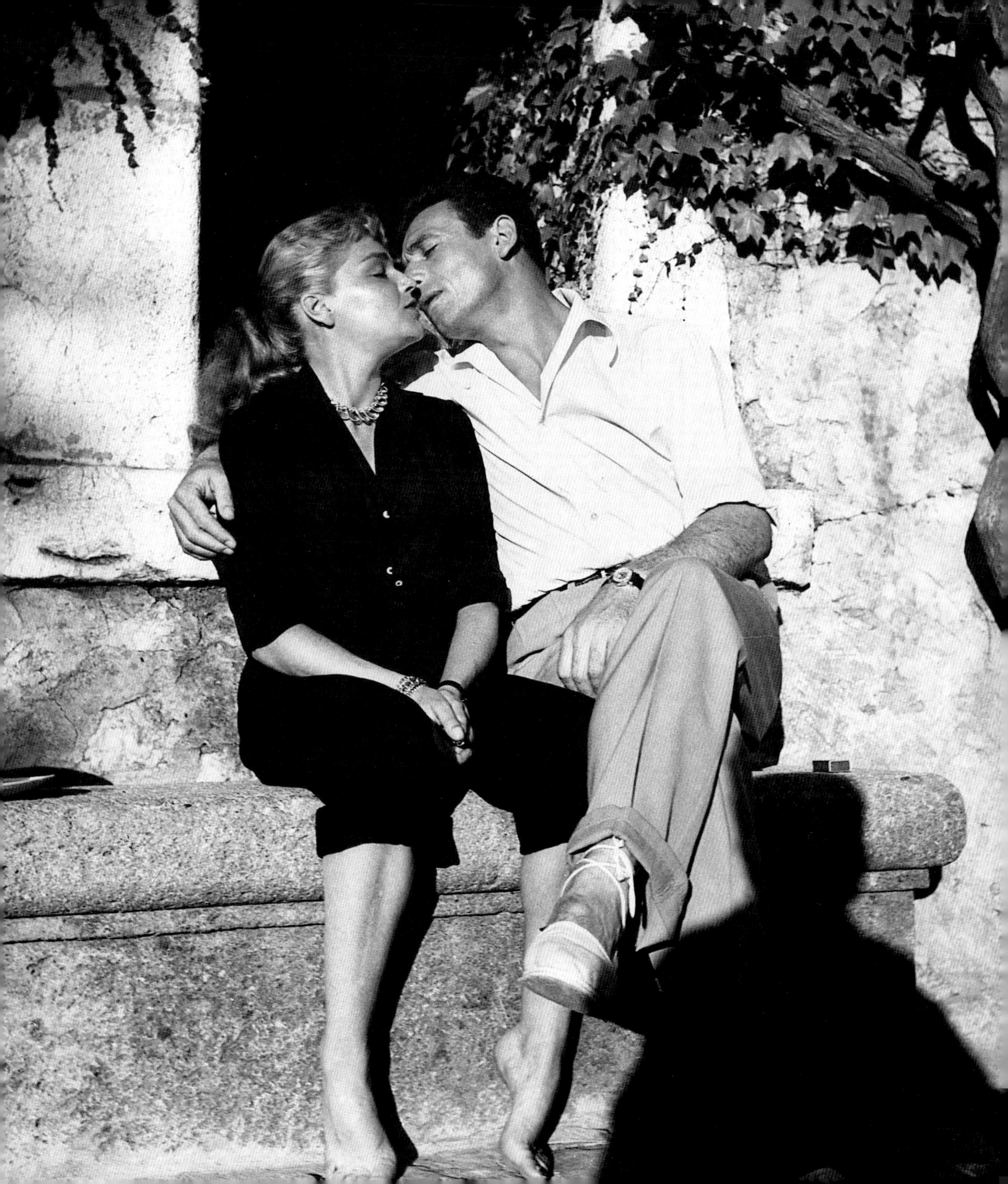

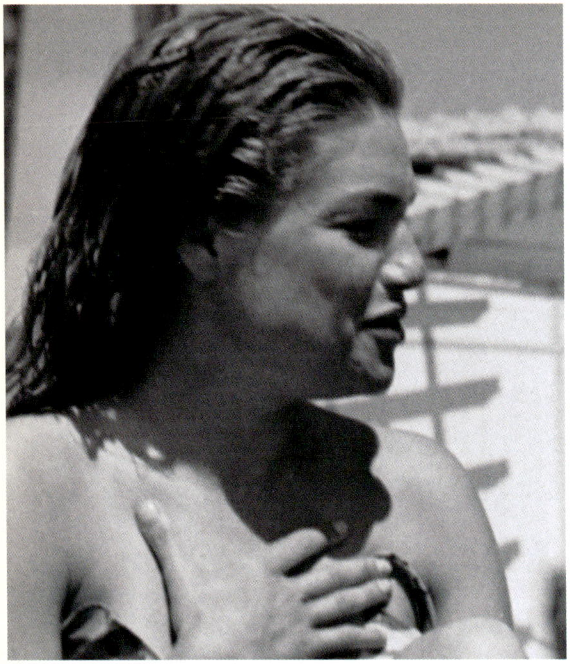
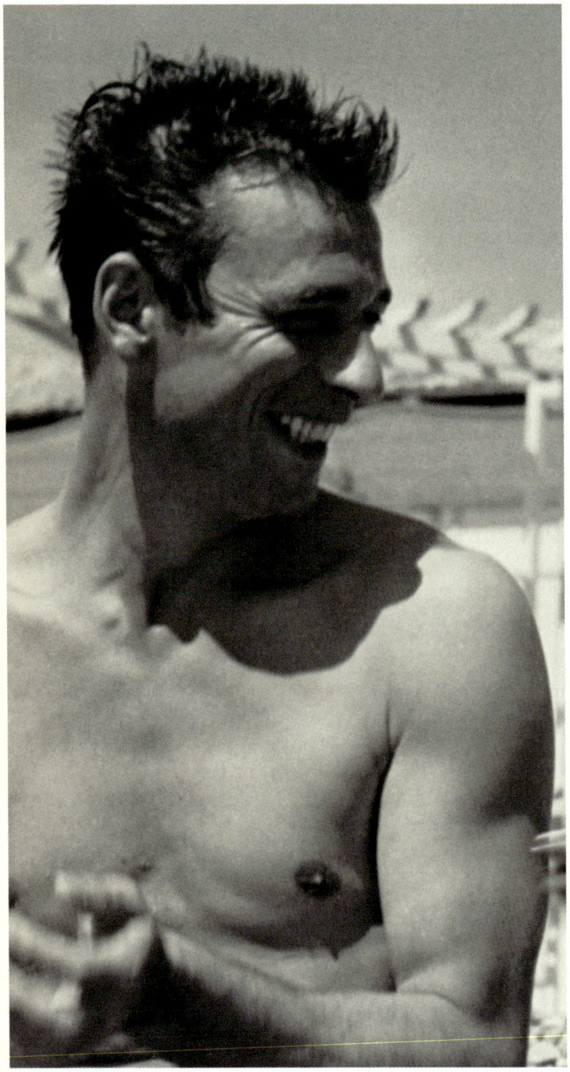
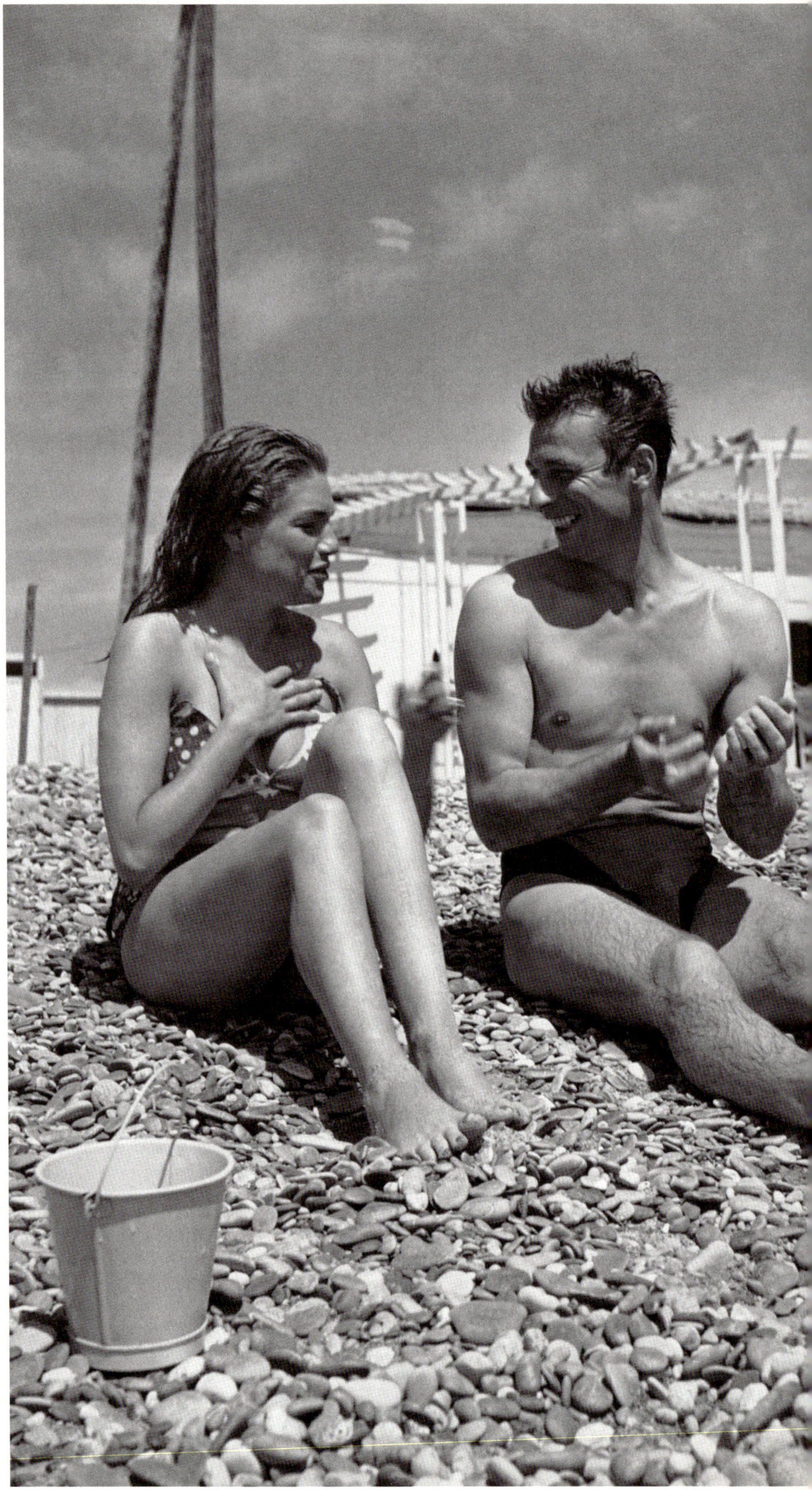

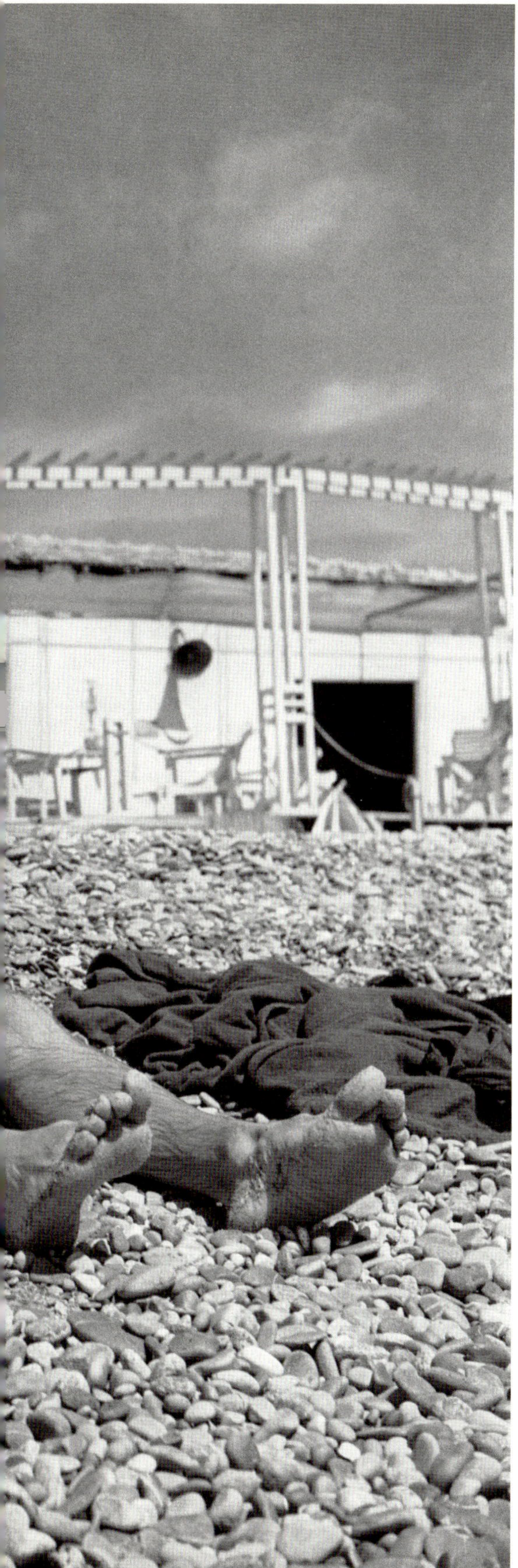

Montand et Mamie
ne se cachent plus.
L'amour se moque
des ravages !

Dans la voiture, une retentissante claque va clore ce face-à-face qu'on croirait issu d'un roman de Sagan. Faible tribut payé par ma grand-mère, pour le droit de se sentir libre d'aimer.

La rupture n'interviendra pas tout de suite. Simone, de retour à Paris, reprend la vie commune avec son mari, mais chaque fois qu'elle en a l'occasion, retrouve Montand dans son appartement parisien. Ces après-midi enivrants leur laissent un arrière-goût amer. Au moment de la séparation, c'est une déchirure qui les trouve, l'un comme l'autre, insatisfaits et le cœur gros. Ils s'installent dans une relation adultère, indigne d'eux et de leur amour. Simone est mariée, Montand célibataire : c'est à lui de lui demander de quitter son foyer pour le rejoindre. Il va s'y décider un soir, comme il me le racontera plus tard. « Je lui ai dit, avant de partir en tournée à l'étranger, que ça ne pouvait plus durer comme ça ! Soit tu as fait tes valises quand je reviens, soit tu ne me revois plus ! Quand tu tiens à une femme, faut être ferme ! Mais je n'étais pas très fier de moi après cet ultimatum ; pendant toute la tournée, j'ai eu peur qu'elle refuse de me voir à mon retour.» Vaine crainte. Mamie n'attendait qu'une chose : que Montand force l'initiative d'une rupture qu'elle ne se résolvait pas à consommer. Elle annonce à Yves Allégret qu'elle demande le divorce et la garde de ma mère, Catherine. Avec une rare élégance, Allégret lui accorde l'un et l'autre sans faire de difficultés, ce qui, compte tenu de leur situation et de l'époque, témoigne d'une certaine classe. Mamie, avec son caractère bien particulier, décidera alors que le prénom Yves sera définitivement réservé à son premier mari, et toute sa vie appellera Yves Montand, « Montand ». Nom coutumier qu'adopteront ensuite tous les amis, la famille et le public.

Quant à Simone, elle est amoureuse, et c'est tout dire. Il suffit de regarder les photos de l'époque, où elle enveloppe Montand du regard immense et tendre d'une femme qui a trouvé son *alter ego*. Elle se consacre désormais entièrement à la carrière de son

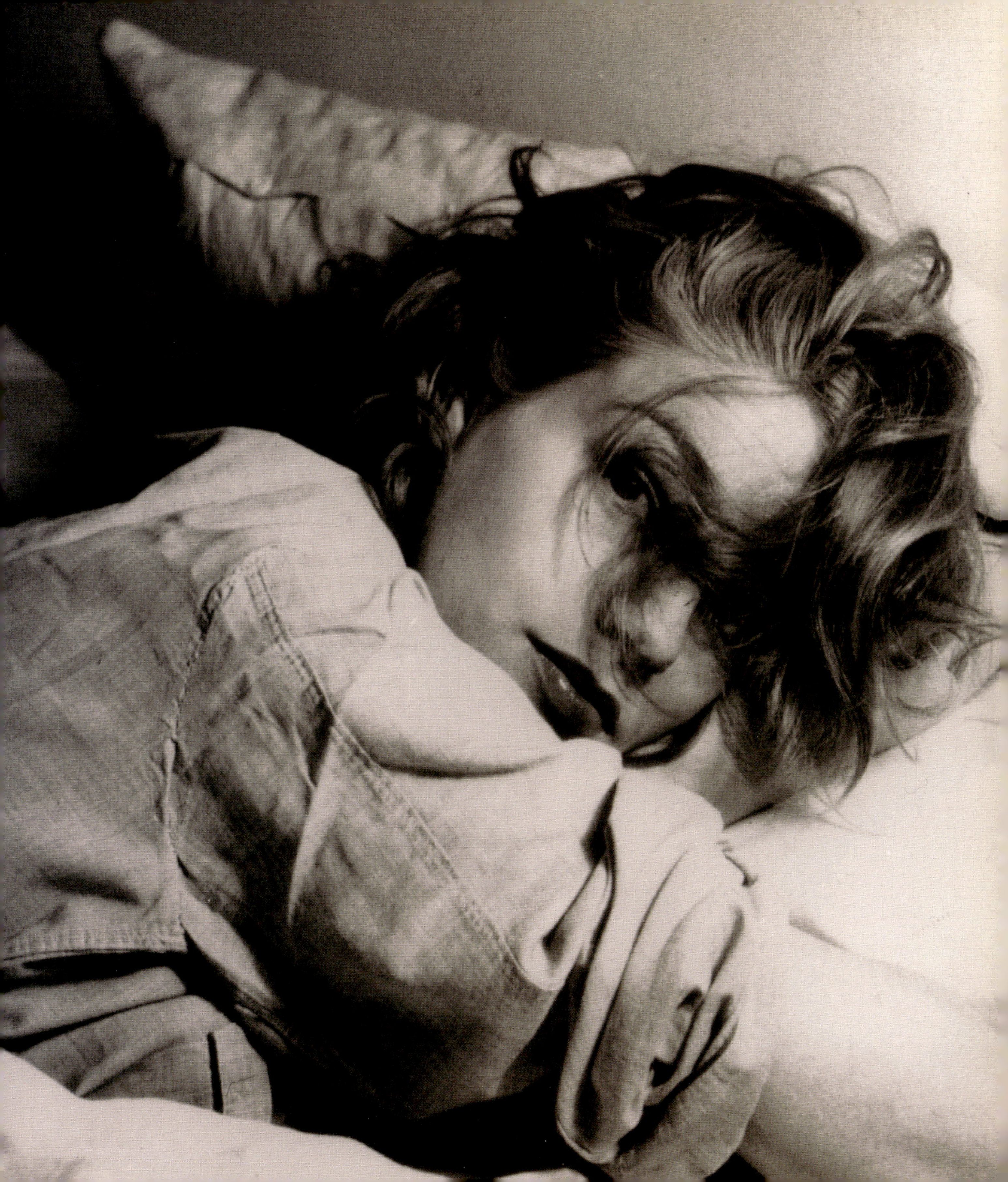

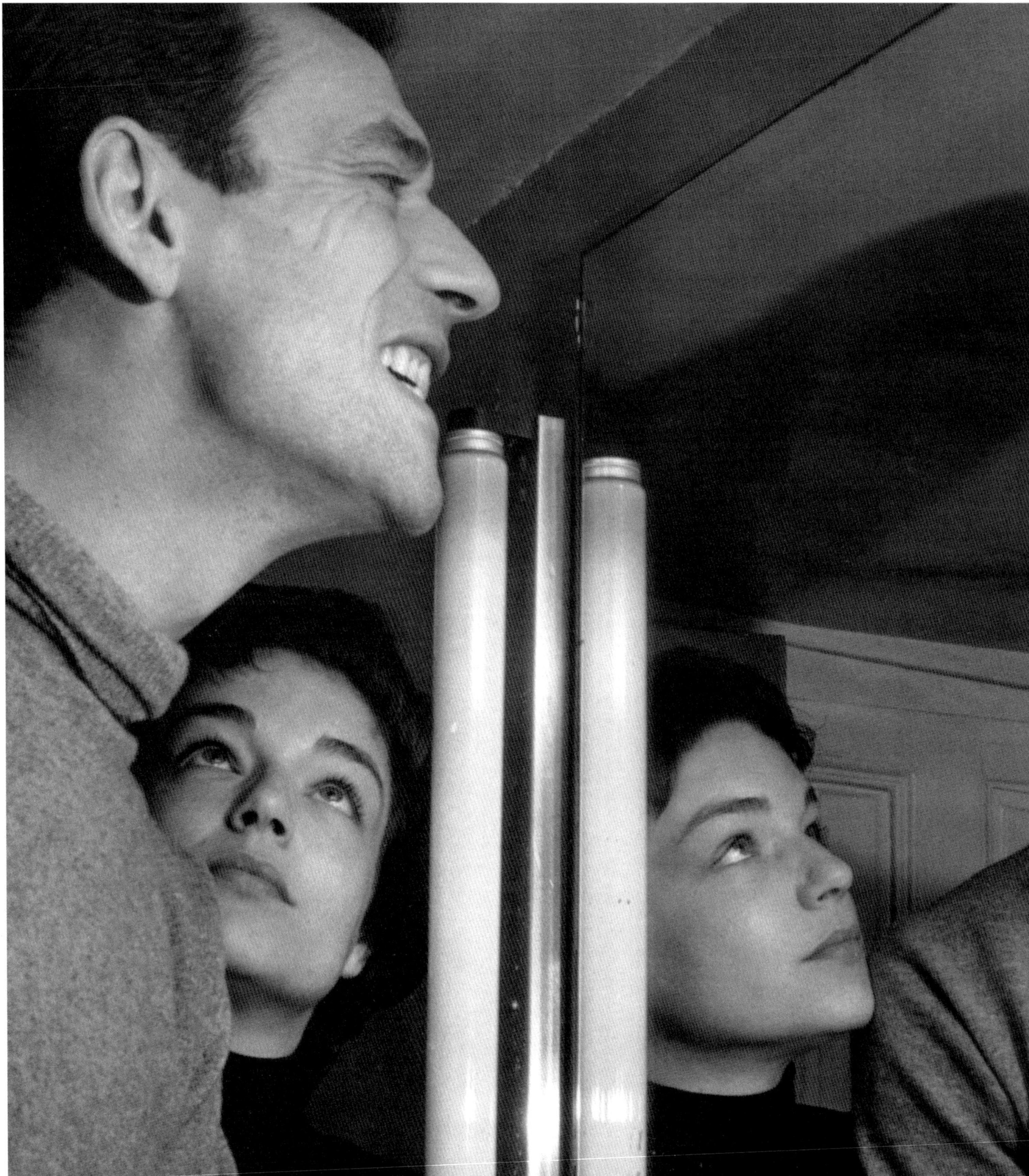

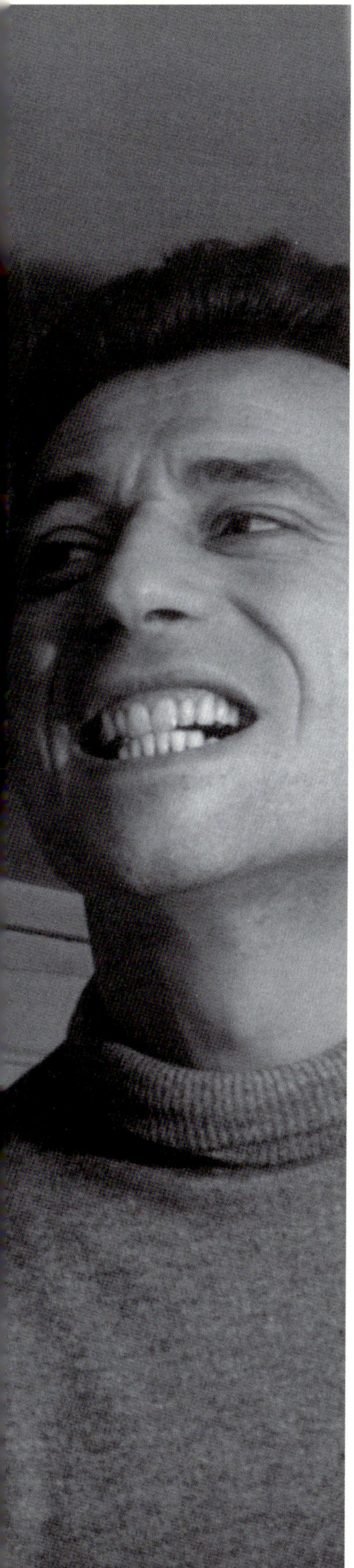

Il suffit de regarder
cette photo pour mesurer
l'amour de Simone.

homme, bluffée par le pouvoir de celui qui, pendant plus deux heures, seul sur scène, fascine les spectateurs, les emmenant dans son monde magique de chansons, de poésie et de claquettes. Simone, femme intelligente, brillante et sophistiquée ne peut que fondre devant la pure énergie de ce saltimbanque, qui est aussi son amant.

Cet amour tout neuf va avoir l'occasion de se forger à l'épreuve des choix professionnels. Montand est sollicité par Henri-Georges Clouzot pour tourner dans un film tiré du roman de Roger Vaillant, *Le Salaire de la Peur*. Montand a depuis longtemps été attiré par le cinéma, mais ses participations n'ont jamais été jusqu'alors particulièrement brillantes. Les réalisateurs l'engagent pour jouer Montand et, lorsqu'il s'aventure dans d'autres rôles, c'est un désastre, témoin le fiasco des *Portes de la Nuit* de Carné et Prévert ou de *L'idole*, où il incarne un boxeur déchu. Avec Clouzot, Montand tient sa chance de devenir un vrai comédien, à l'instar de Mamie, à qui

Lorsque je regarde ce film, où elle est d'une beauté insolente, même après des années, je ne peux m'empêcher de penser, lorsqu'elle donne la réplique à Serge Reggiani, qu'elle s'adresse à Montand...

Jacques Becker vient de proposer le rôle de Marie dans *Casque d'Or*. Mais les dates de tournage coïncident et les deux amants vont être séparés pour de longs mois : Montand doit tourner dans le sud de l'Espagne et Simone au studio de Boulogne. C'est bien sûr Mamie qui va s'effacer ostensiblement, avec le sentiment de se conduire en héroïne, sacrifiant sa réussite professionnelle sur l'autel de leur amour. En réalité, elle manœuvre en coulisse. Très présente auprès de Montand pendant les préparatifs du film, elle le persuade de refuser de tourner en Espagne, terre franquiste, incompatible avec ses convictions de gauche. Clouzot accepte de renoncer aux paysages espagnols – l'action se déroule en Amérique centrale – et se replie sur le sud de la France. Mamie a gagné, elle a considérablement réduit la distance entre les deux tournages. Suffisamment pour qu'elle puisse revenir sur sa déchirante décision et accepter de tourner *Casque d'Or* en région parisienne. Elle retrouve ainsi Montand, chaque fin de semaine, à proximité de son lieu de tournage ou à Saint-Paul de Vence. Et dire que Simone aurait pu passer à côté du rôle de sa vie, *Casque d'Or*, où elle est juste sublime !

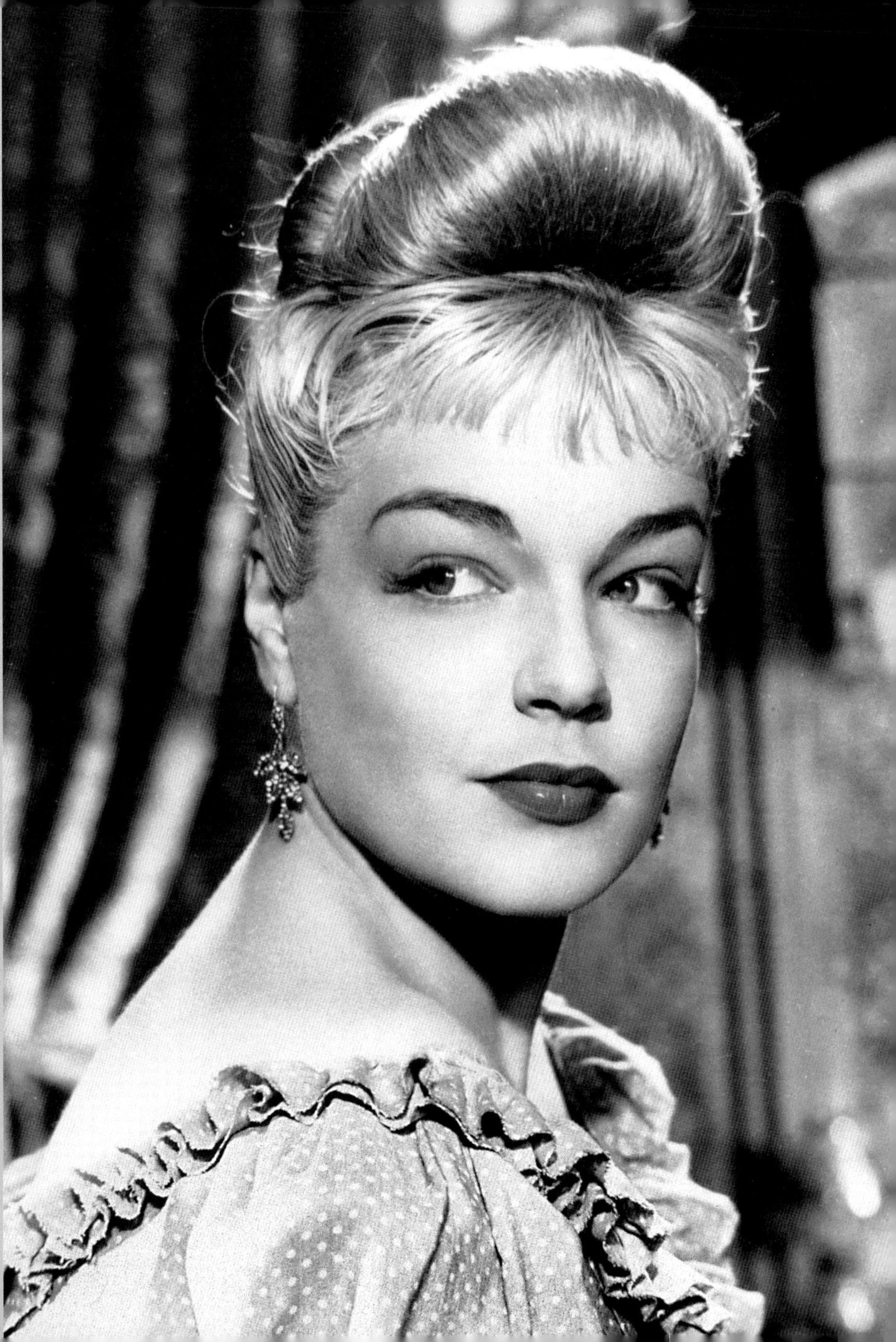

Simone retrouve ainsi Montand,
chaque fin de semaine, après son
tournage de " Casque d'Or ".
Lui tourne à Saint-Paul de Vence
" Le Salaire de la Peur ".

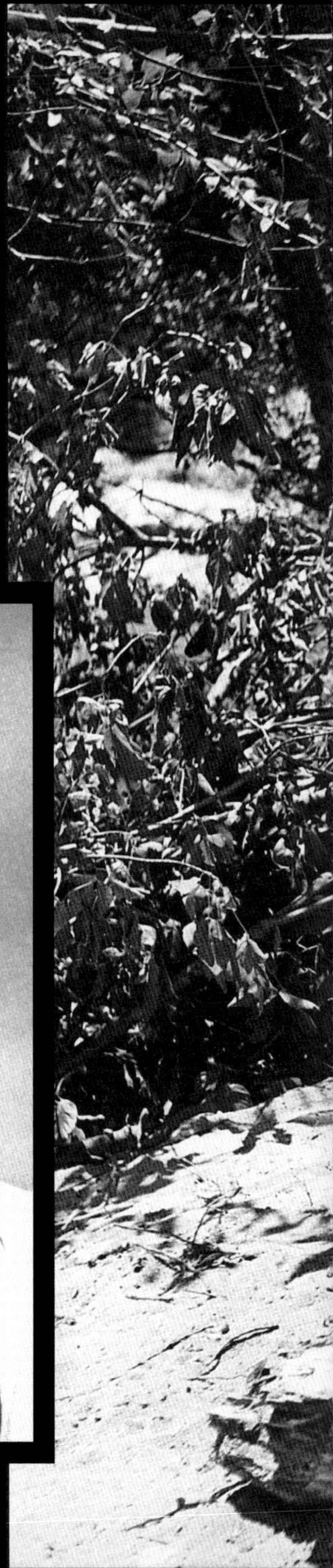

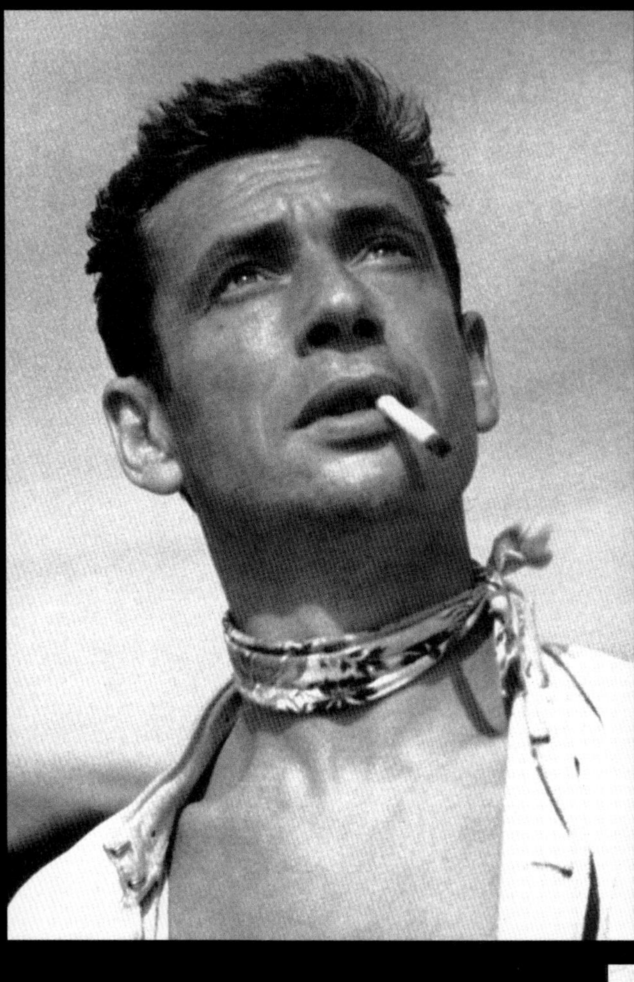

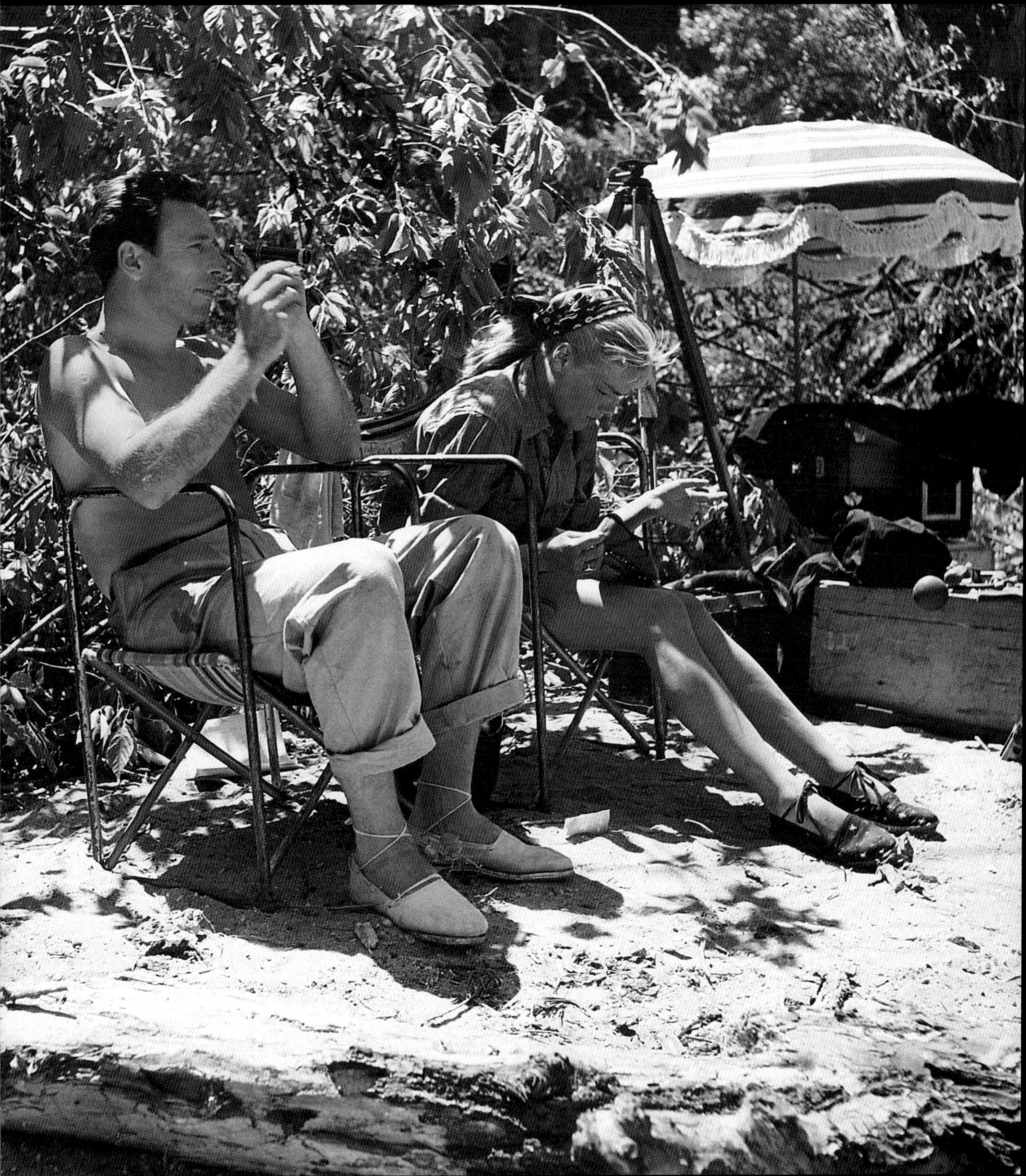

J'ai toujours connu
Mamie avec une
cigarette à la main.
Même à la fin,
presque aveugle, elle
continuait de fumer
clope sur clope.
Lorsqu'elle voulait
en allumer une, elle
devait toucher la
flamme avec son
doigt pour pouvoir
l'approcher de
l'extrémité de sa
cigarette.

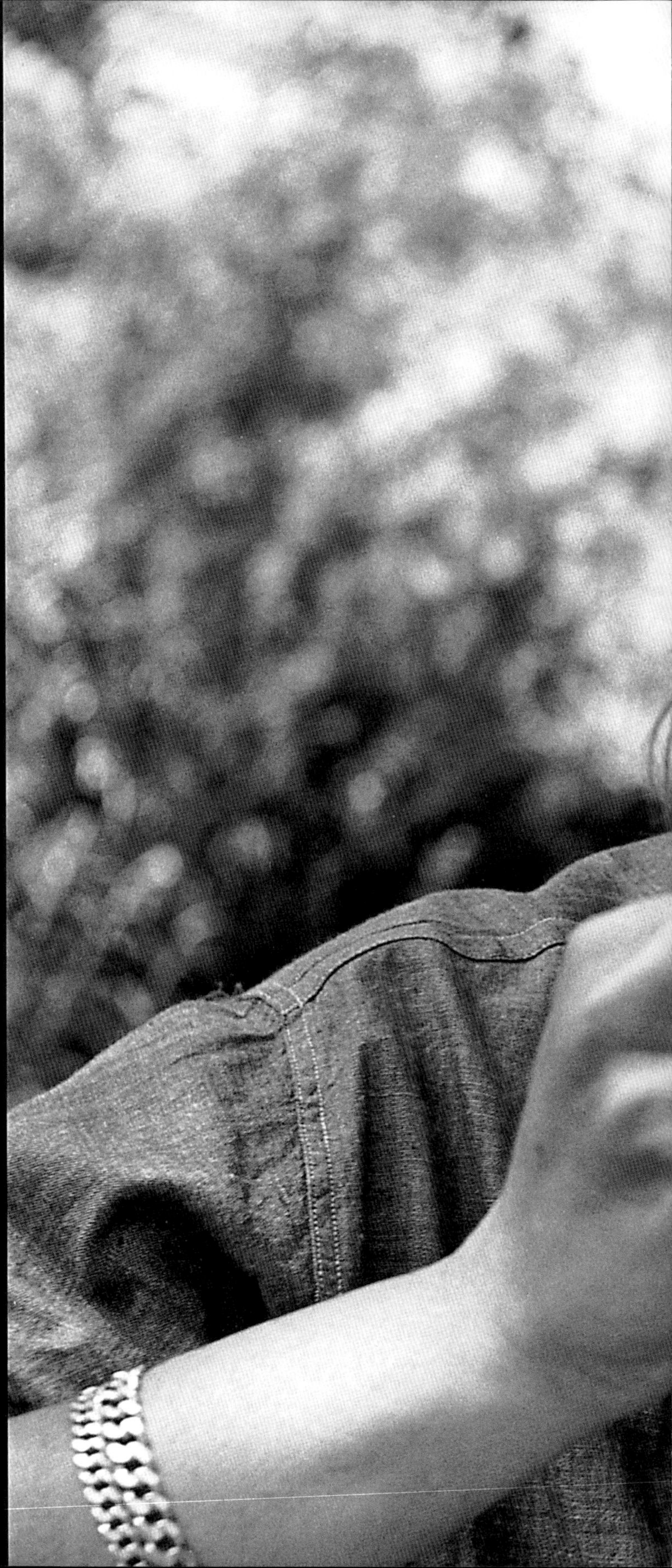

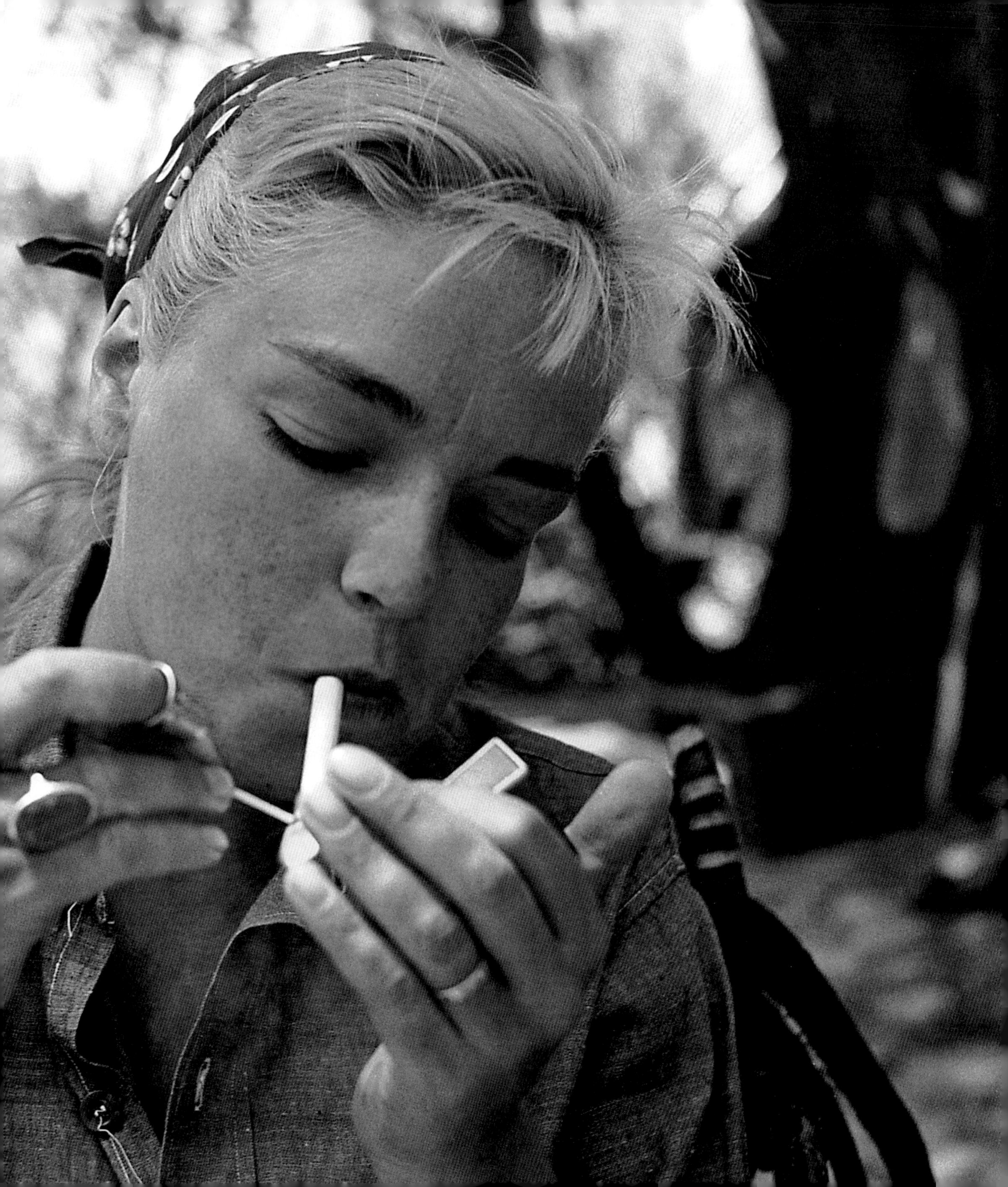

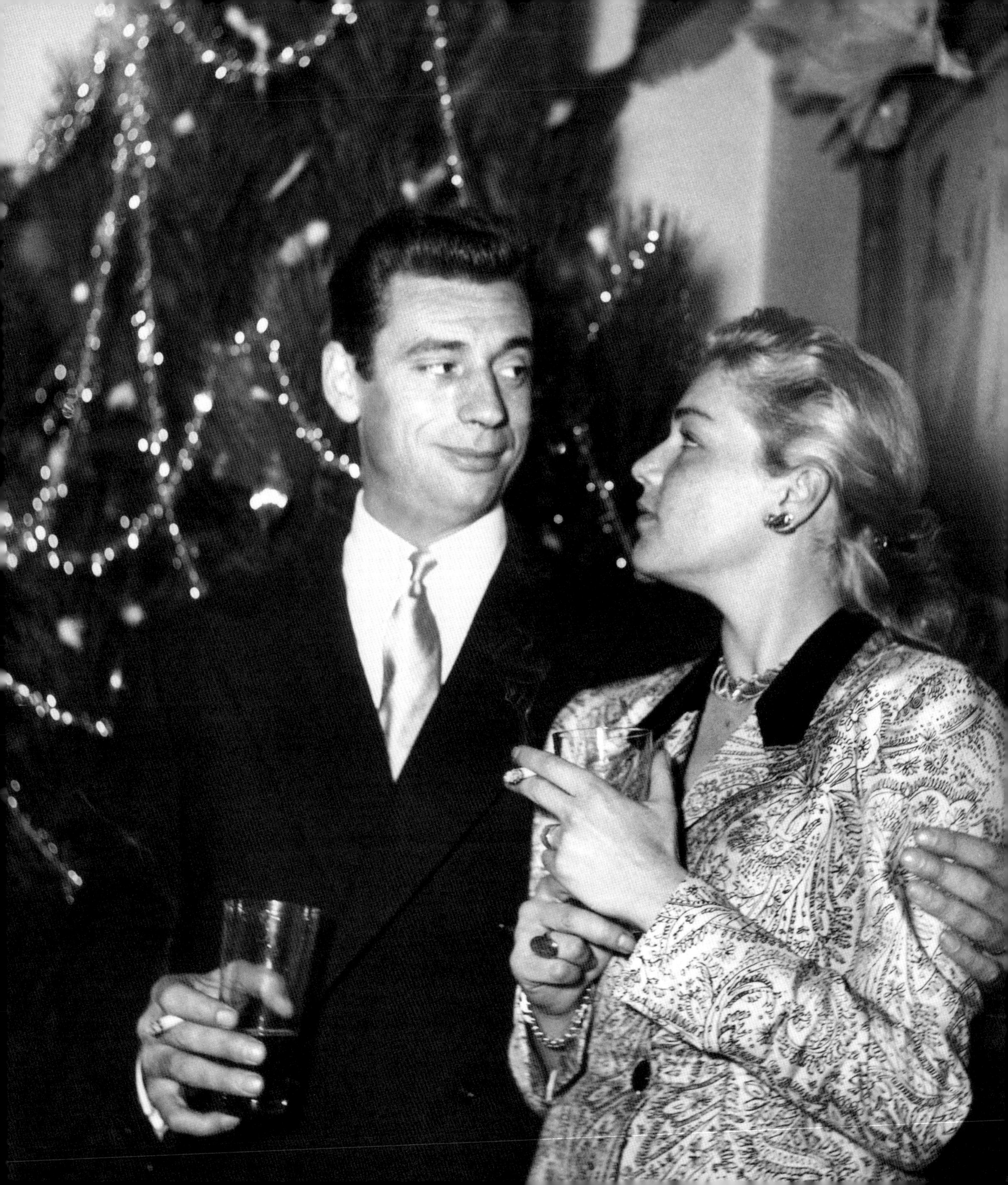

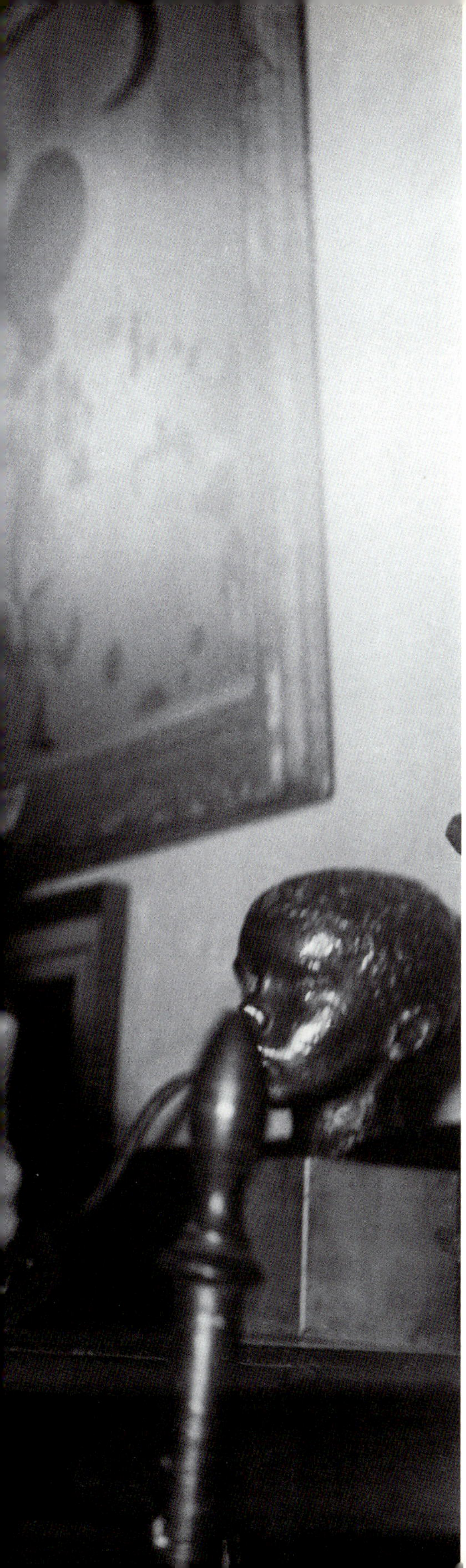

Le jour où… Mamie est devenue Madame Ivo Livi ! Ce 22 décembre 1951, un couple mythique est né.

La Colombe d'Or et Saint-Paul de Vence resteront, tout au long de leur vie, un des lieux magiques de leur couple. C'est là que deux ans après leur rencontre explosive, ils se marieront à la mairie de ce qui n'était alors qu'un petit village provençal. Le 22 décembre 1951, Simone Kaminker-Signoret devient officiellement Madame Ivo Livi dit Yves Montand, devant Marius Issert, maire de Saint-Paul, ayant comme témoins, Paul Roux et Jacques Prévert. La noce est discrète et intime : Simone, en tailleur Balmain et manteau de vison, irradie de bonheur ; Montand, dans son costume bleu, a l'air un peu endimanché. Si ce n'était la

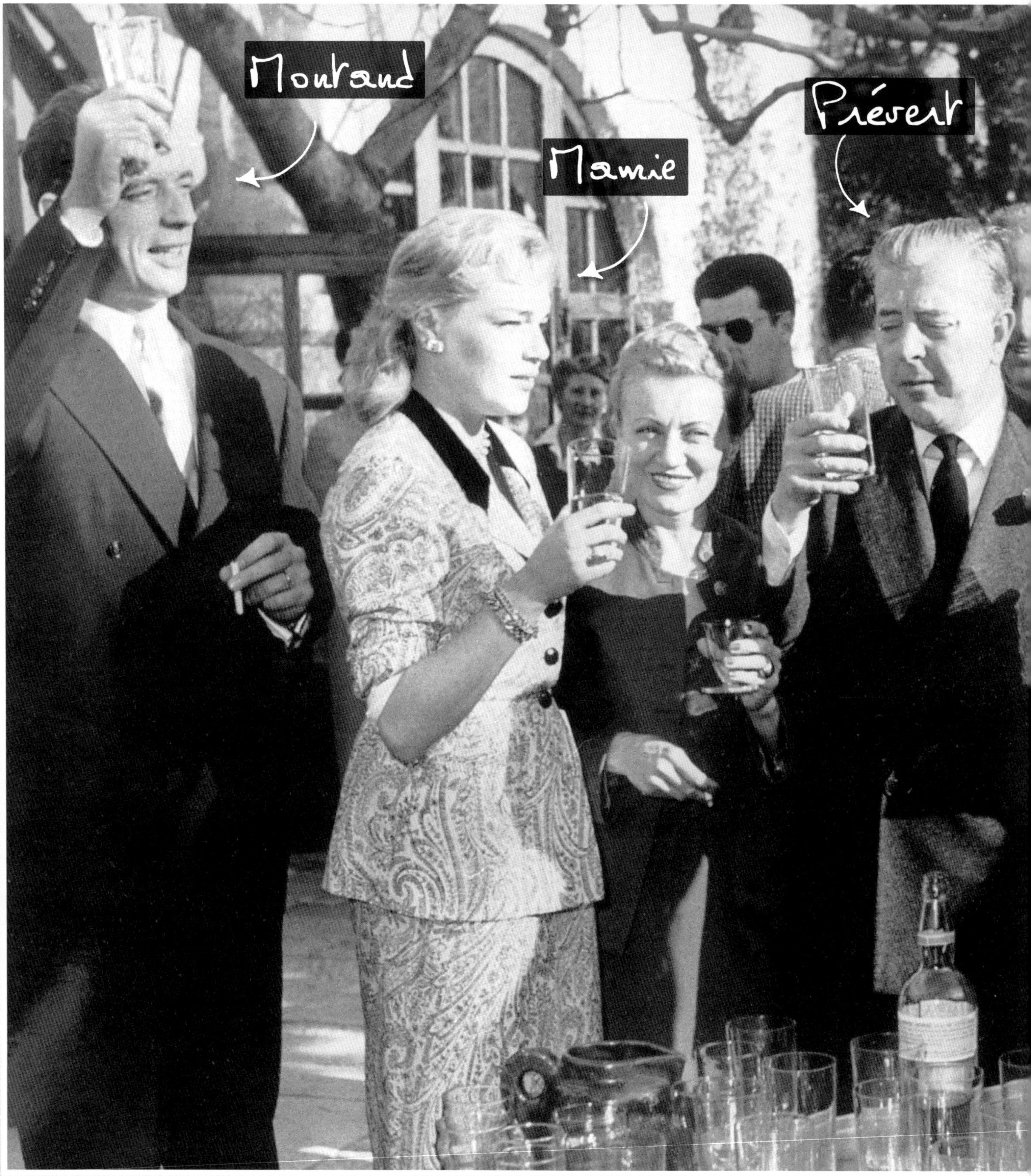
Montand
Mamie
Prévert

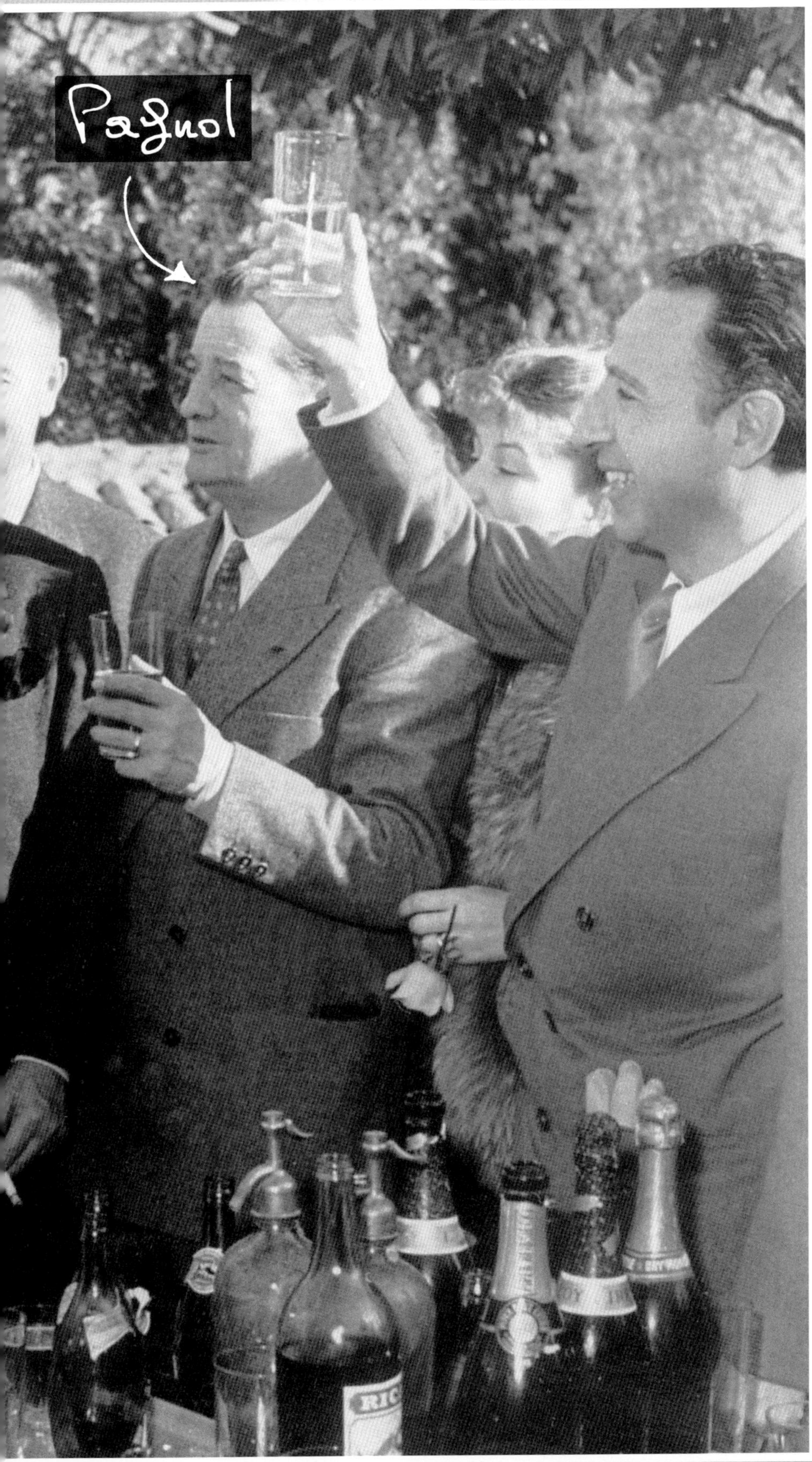
Pagnol

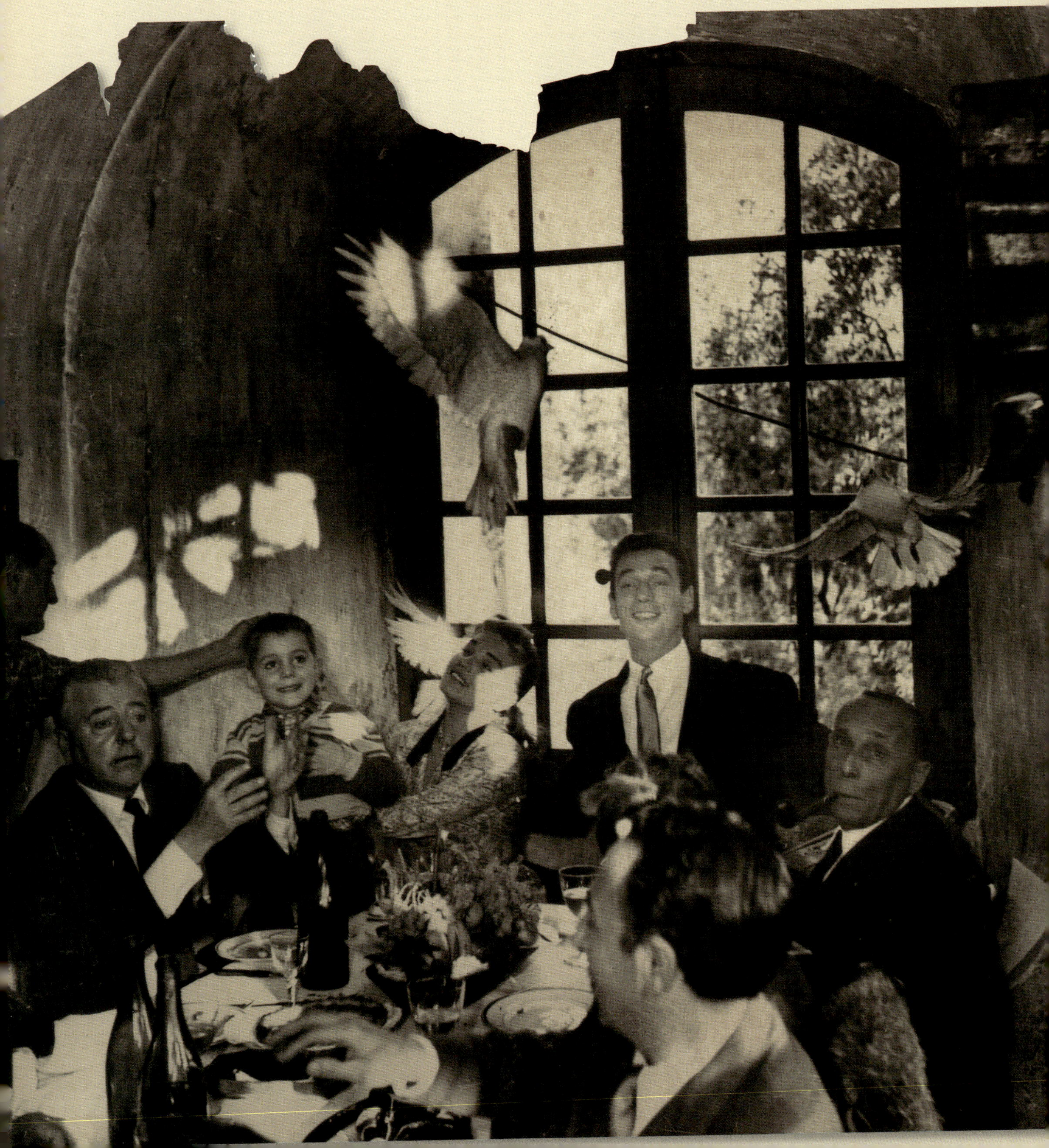

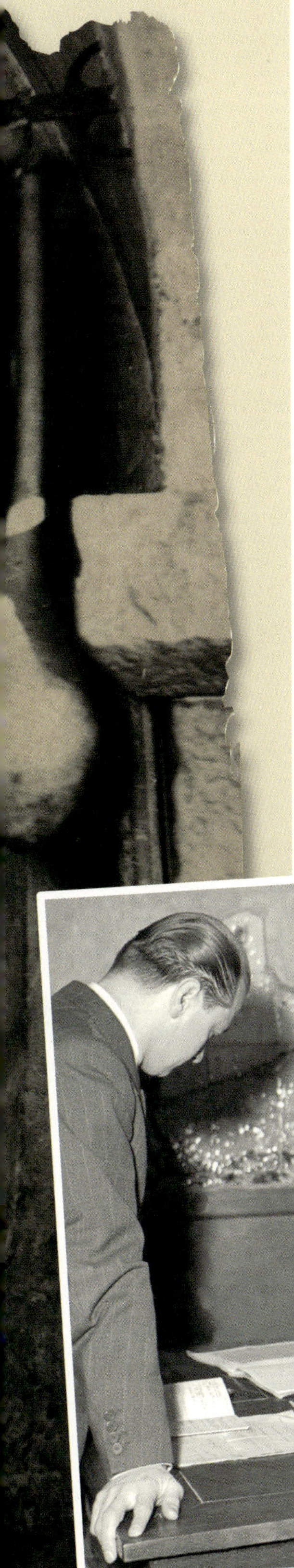

présence des photographes, venus immortaliser l'événement pour les gazettes people de l'époque, c'eût été un mariage modeste. Sans rapport avec le statut de star que Montand vient d'acquérir, en triomphant avec un tout nouveau spectacle dans le music-hall français : le *one-man-show*. Les représentations s'enchaînent au Théâtre de l'Étoile, puis en province. Montand a trouvé son style, la femme de sa vie et le triomphe sur scène ; Simone s'accomplit comme comédienne et comme femme : cette année 1951 restera dans leurs cœurs celle de tous les bonheurs.

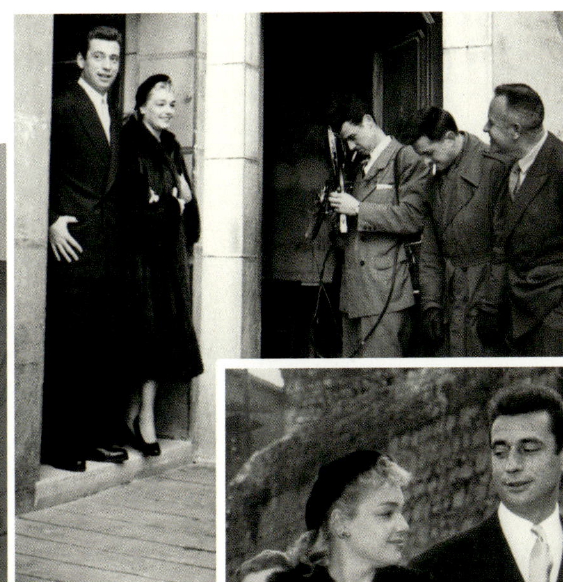

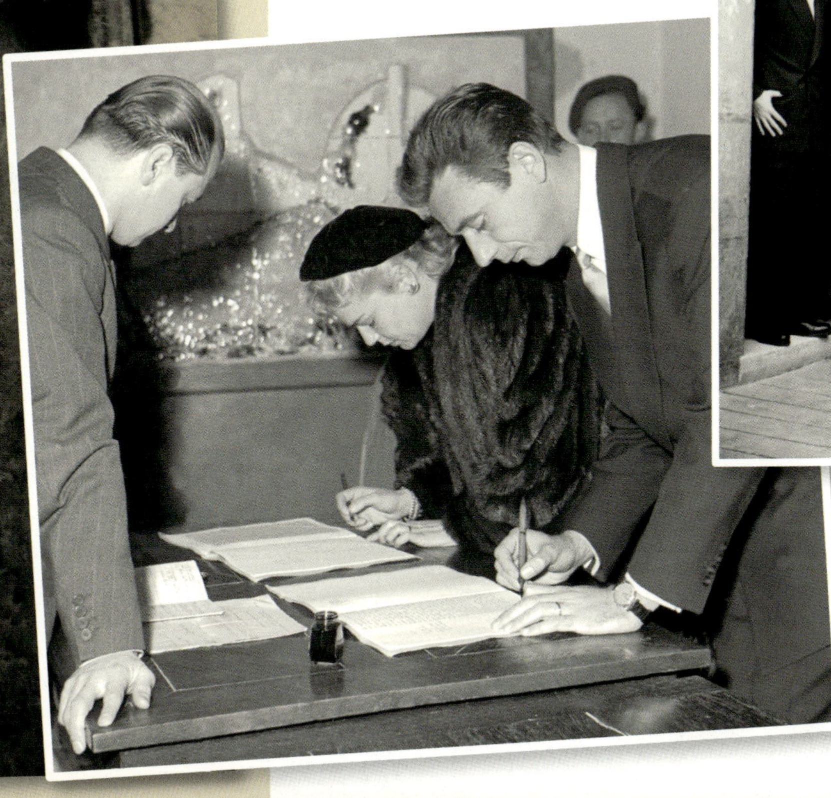

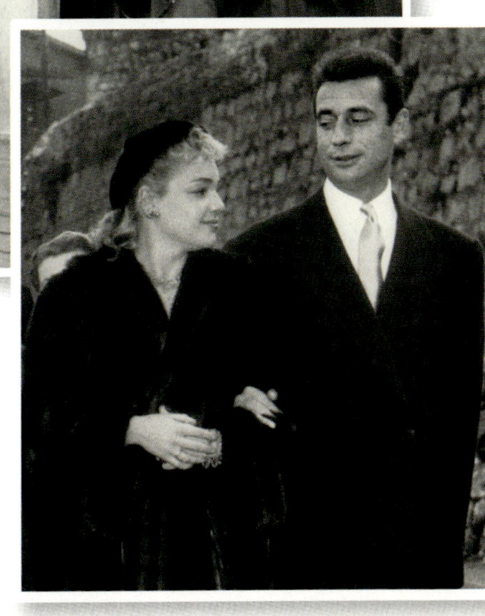

Leur histoire d'amour avec Saint-Paul de Vence et *La Colombe d'Or* durera toute leur vie. Peu avant sa disparition, Mamie avait appris qu'une maison à l'angle du Café de la Place, où Montand avait l'habitude de jouer aux boules, était à vendre. Elle lui a demandé de l'acheter immédiatement et se mit aussitôt, depuis la Normandie, à en dresser les plans d'aménagement. Malheureusement, elle n'aura pas la joie de s'y installer : elle était déjà gravement malade et, presque aveugle, se déplaçait difficilement. Cette maison, achetée pour Simone, ne l'accueillera finalement jamais. Après la mort de Mamie, Montand s'y réfugiera très régulièrement avec les amis de toujours entre parties de poker et de pétanque. Mais trente ans auparavant, en 1952, ce petit hôtel de famille héberge leur amour passionné. Son couple avec Montand est fusionnel et ils regardent dans la même direction : leurs sympathies politiques sont nettement à gauche.

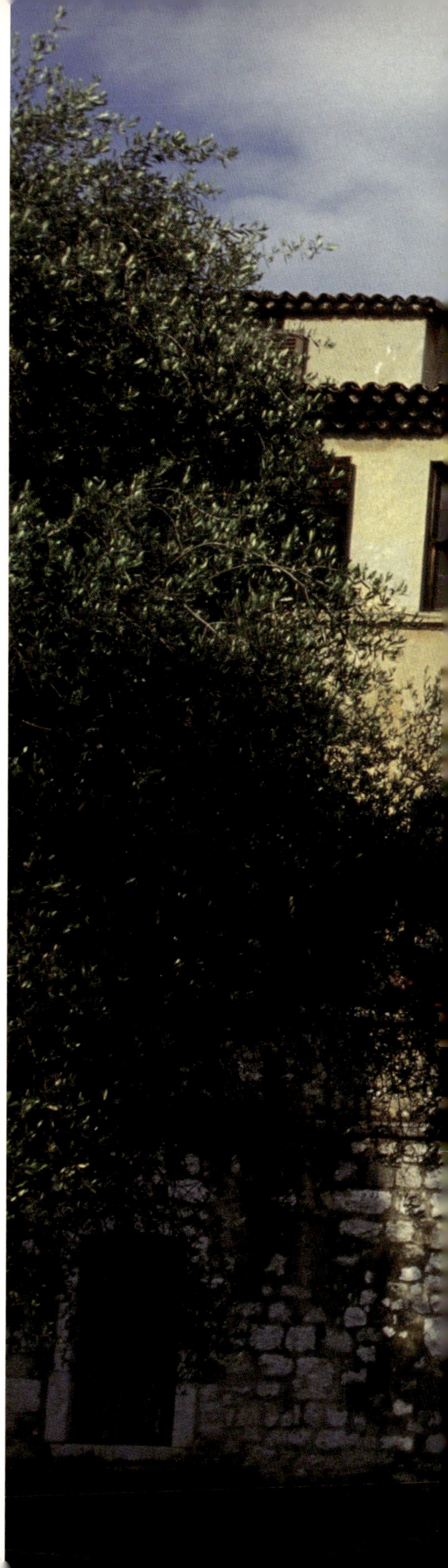

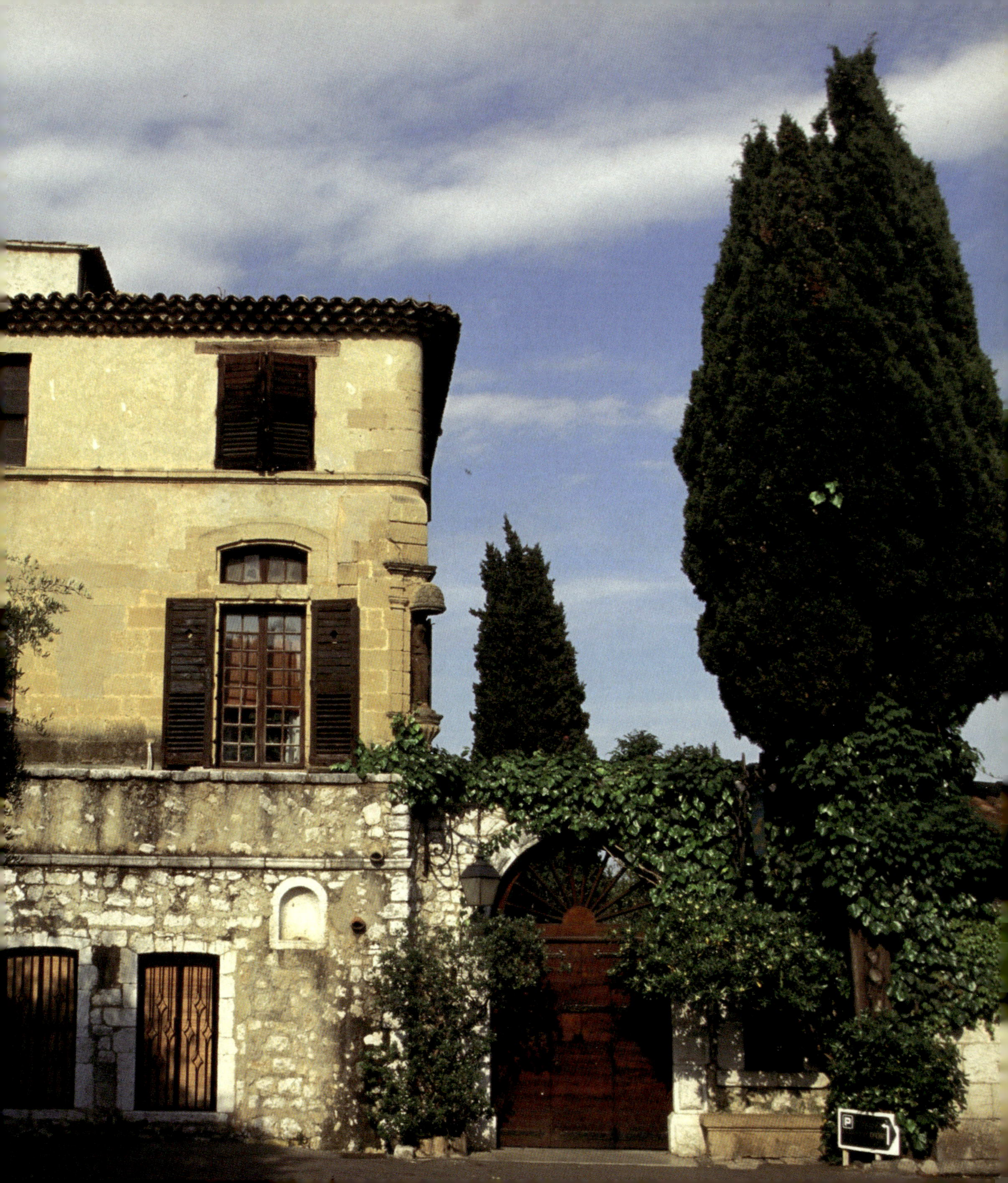

Son couple avec Montand est fusionnel.
Dans ces années-là ils regardent tous
deux dans la même direction

En 1953, c'est l'époque. Montand, prolo, fils d'immigré italien chassé par le fascisme, est très proche du Parti Communiste. Simone, fille de la bonne bourgeoisie de Neuilly, élevée dans des école privées, est plutôt issue d'un milieu de droite. Pendant la guerre, juive par son père, qui a rallié la France libre à Londres, elle se fait engager, grâce à ses relations, dans un journal pétainiste ! Mais le soir, elle rejoint Saint-Germain-des-Prés et les bandes de zazous, va écouter Boris Vian et Mouloudji, traîne à la terrasse du *Flore* avec Sartre et Simone de Beauvoir. Elle est plutôt proche d'une gauche intellectuelle que le Parti Communiste Français croquera comme compagnons de route. Simone, au contact de Montand, va cultiver cette sensibilité de gauche, en fréquentant le milieu ouvrier et son avant-garde, le Parti. Son engagement restera toutefois platonique. Simone, tout comme Montand, ne prendra jamais sa carte au PC, tout en ne dédaignant pas participer publiquement à des congrès ou à des manifestations communistes. À son contact, Montand va se cultiver dans le meilleur sens du terme, et acquérir une densité politique et culturelle bien loin de celle de

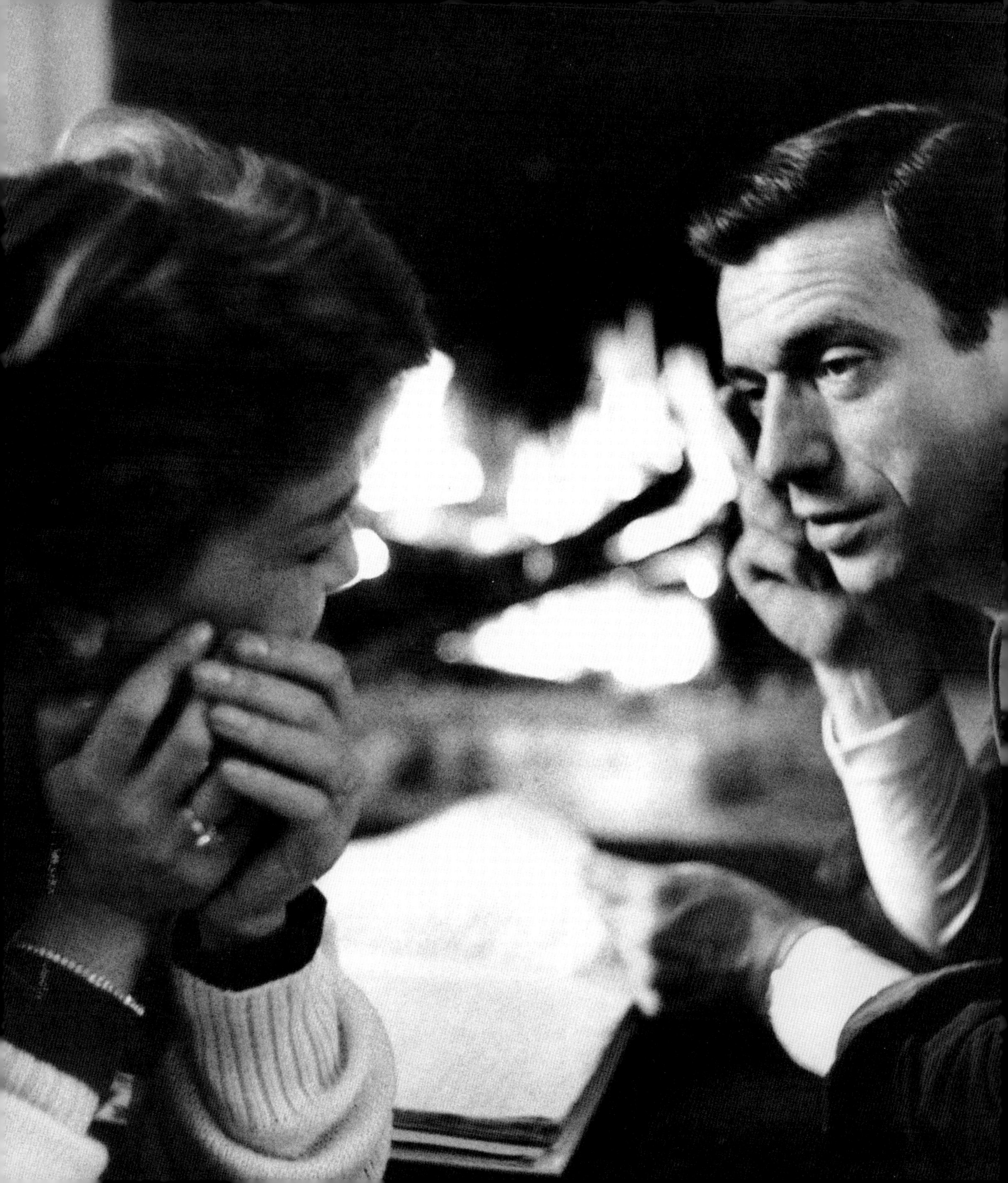

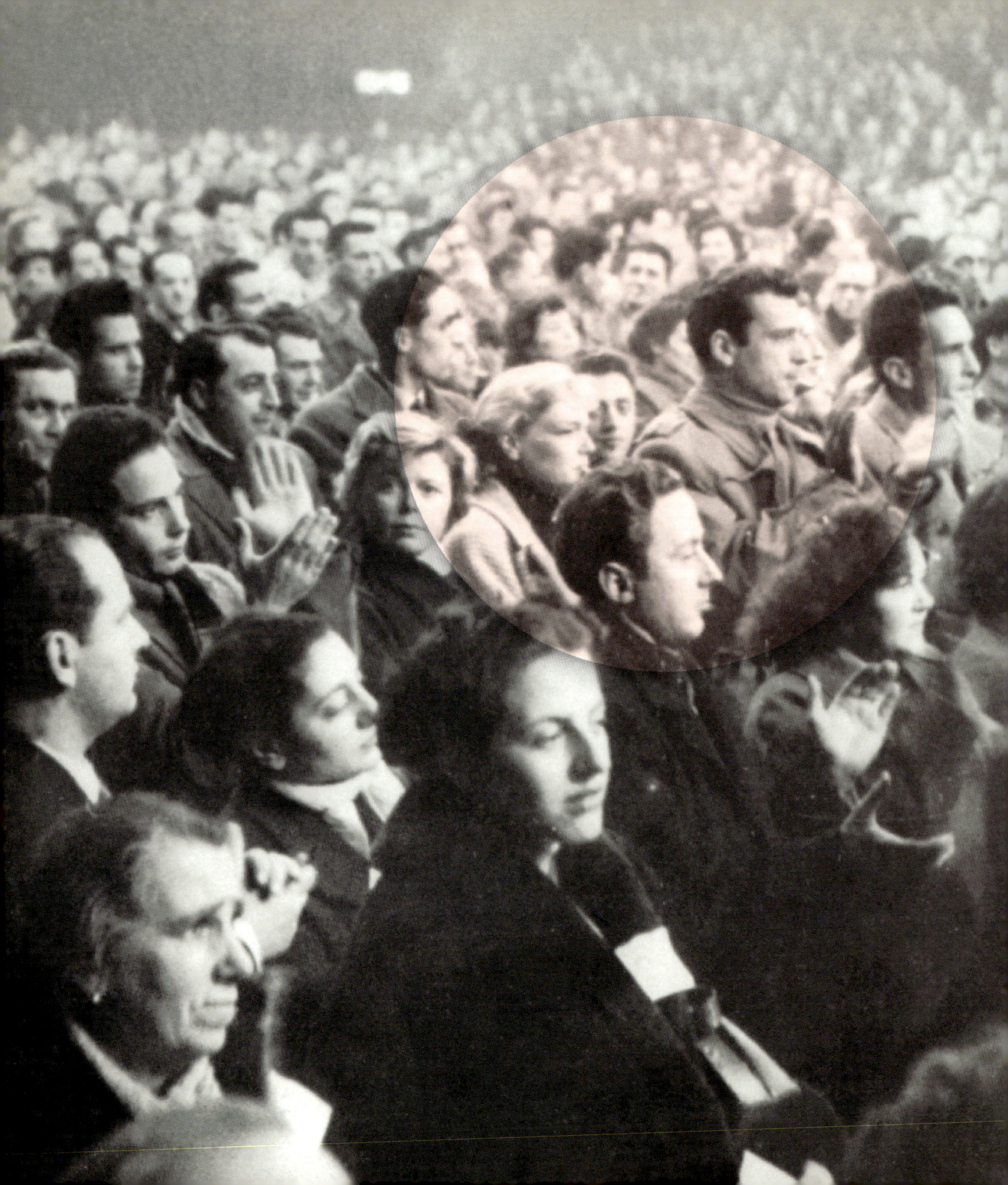

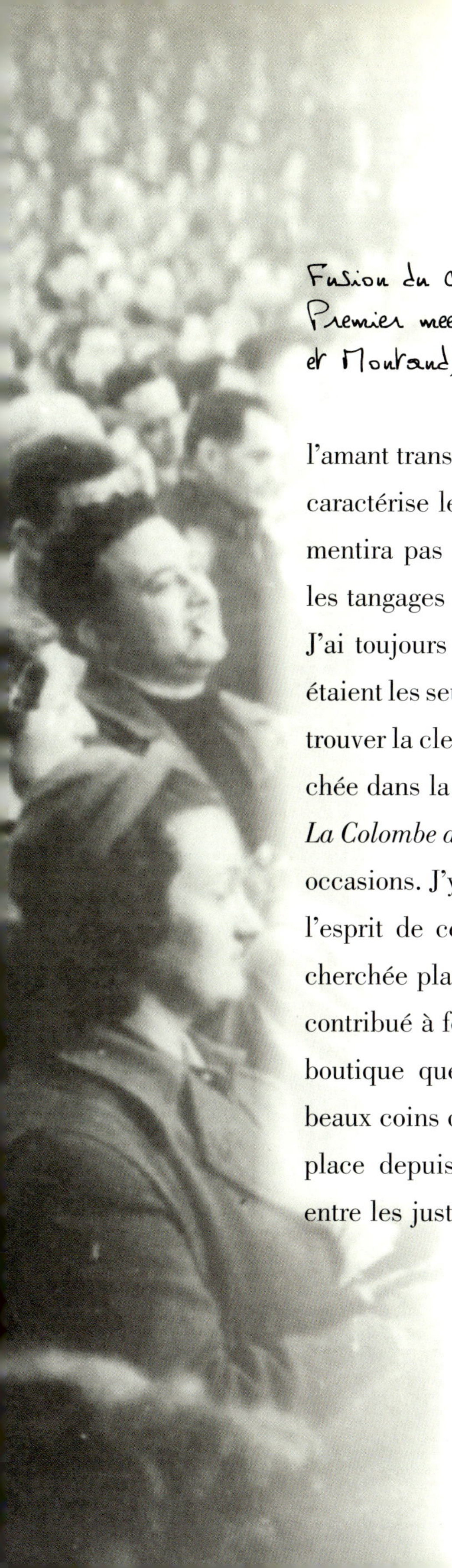

Fusion du corps, de l'esprit et des idées politiques ! Premier meeting du Parti Communiste pour Simone et Montand, en février 1953, au Vél d'Hiv.

l'amant transi d'Édith Piaf. Cette fusion du corps et de l'esprit qui caractérise les premières années de leur vie commune ne se démentira pas au cours des décennies, même si, au fil du temps, les tangages de l'existence semblent mettre en péril leur couple. J'ai toujours pensé qu'il y avait entre eux quelque chose qu'ils étaient les seuls à voir. Tout au long de ma propre vie, j'ai essayé de trouver la clef de cette extraordinaire destinée à deux. Je l'ai cherchée dans la « chambre de Simone », celle à côté de la piscine à *La Colombe d'Or* que François Roux me réservait pour les grandes occasions. J'y ai emmené certaine femme, croyant naïvement que l'esprit de cette chambre protégerait notre union. Je l'ai aussi cherchée place Dauphine à Paris dans la célèbre Roulotte qui a contribué à forger la légende de leur couple. C'est une ancienne boutique que Simone dénicha place Dauphine, l'un des plus beaux coins de Paris. Elle a toujours eu envie d'habiter sur cette place depuis l'adolescence. Pourquoi ? Peut-être y voyait-elle entre les justes proportions de cette place triangulaire, élégante,

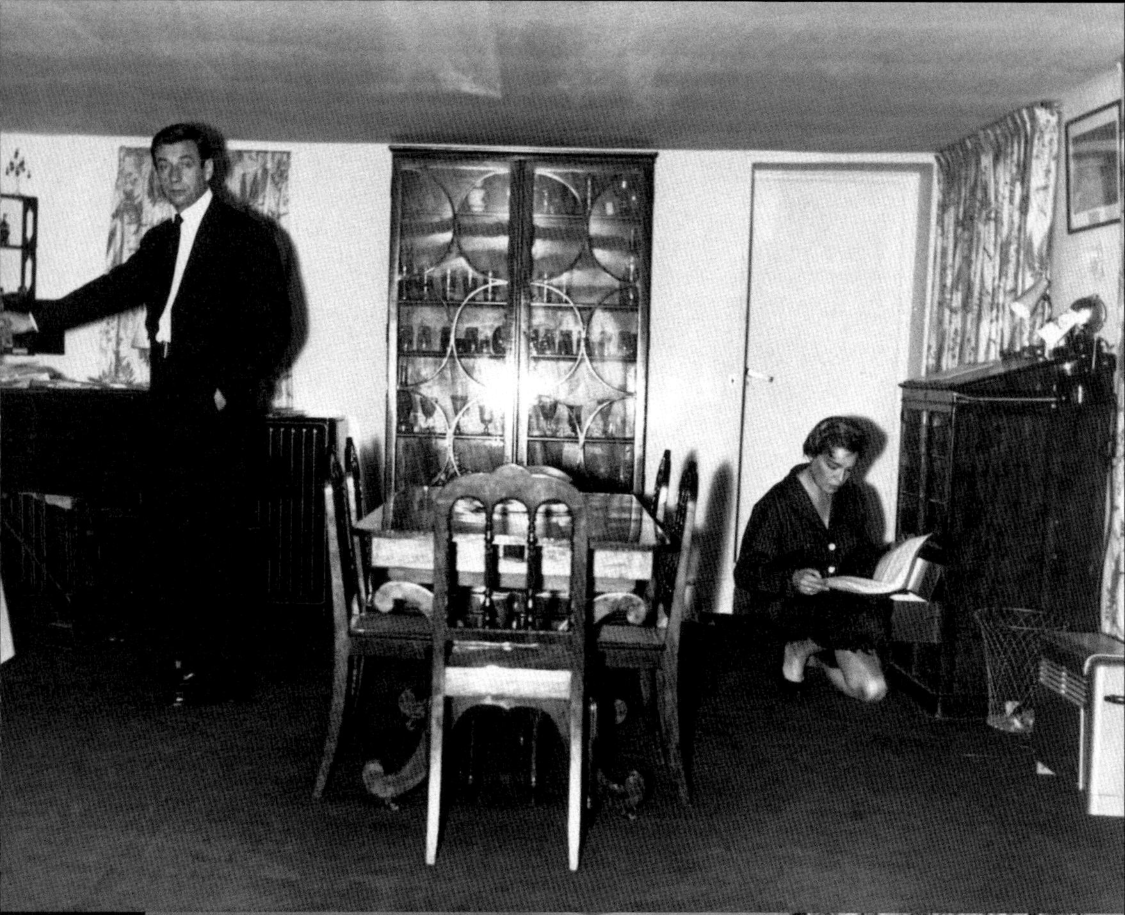

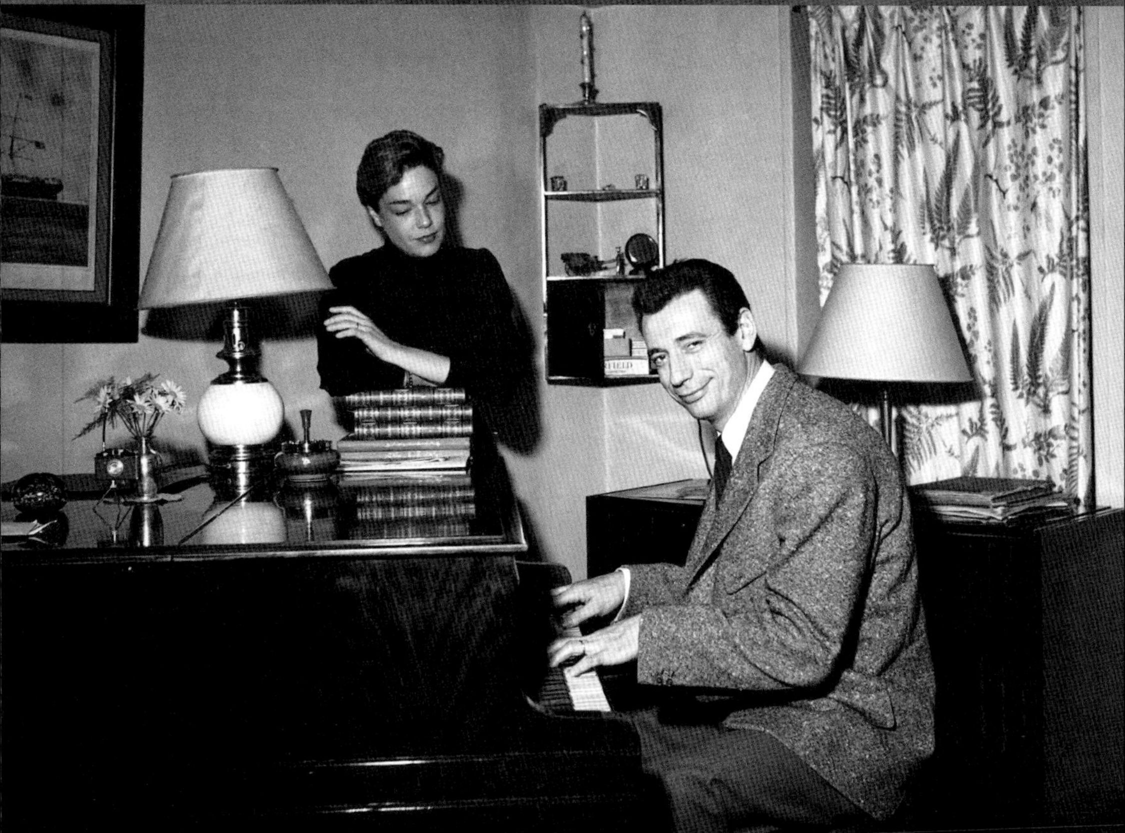

La Roulotte, le minuscule duplex où Montand devait baisser la tête sous les poutres.

discrète et chaste, une représentation architecturale de la féminité. Un coup de cœur pour cet appartement improbable où, depuis le salon en sous-sol, on aperçoit les jambes des promeneurs sur le quai qui longe la Seine. Où la hauteur sous plafond exige de se baisser pour passer sous les portes, où l'escalier en colimaçon est tellement exigu qu'on ne peut y faire passer aucun meuble. C'est cet appartement de gitan qu'elle baptisera naturellement La Roulotte, cette maison qu'on emporte partout avec soi. Mamie adorait chiner, trouver chez un antiquaire – plutôt chez un brocanteur – le meuble ou l'objet qu'elle marchandait avec la plus mauvaise foi, usant et abusant de sa notoriété et de ses capacités de séduction pour amener le vendeur à sa merci. Lorsqu'elle avait réussi son coup, elle ramenait son acquisition comme un trophée et l'installait à la place choisie, pour l'oublier la minute d'après.

C'est ainsi qu'elle a patiemment meublé La Roulotte, faisant plus confiance à son goût qu'à celui d'un décorateur.

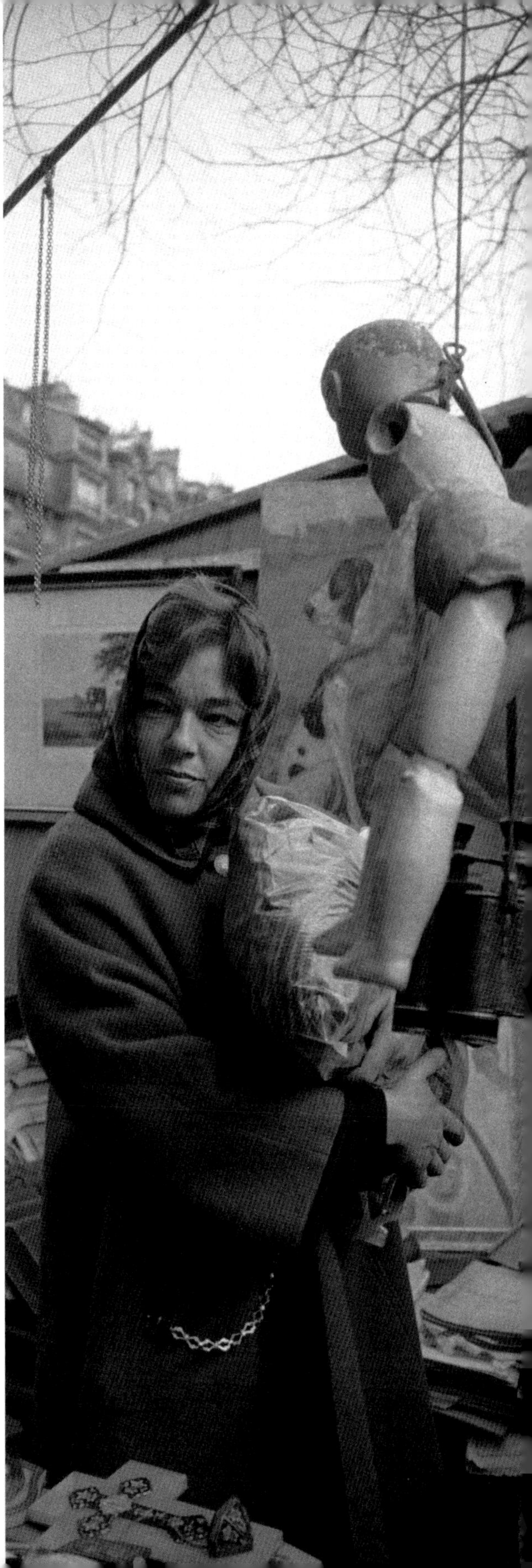

On y trouvait ainsi quelques photos sur la cheminée. Assez peu d'ailleurs. Il y avait une photo de Mamie recevant l'Oscar, quelques clichés avec des amis connus … un portrait de moi bébé et de Maman à différents âges. C'est tout. J'allais oublier une photo un peu floue du militant maoïste Pierre Overney, assassiné devant l'usine de Flins en 1972. Montand et Signoret ne prisaient guère les « photos de famille » qu'ils trouvaient petit-bourgeois. C'est pour cette raison qu'il n'existe que très peu de clichés dans La Roulotte ou dans la maison d'Autheuil qui n'aient été pris par des professionnels. Paradoxalement, je ne possède pratiquement pas de photos personnelles de Mamie, ni de Montand. Les photos étaient pour eux des instruments de travail qui ne devaient pas être laissés entre les mains d'amateurs. Simone contrôlait avec attention son image, en tout cas pendant la première partie de sa carrière, et les photos surprises au bord d'une piscine, dans sa chambre ou devant sa coiffeuse étaient en réalité soigneusement mises en scène. Les photographes des grands magazines se disputaient l'honneur de pénétrer dans leur intimité pour des « close-up »

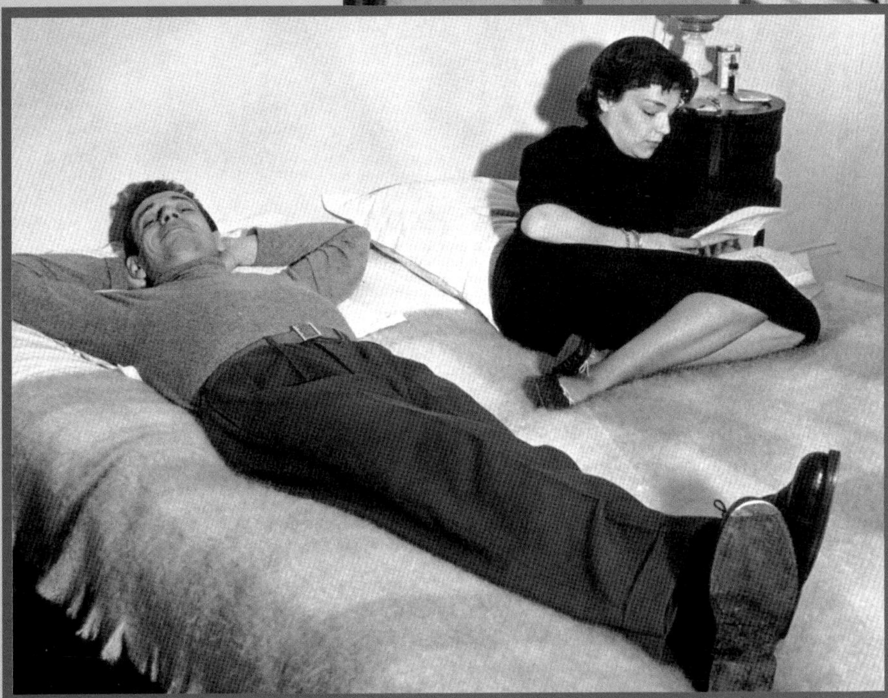

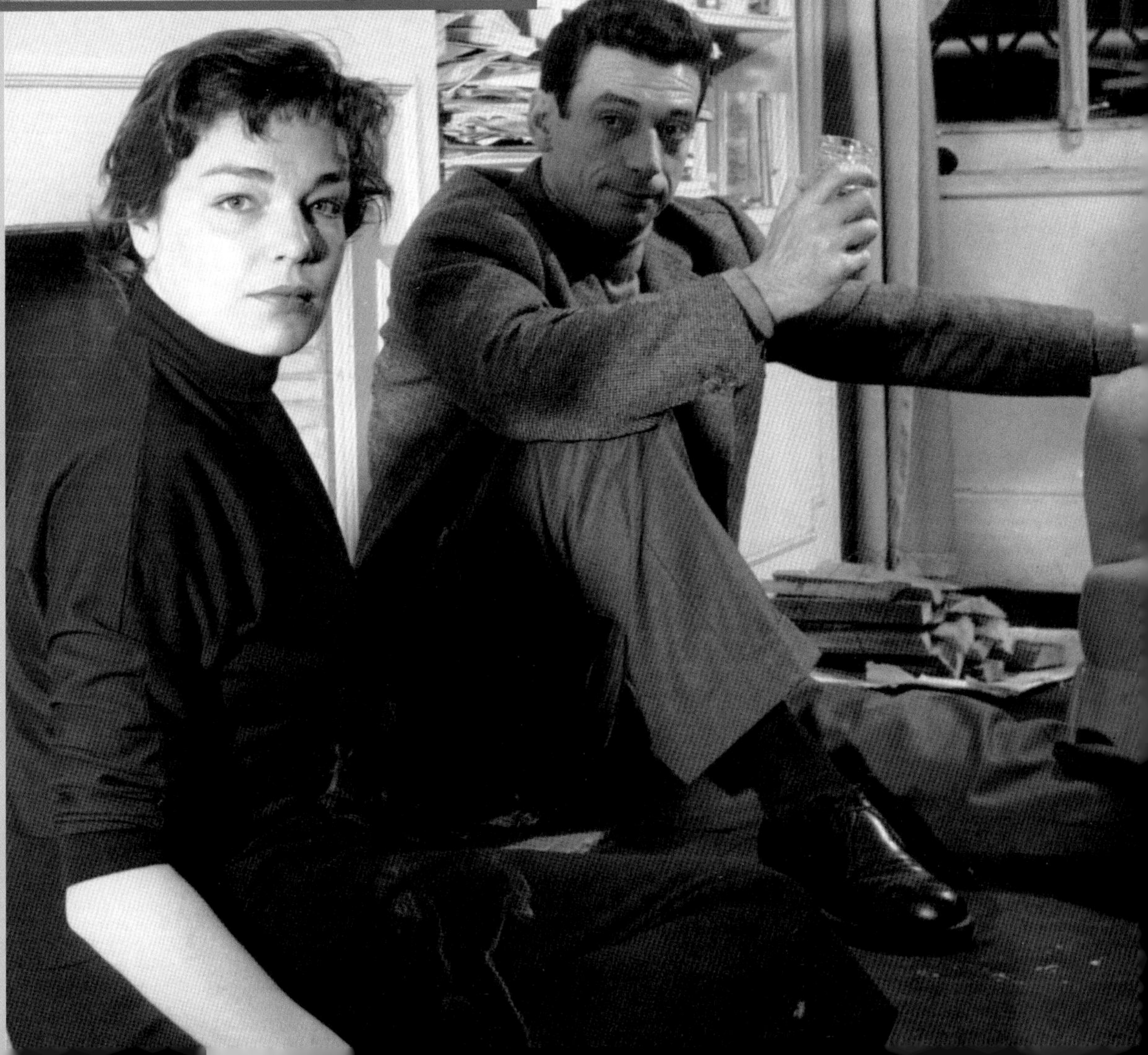

Les photos étaient pour eux des instruments de travail et Simone contrôlait avec attention son image. C'est pour cette raison qu'il n'existe quasiment pas de photos de famille.

Autheuil ! Toute mon enfance. On l'appelait
" La maison d'Autheuil ", ou encore " Le Château ".
Pour moi, c'était juste " Chez Mamie ".

faussement décontractés ou pris sur le vif. La Roulotte est leur nid, mais un nid trop petit pour y accueillir les amis. Le petit duplex de la place Dauphine porte bien son nom : d'une roulotte, il a les dimensions. Simone et Montand aiment appartenir à une bande, l'un et l'autre, pendant leur jeunesse, ont vécu au sein de ces communautés d'artistes qui ont du mal à se disperser une fois le tournage ou la tournée terminés. Simone a envie d'une grande maison à la campagne où elle pourra recevoir cette tribu qu'elle a recomposée avec Montand. Cette maison, c'est d'abord un coup de foudre de Mamie, un manoir du XVIIe, assez vaste pour y loger une tonne de copains, avec des dépendances, une ferme et un logement de gardien, où Georges et Marcelle, le couple de paysans à leur service depuis deux ans, vont se trouver chez eux. D'ailleurs, Mamie prétendra ensuite – en plaisantant à peine – qu'elle l'a achetée pour leur faire plaisir ! Il est vrai qu'ils vont aider Simone, qui n'a jamais fait cuire un œuf de sa vie, à avoir table ouverte tous les week-ends. Dès l'acquisition de la maison d'Autheuil, en 1953, amis et connaissances s'y sont succédés

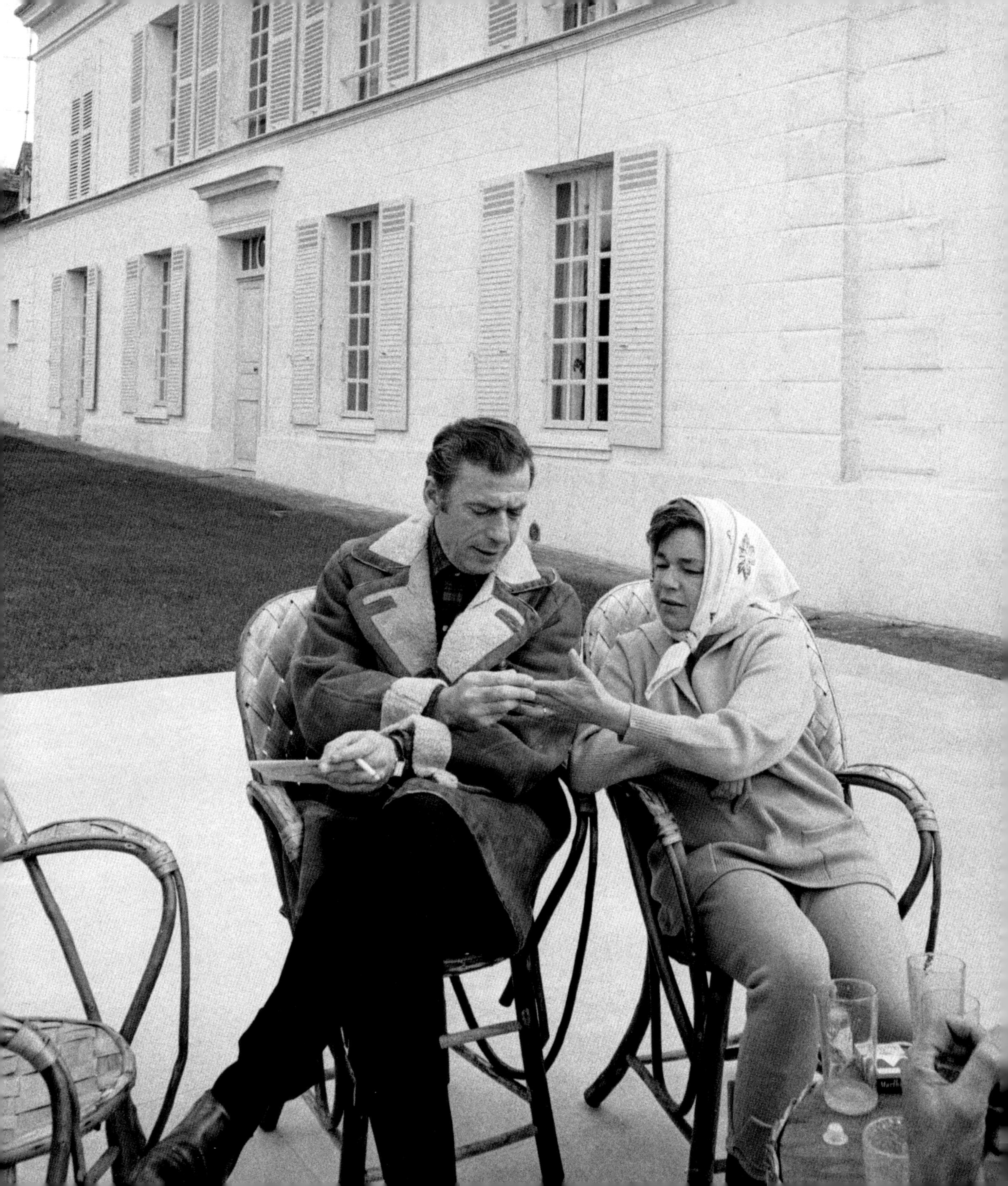

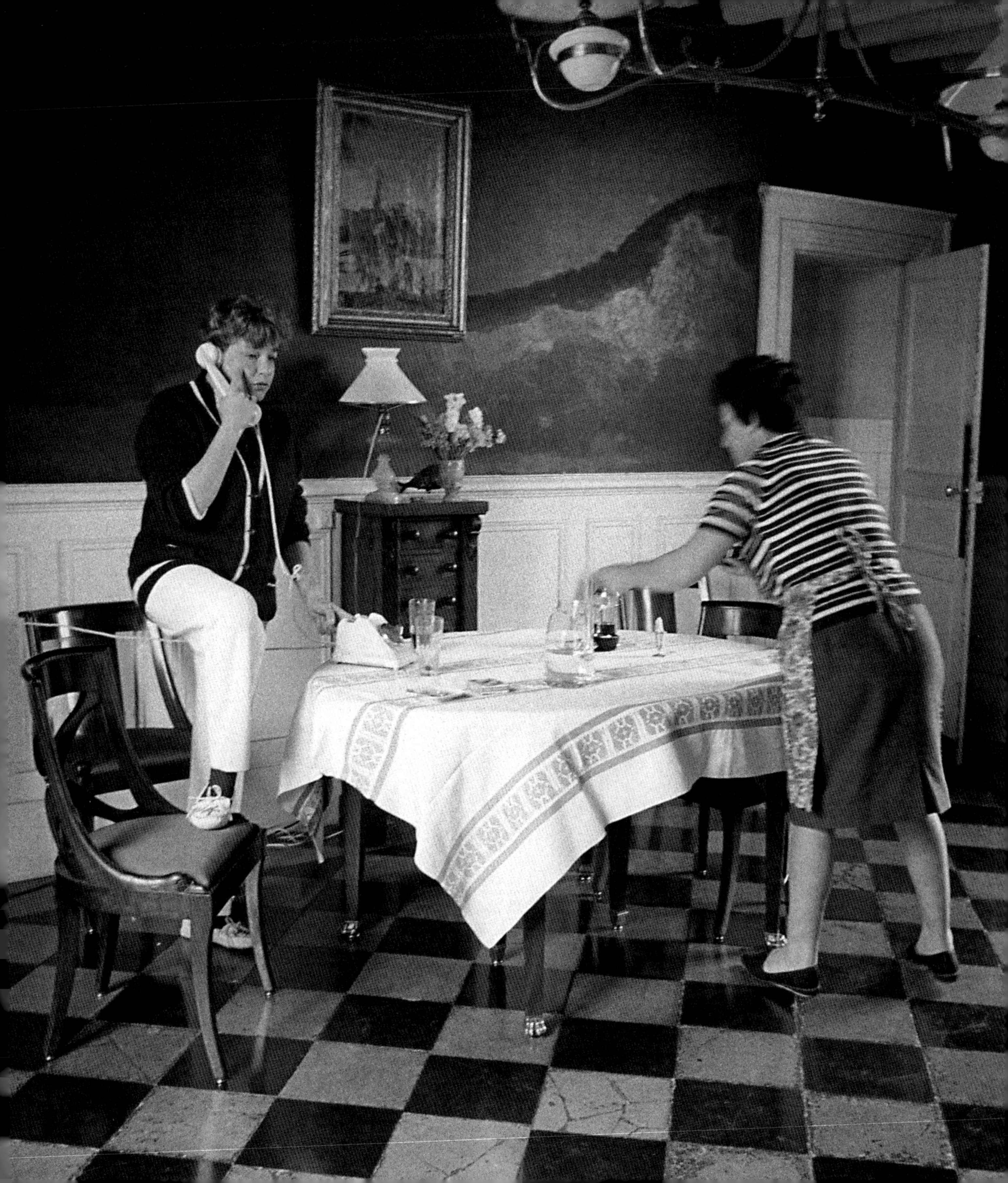

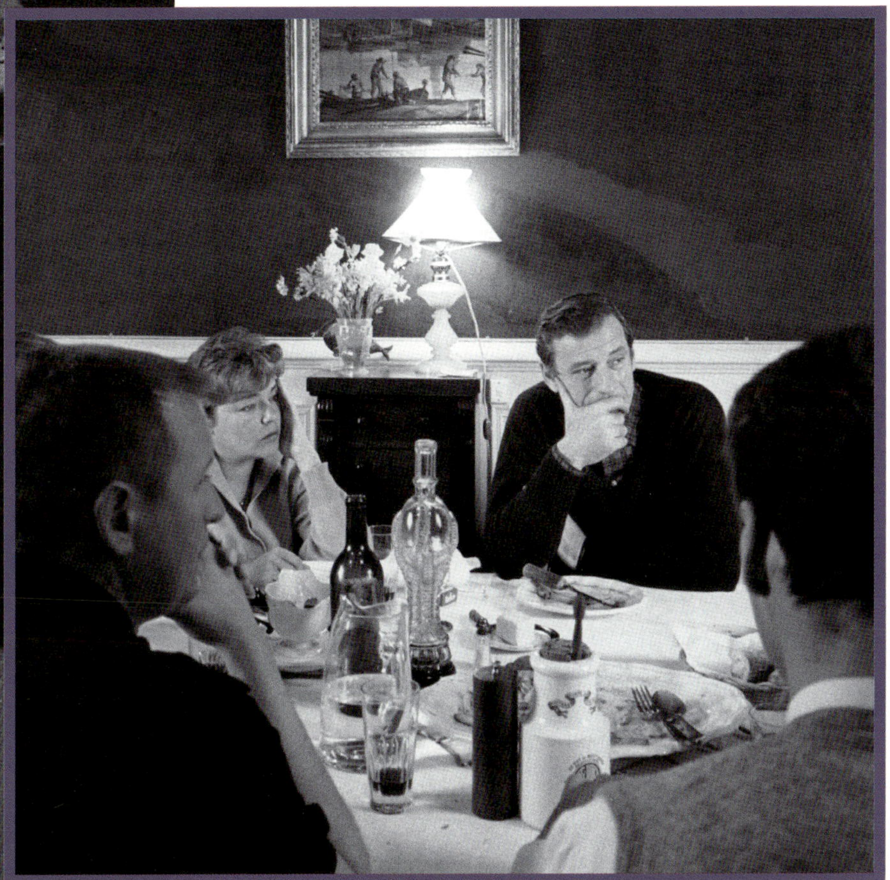

Autheuil était la maison des réserves! On y stockait en permanence des kilos de pâtes, de riz, de gâteaux... Une vraie caverne d'Ali Baba!

et je crois que la maison n'a jamais désempli jusqu'à sa mort, même lorsqu'elle était très malade. Elle était véritablement l'âme de cette propriété dont elle parlait comme d'un être de chair. D'ailleurs, personne ne s'y trompait, tout le monde disait « chez Simone » et moi « chez Mamie ». C'était la maison de mon enfance, là où j'ai appris à marcher, à nager, à faire de la bicyclette, et même à m'exercer avec mes petites amies. Toutes les étapes de mon enfance et de mon adolescence font référence à Autheuil dont j'étais souvent l'hôte solitaire en l'absence de Mamie ou de ma mère. Maman n'aimait pas beaucoup cette maison où elle avait été élevée « à la dure » par ma grand-mère qui avait, sur l'éducation des enfants, un certain nombre de principes dont, le

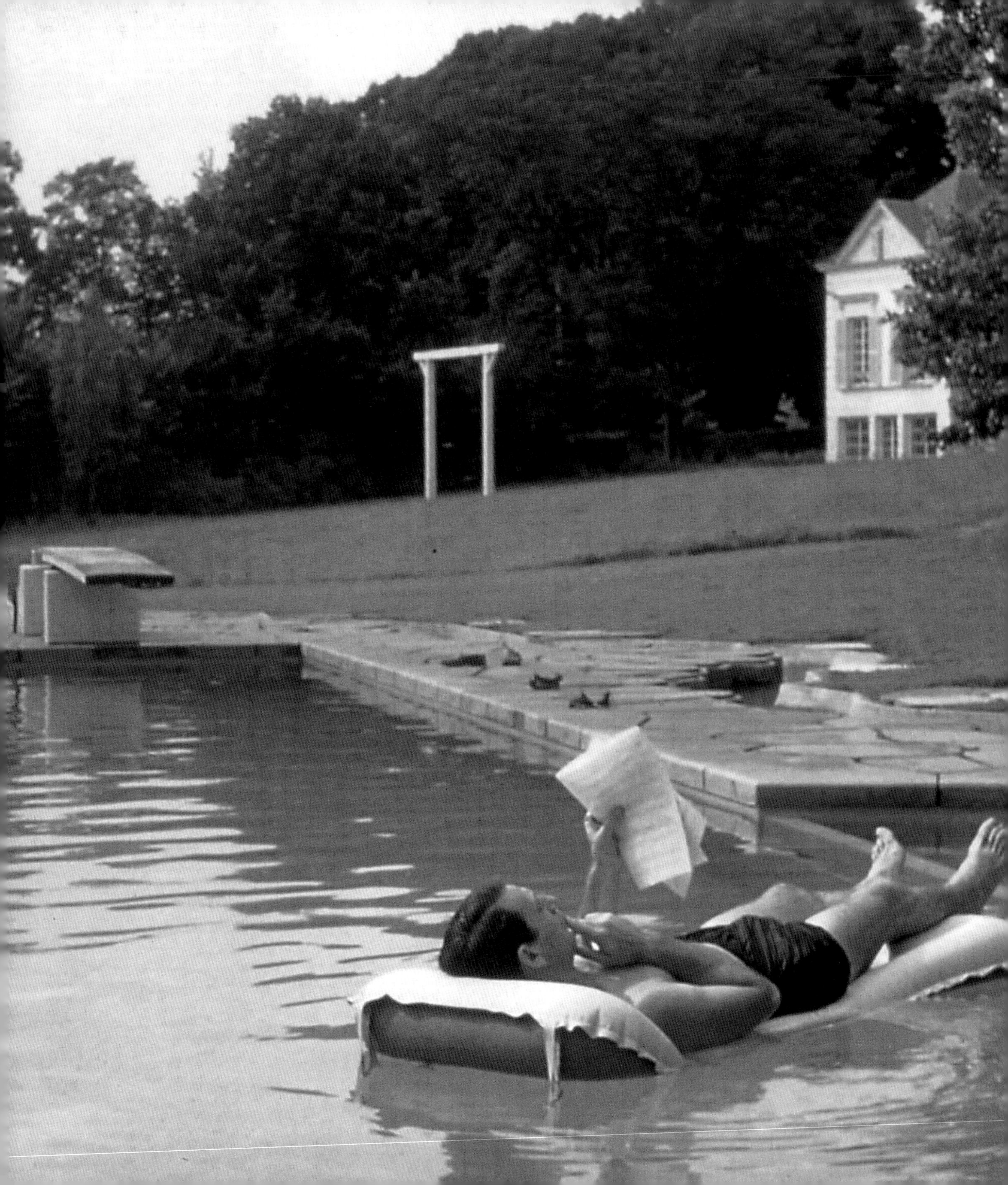

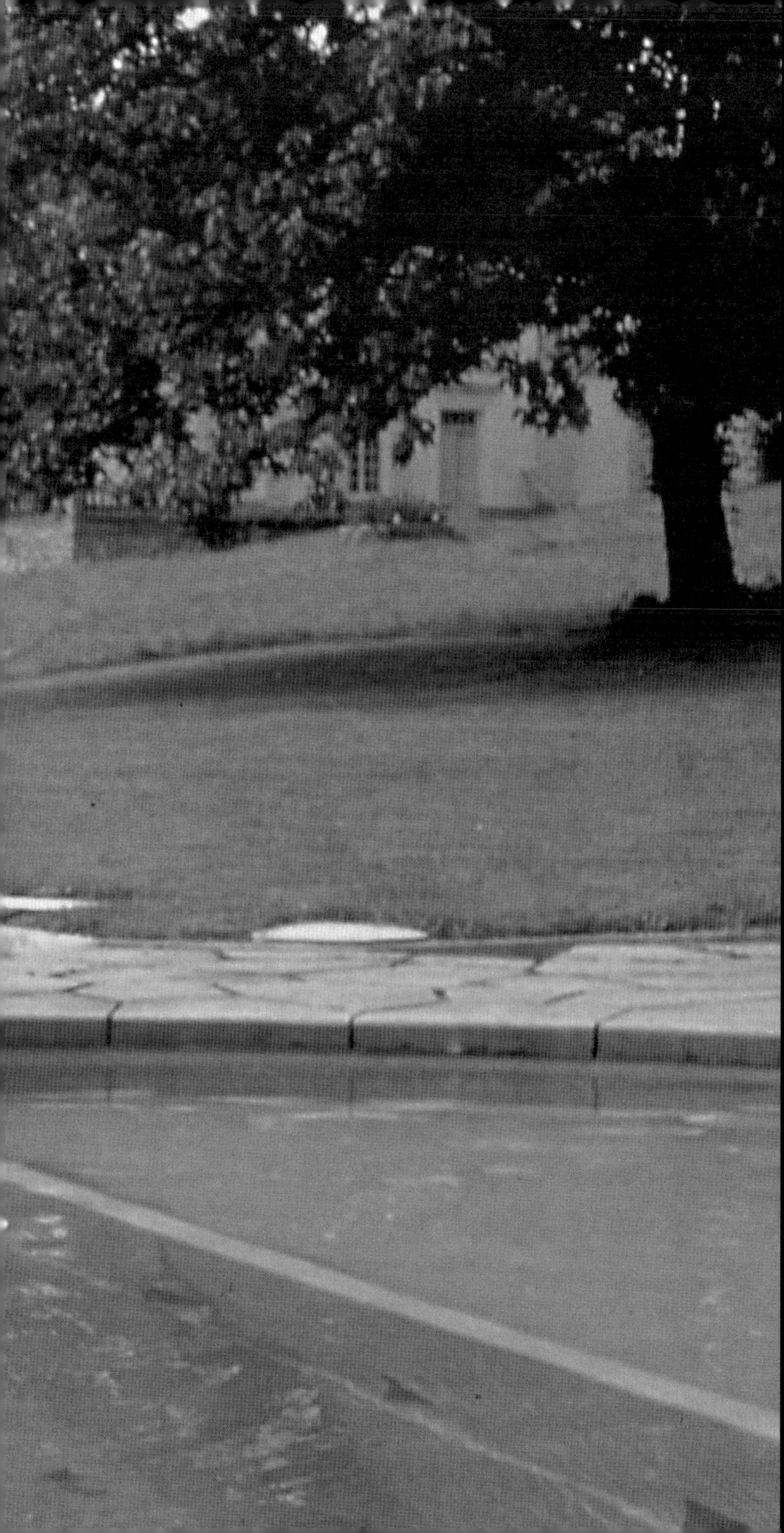

Les photos surprises
au bord d'une piscine,
dans une chambre
ou à l'occasion
d'un dîner étaient en
réalité soigneusement
mises en scène par
des photographes
professionnels.

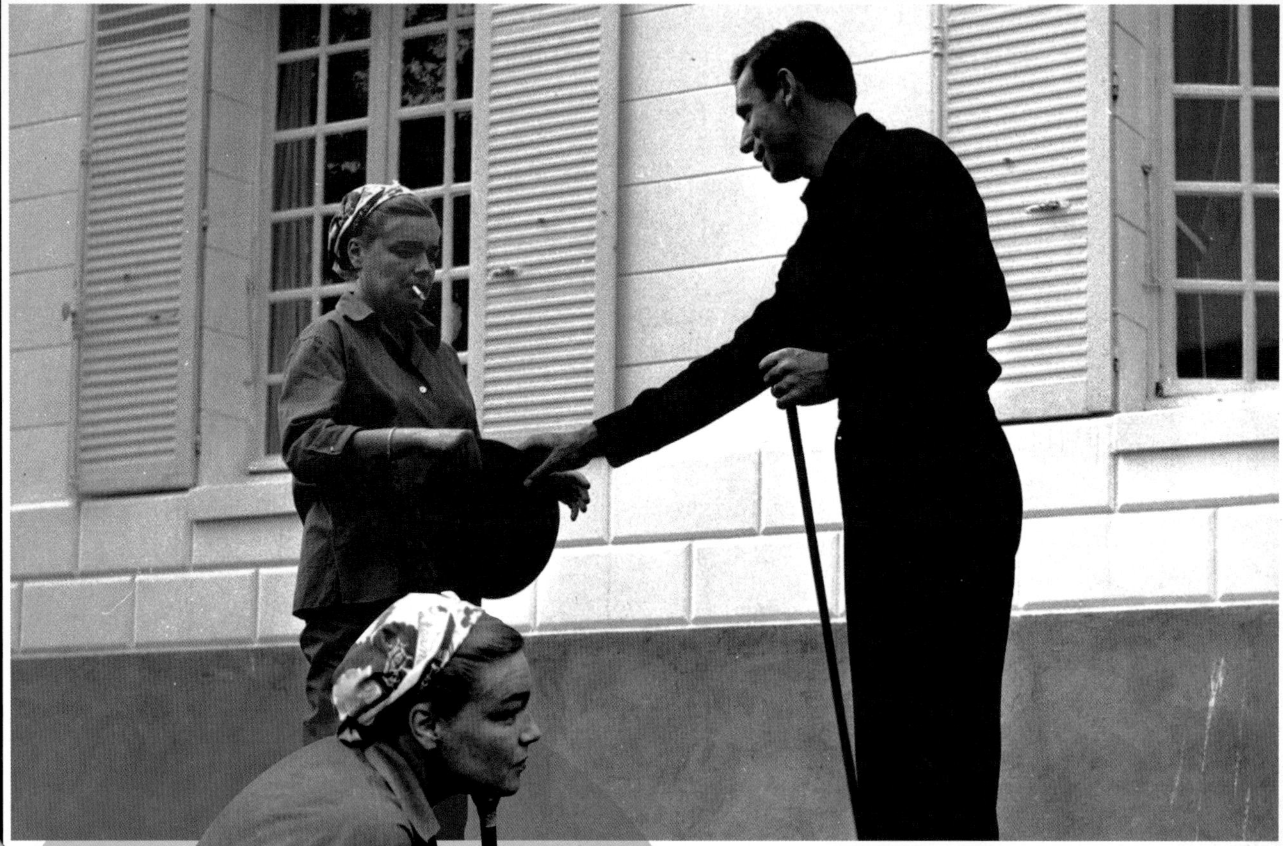

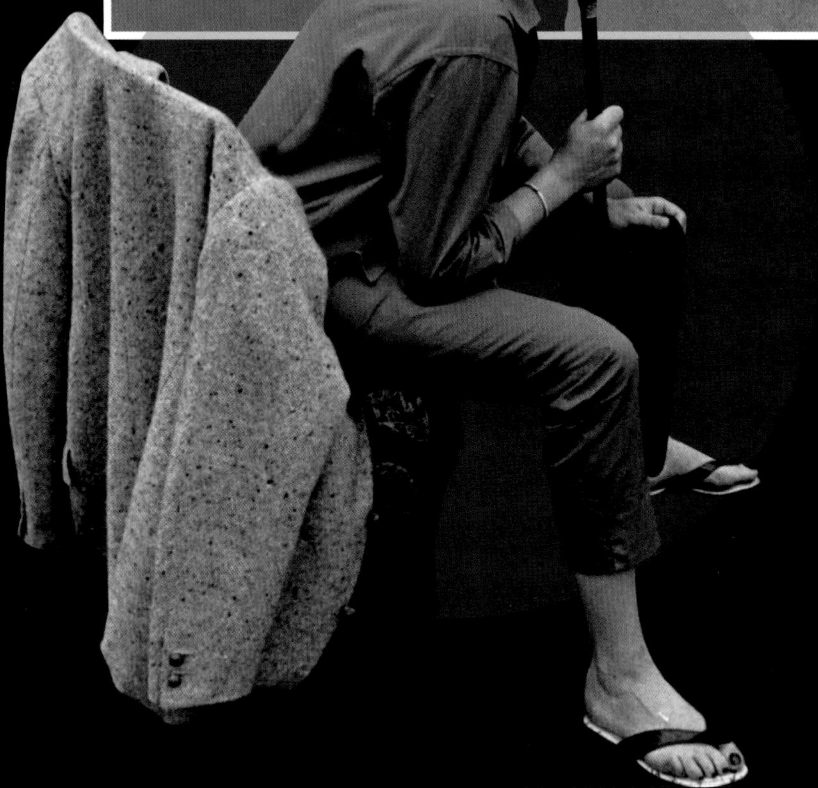

J'ai toujours connu
les portes-fenêtres
fermées. Au décès de
Mamie, exceptionnellement
Montand les avait
ouvertes.

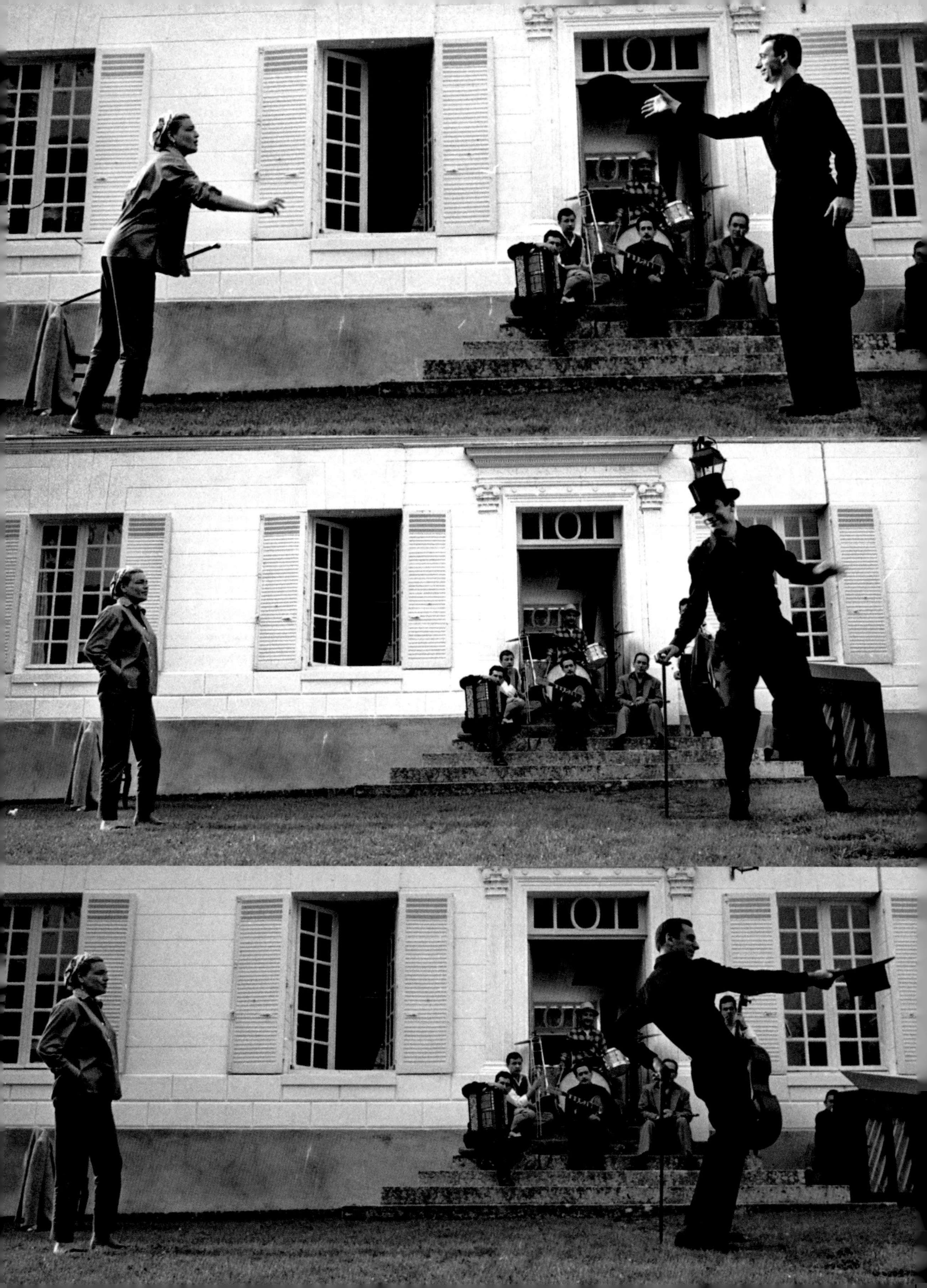

moins qu'on puisse dire, est qu'ils n'étaient pas très progressistes. « Cathou » en a fait les frais et son enfance à Autheuil n'eut pas les charmes de la mienne. J'étais un petit prince dans ce lieu où ma mère et moi occupions un appartement dans l'aile de la maison. Montand et Mamie avaient leurs appartements dans le bâtiment principal au premier étage. Chacun avait sa chambre et sa salle de bains. Celle de Mamie, bleue de la couleur de ses yeux. Celle de Montand, carrelée de noir, comme toutes ses salles de bains. J'effectuais, à chacun de mes séjours, une exploration indiscrète de la grande maison. J'étais évidemment fasciné par les appartements de Montand qui recelaient tant d'objets de désir pour un jeune garçon. J'étais beaucoup plus circonspect dans l'exploration des appartements de Mamie où flottaient, même en son absence, les accents de Shalimar, dont un énorme flacon en forme de vasque avec son bouchon bleu trônait dans sa salle de bains. Je redoutais les investigations de Mamie lorsqu'elle flairait une de mes incursions dans son domaine. Ses interrogatoires frisaient l'inquisition lorsqu'elle avait le moindre doute. Son intelligence

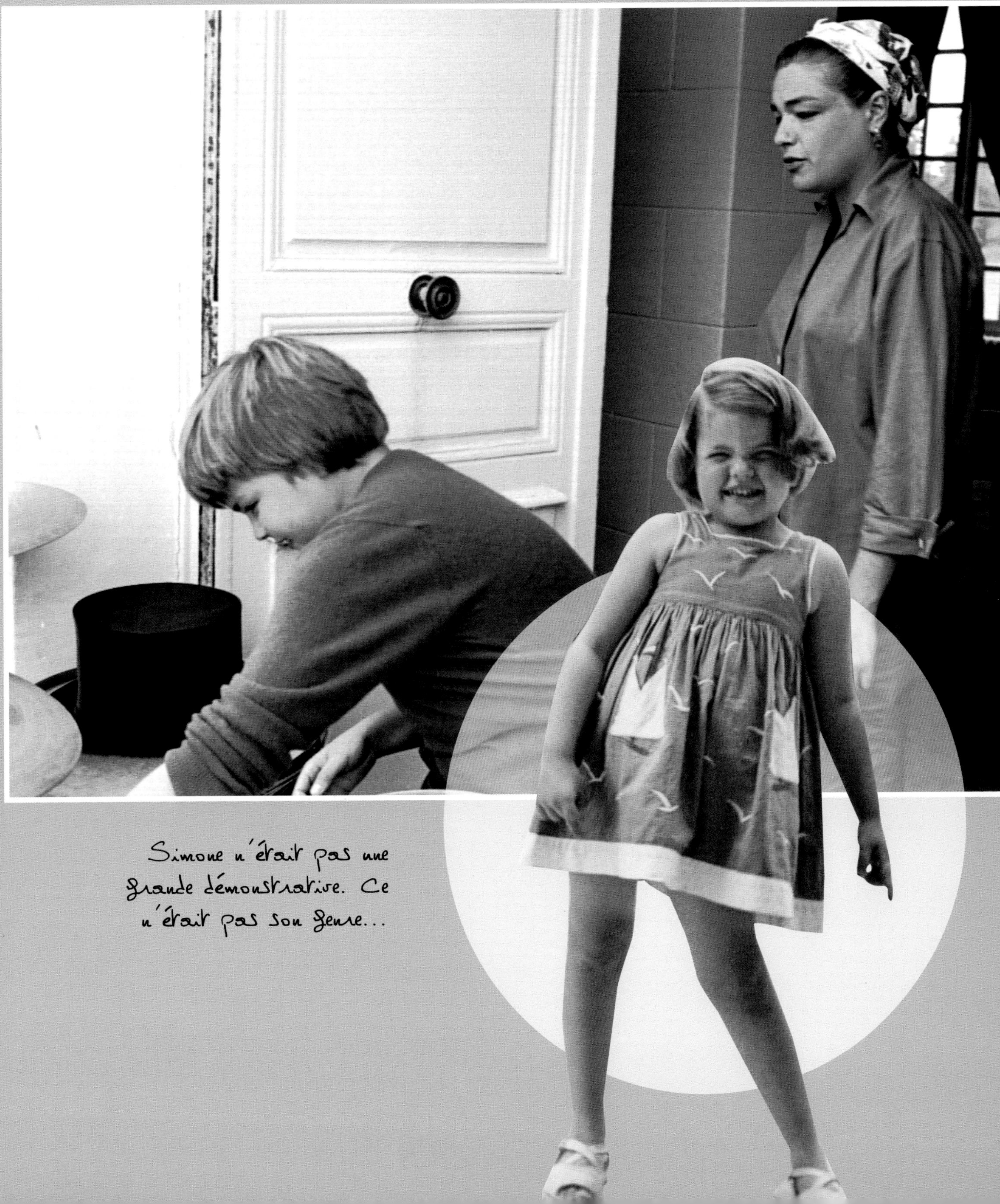

Simone n'était pas une grande démonstrative. Ce n'était pas son genre...

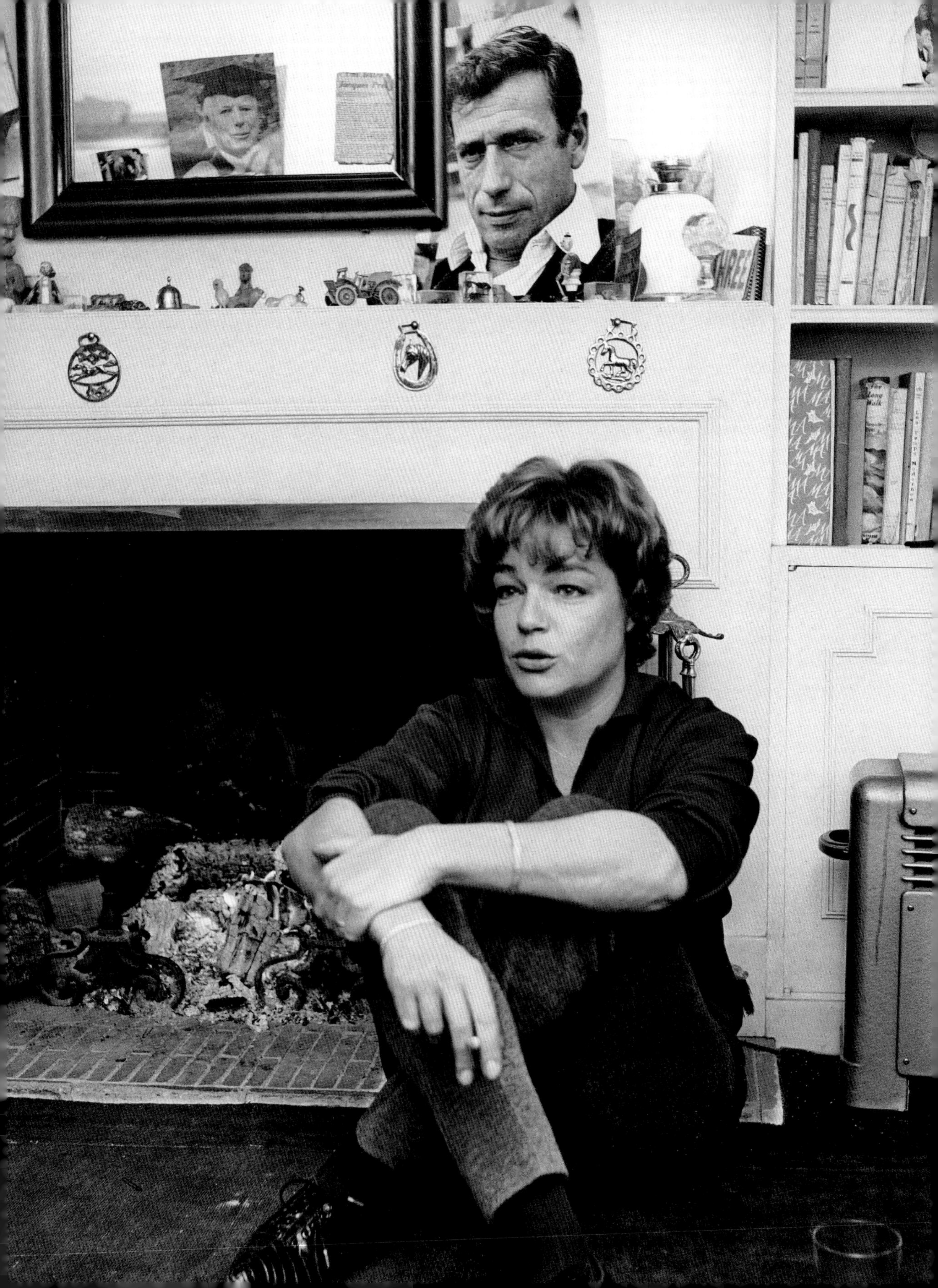
Long Walk

Deux photos n'ont jamais quitté Simone : celle de la maison d'Autheuil et ce portrait de Montand qui lui était très cher.

et son intuition féminine faisaient d'elle un redoutable enquêteur et je préférais – comme Montand – ne pas prendre le risque de lui mentir. Sauf s'il s'agissait d'un jeu que nous aimions beaucoup pratiquer ensemble : j'inventais une histoire et elle tentait d'en démontrer l'invraisemblance, ce qui me poussait à l'improvisation. Elle disait que ce jeu était un exercice mental qui développait mes facultés d'imagination et mon sens de la repartie. Je ne sais si elle se livrait à ce petit jeu avec Montand, mais je reste persuadé qu'aucun aspect de sa vie extra-conjugale ne lui échappait. Elle avait une maxime assez cynique : « Le secret du bonheur en amour, ce n'est pas d'être aveugle, mais de savoir fermer les yeux quand il le faut. » Elle aura, plus d'une fois, l'occasion de la mettre en pratique.

Entre autres trésors, la maison d'Autheuil recélait une sorte d'ancêtre du magnétoscope, un *UMatic* que Montand avait rapporté des États-Unis, et qui permettait de visionner des copies de films. Dans leur collection figurait la quasi-totalité des films de Montand et une bonne partie de ceux de Mamie. J'avais appris très jeune à manipuler cet appareil et c'est pourquoi je pus visionner leurs premiers films alors même qu'ils n'étaient plus diffusés que – rarement – à la télévision. C'est ainsi que je pris conscience de deux choses, la première, que Mamie avait un immense talent et la deuxième, qu'elle, femme *belle*, elle l'avait été. Je peux dire, sans outre mesure, que Simone Signoret a été la plus belle femme du cinéma français des années 1950 et du début des années 1960. C'est pourtant l'époque où elle faillit abandonner son métier de comédienne pour celui de groupie de Montand. Une scène est restée fameuse dans le folklore familial où on la voit, installée dans un fauteuil à Autheuil en train de tricoter, pendant que Montand fait des claquettes en haut-de-forme et justaucorps noir. « Tu fais quoi là ? Tu tricotes… » S'ensuit un échange pas très aimable d'où il ressort que Simone ne travaille plus parce que, lui fait observer méchamment Montand, « on ne la demande plus ! » C'est faux : plusieurs réalisateurs l'ont sollicitée, et c'est elle qui décline leurs propositions. La preuve, Marcel Carné lui a offert quelques jours auparavant le rôle de Thérèse

Montand en
scène dans
la salle de
projection
d'Auteuil.
Auteuil,
toujours et
encore… avec
son lot de
souvenirs bons
et moins bons…

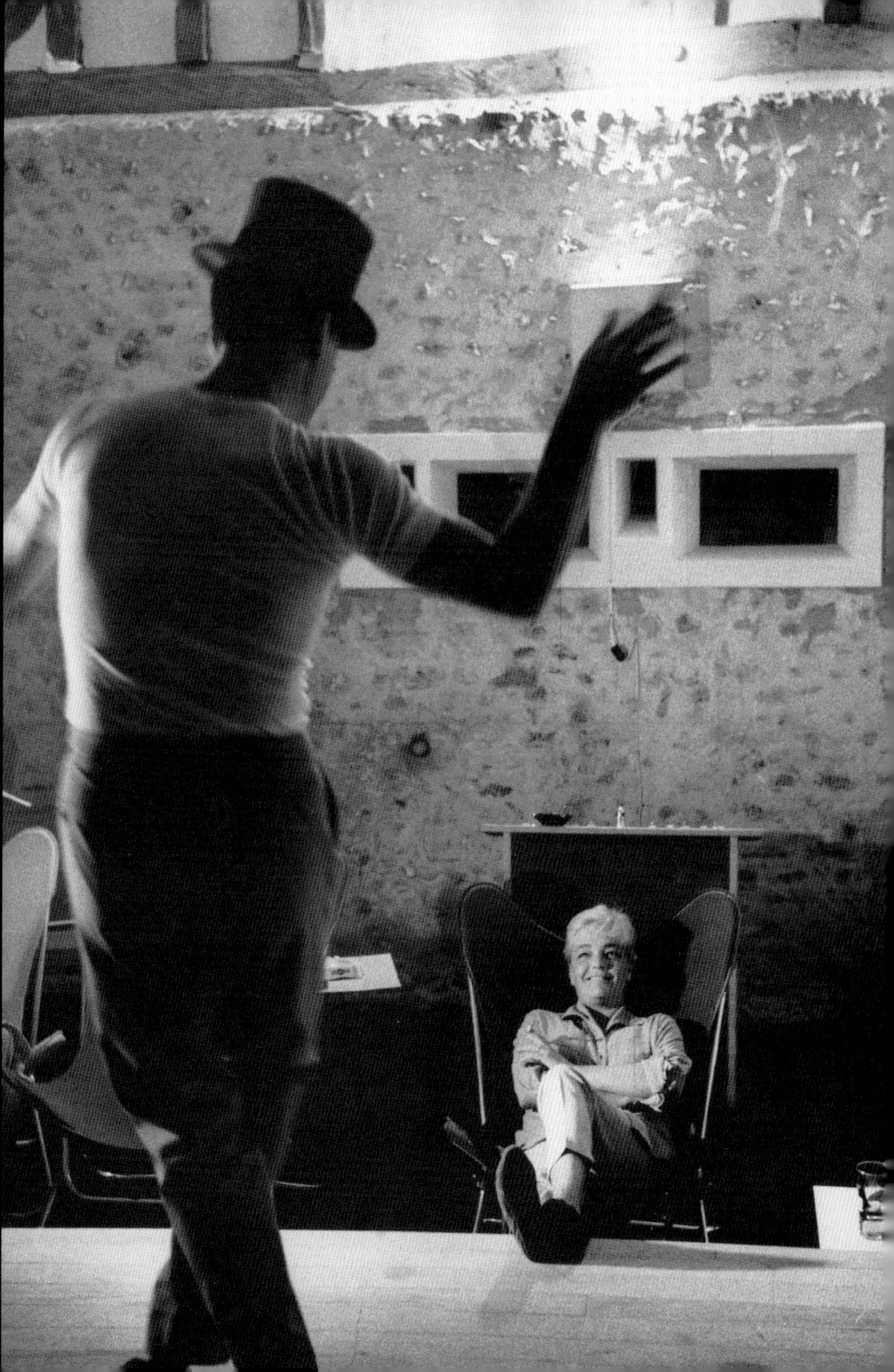

A 34 ans, Simone,
diaboliquement sublime !

Raquin dans une adaptation du roman de Zola et elle a refusé. Simone, piquée au vif par cette remarque de Montand, téléphone aussitôt au producteur Robert Hakim, et rattrape le rôle *in extremis*. Elle inaugure alors une série de rôles de garces fatales, à la James Hadley Chase, dont le regard bleu oblique, *destroy*, restera unique dans la production cinématographique française. En abandonnant ses aiguilles à tricoter pour reprendre le chemin des studios, je me suis souvent demandé si Simone n'avait pas fait là le plus grand des sacrifices : renoncer à avoir un enfant de Montand. En tout cas, les années suivantes verront s'enchaîner une série de films qui vont asseoir sa situation de star. Clouzot l'engage pour être la partenaire de sa propre femme, Vera, dans *Les Diaboliques*, face à un Paul Meurisse impérial dans l'art d'être odieux avec les femmes. Mamie, qui joue sa maîtresse, y est magistrale – lorsqu'elle retire ses lunettes noires qui lui font un visage de mante religieuse, le choc de son regard est destructeur. J'adorais ce film. L'action se déroule dans une grande bâtisse où les hautes fenêtres et les couloirs inquiétants me faisaient

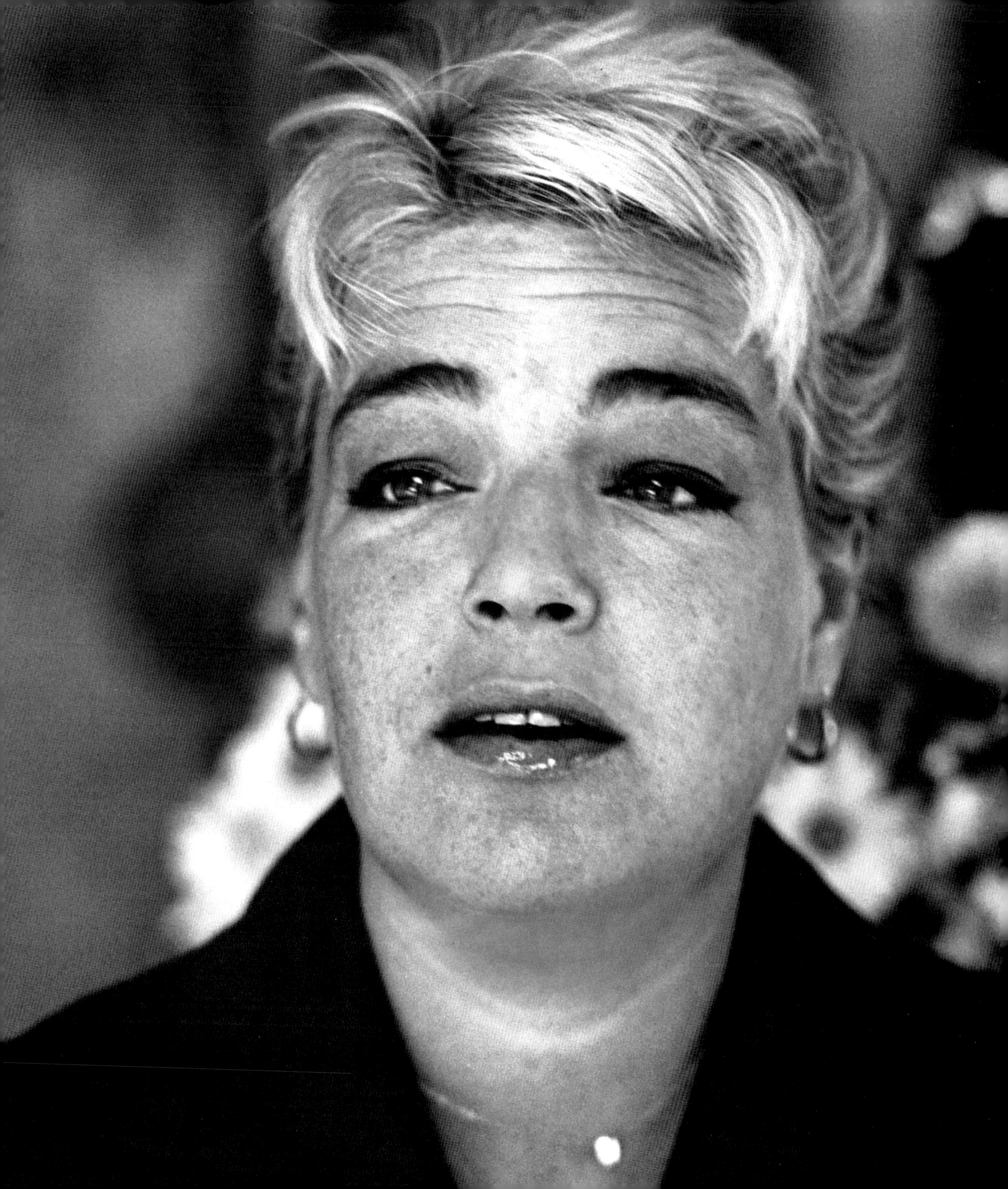

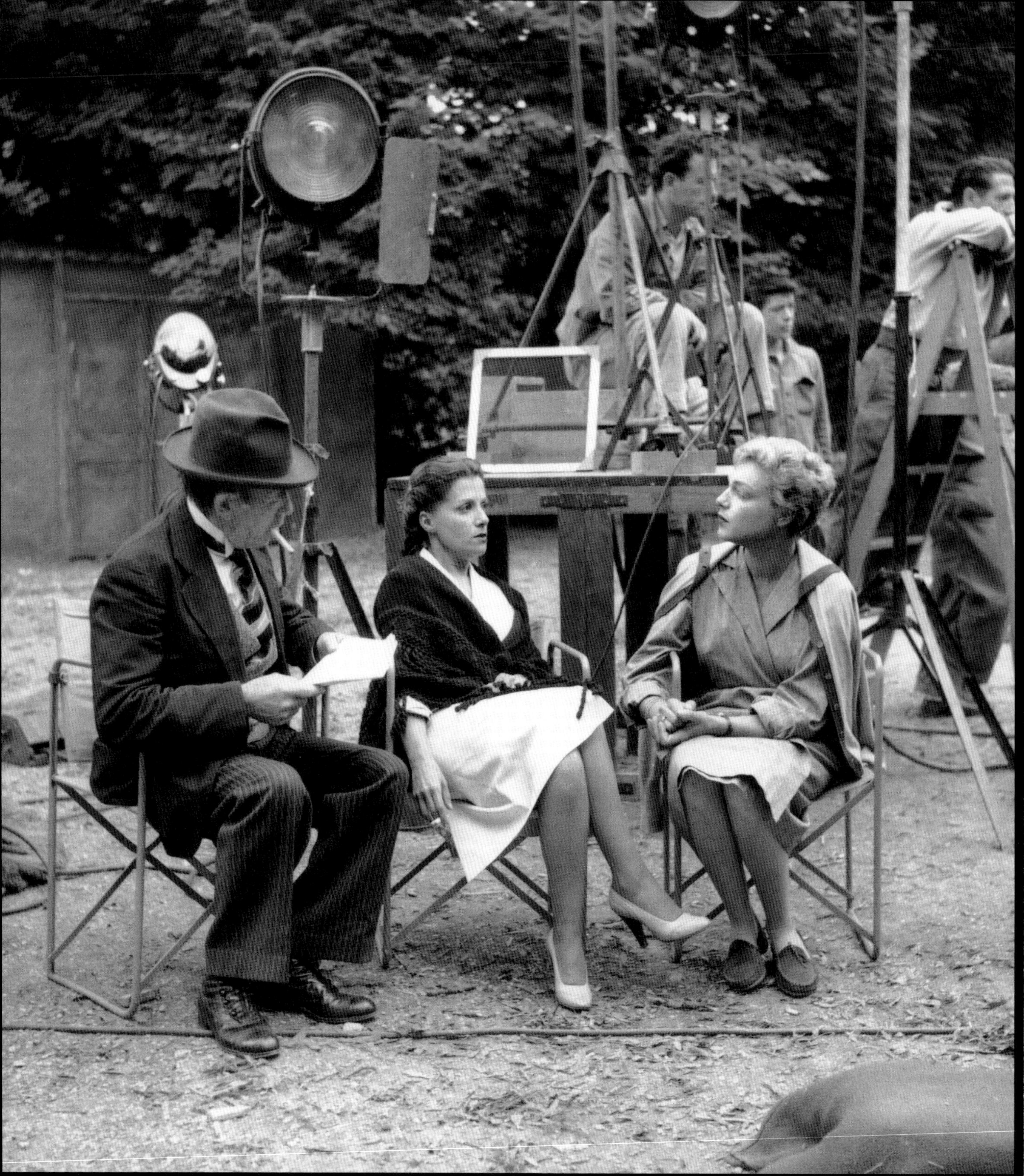

Sur ce tournage des " Diaboliques ", on perçoit une certaine tension. Mamie l'avouera plus tard, seize semaines très difficiles.

frissonner, lorsque le film terminé, il me fallait affronter les corridors vides d'Autheuil, pour parvenir jusque dans ma chambre, où je m'enfermais à double tour, écoutant les bruits de la nuit dans la grande maison vide. Mamie a toujours prétendu que les seize semaines de tournage de ce qui allait devenir un film culte, ancêtre de ce qu'on appellerait plus tard les thrillers, avaient été les plus pénibles de sa vie. En fait, prétendait-elle, Clouzot ne l'avait pas engagée parce qu'il était fasciné par son talent – comme il l'avait été par celui de Montand – mais parce que sa femme, Vera, n'étant pas une vraie comédienne, il voulait qu'elle donne la réplique à une copine. Ce que Mamie était devenue pendant le tournage du *Salaire de la Peur*.

Si sa femme n'avait pas de talent, Henri-Georges Clouzot en avait, et Simone, qui ne le portait pas dans son cœur, écrivit de lui que c'était « un homme honorable dans le sens le plus shakespearien du terme. » Mamie adorait ce genre de compliment en forme de coup de couteau dans le dos. Au même moment, Montand et Simone s'étaient engagés dans une expérience

Deux monstres sacrés en pleine répétition des " Sorcières de Salem " au Théâtre Sarah Bernhardt.

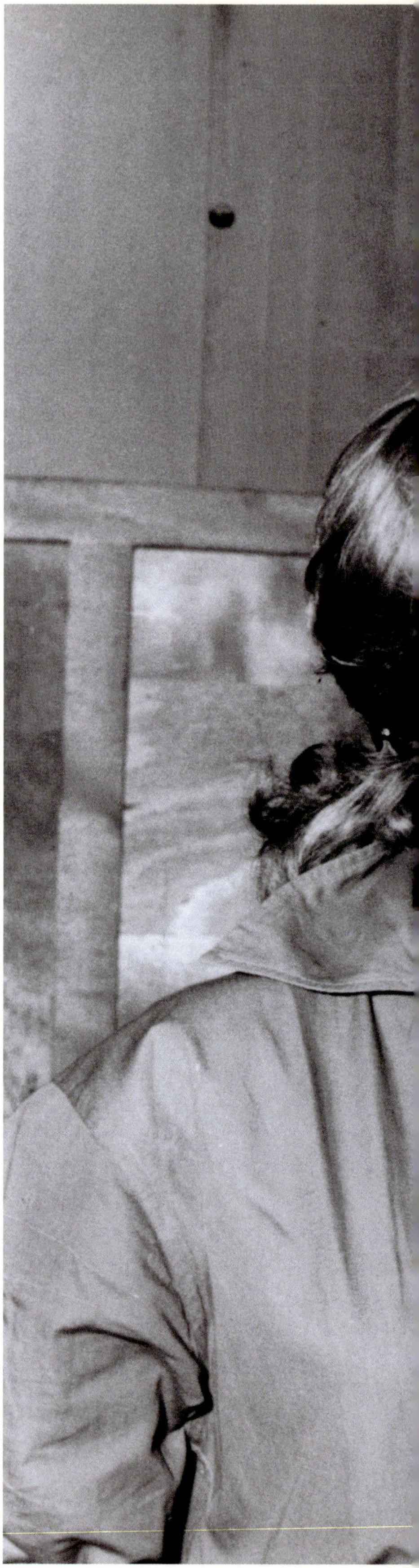

périlleuse qui tenait autant du militantisme que de la création artistique : jouer ensemble dans une pièce de théâtre écrite par un auteur américain, quasiment inconnu en France, Arthur Miller. *Les Sorcières de Salem*, qui relate un procès en sorcellerie chez les premiers colons américains, était en fait la transposition d'une histoire d'espionnage qui avait pris une ampleur internationale sur fond de guerre froide et de bombe atomique : l'affaire Rosenberg. Ethel et Julius Rosenberg, militants communistes new-yorkais, accusés d'espionnage au profit de l'URSS, avaient été exécutés après un procès orchestré par les maccarthystes. La chasse aux sorcières, qui déferlait alors sur tous les États-Unis, cherchait à débusquer les militants et les sympathisants communistes et s'étendit même au-delà. Contrairement aux craintes de leurs amis, la pièce avec Montand et Signoret dans le rôle du couple puritain des *Sorcières de Salem* rencontra

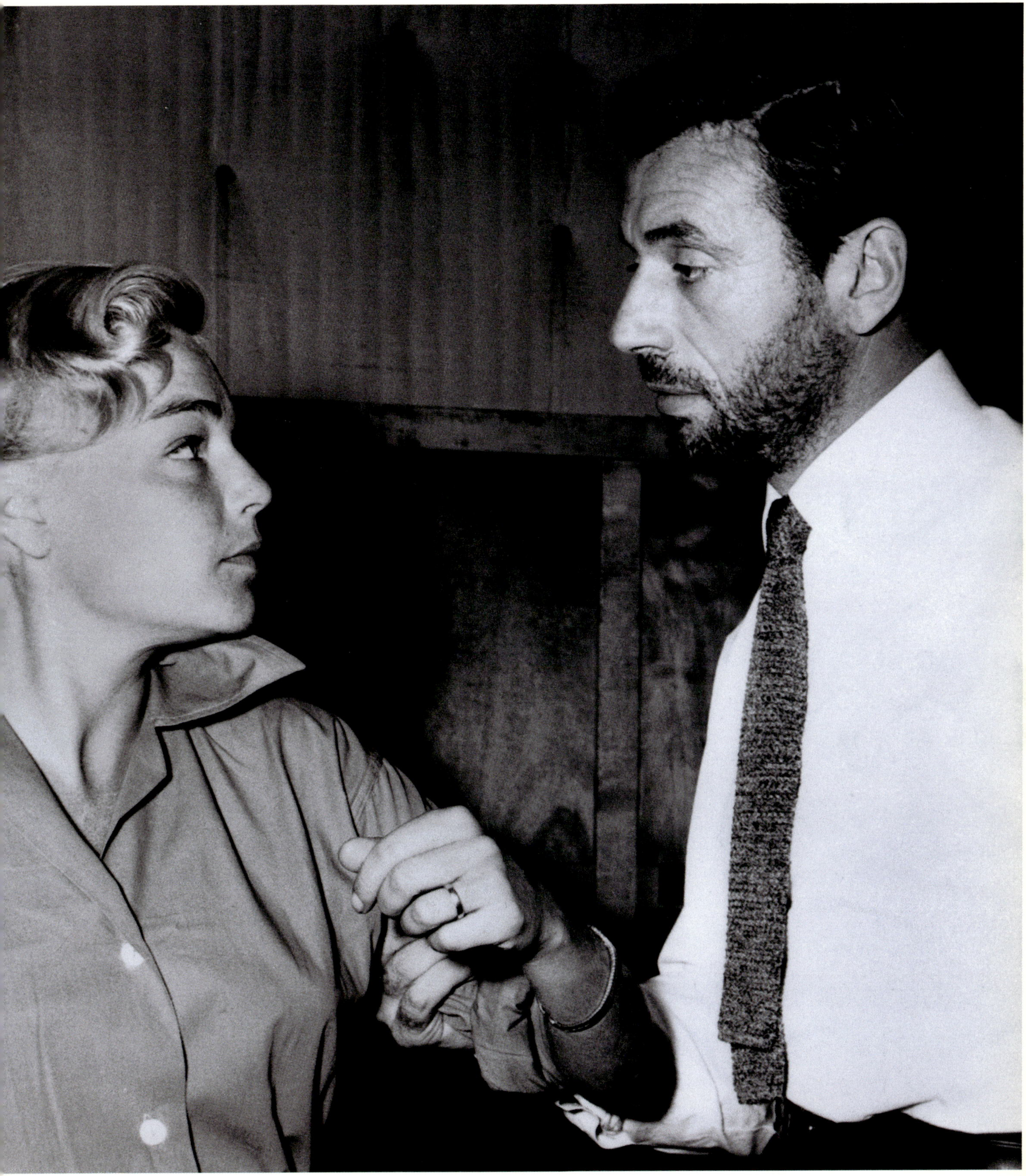

L'un comme l'autre étaient très engagés. Lors de son voyage en URSS en 56, Montand ne s'est pas dégonflé. Il rencontra en privé Nikita Khrouchtchev, chef du Kremlin, et lui demanda des explications sur les causes de l'invasion budapestoise !

un tel succès qu'elle fut tournée au cinéma en 1957, sous la direction d'André Rouleau. Ce film, dont Montand avait une copie à Autheuil, fut par la suite interdit à la projection par Arthur Miller – après la trahison de Marylin Monroe – qui en tourna sa propre version, quarante ans plus tard. La vengeance est un plat qui se mange froid.

L'année 1956 fut celle de la fameuse tournée que Montand fit en URSS et dans les pays de l'Est et qui fit couler beaucoup d'encre et de salive. Mamie, qui accompagnait Montand comme épouse, a relaté avec brio et sans complaisance ce périple triomphal et épuisant sur fond de chars russes à Budapest, de souper fin au Kremlin, de réceptions dans des kolkhozes fleuris et de spectacles à Varsovie, Saint-Pétersbourg ou Prague. À Autheuil, les souvenirs de ce périple étaient soigneusement rangés dans une petite vitrine. Mais, la nostalgie n'étant pas l'un des traits marquants de Mamie, je ne sus jamais rien de ces œufs de Pâques russes, de ces flûtes bulgares, ou de cette petite chèvre gracile en bois de bouleau. En revanche, lorsque ma grand-mère paternelle

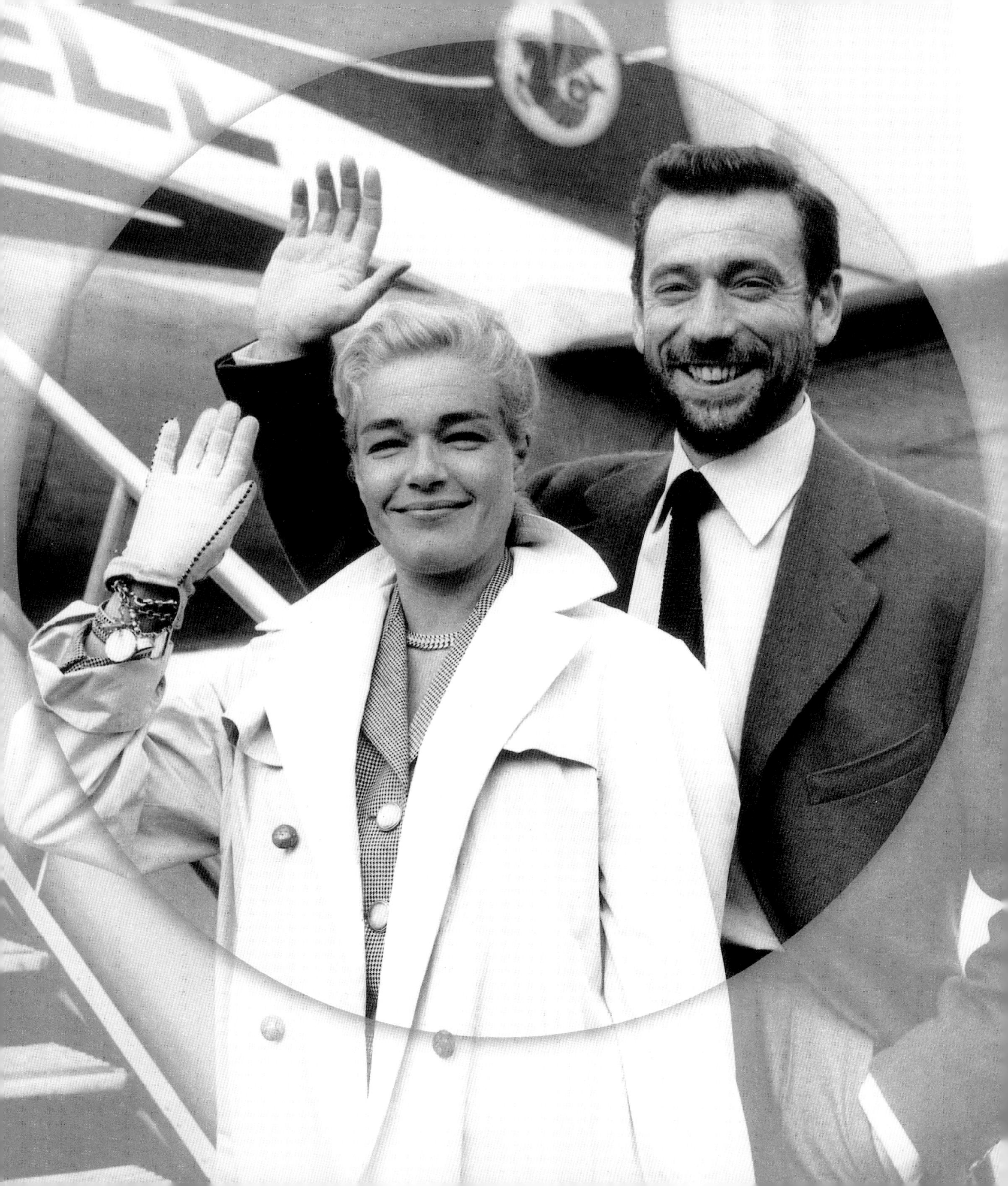

me fit le cadeau que je convoitais depuis longtemps, à savoir un char téléguidé, elle choisit avec malice un gros T34 russe particulièrement réaliste avec son étoile rouge. Lorsque triomphant, je déballai mon cadeau à Autheuil le week-end suivant, j'eus droit à l'une des plus belles colères noires dont Mamie gardait le secret. Elle avait parfaitement compris l'allusion de mon autre grand-mère, qui avait réglé ainsi l'un de ces obscurs comptes d'adultes, faisant de moi la victime collatérale. Mon char sous le bras, je repartis penaud devant cet incompréhensible courroux.

Ce retour en France, après cette escapade de l'autre côté du rideau de fer valut à Montand et Simone d'être plus ou moins sanctionnés pendant quelque temps. Durant ces années 1958-59, Mamie ne se vit plus rien proposer en France durant plusieurs mois, et c'est avec soulagement qu'elle se vit offrir un rôle dans un film anglo-saxon, tiré d'un best-seller dont elle n'avait jamais entendu parler. Mamie tourna *Room at the top* en Angleterre, l'histoire d'un jeune homme ambitieux et arriviste qui se heurte à *l'establishment*. Mamie y interprète une jeune

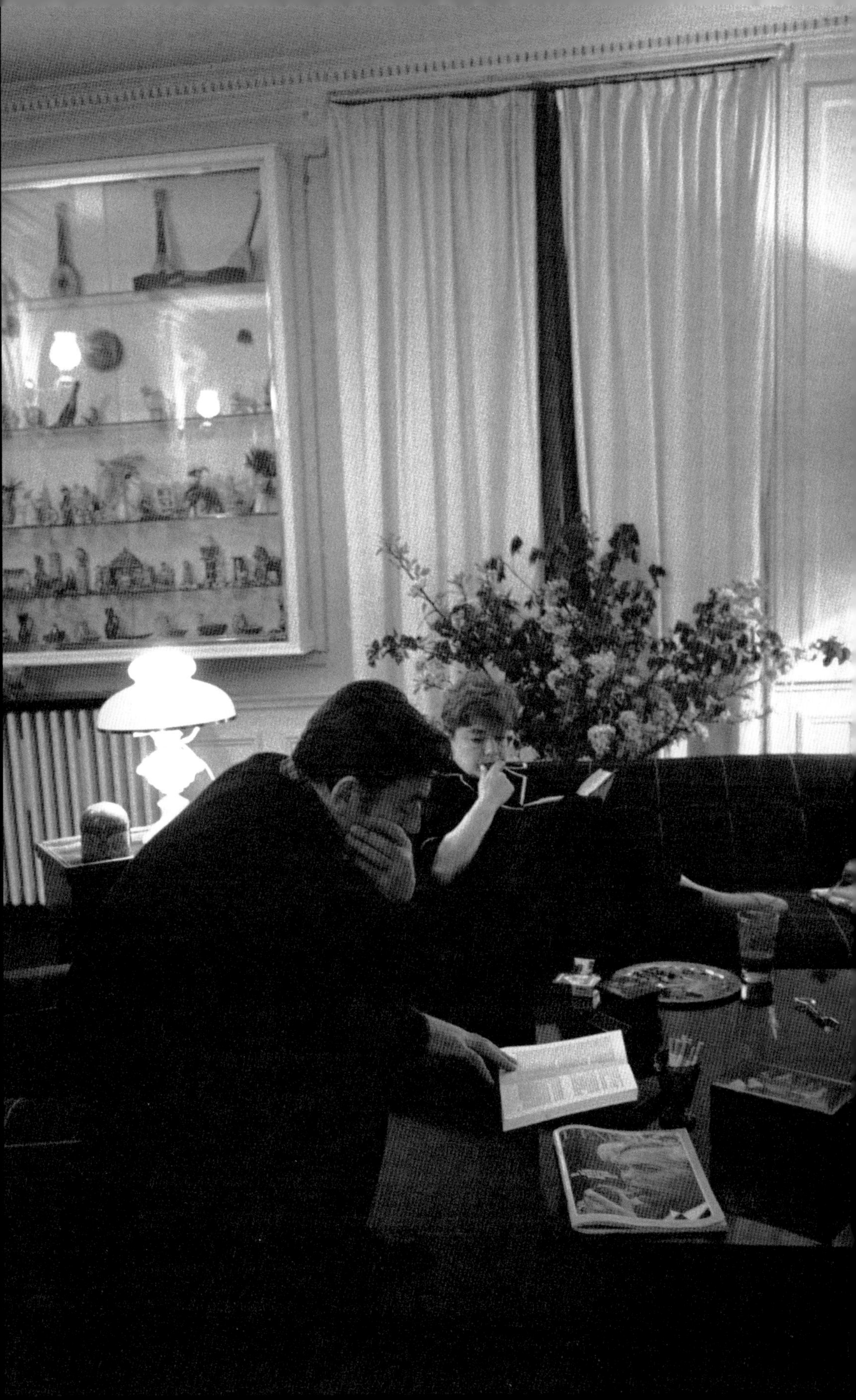

Incroyable ! Sur cette photo, je retrouve la fameuse vitrine aux trésors ! Mamie y gardait toutes ses collections et en particulier celle de ses statuettes en tout genre.

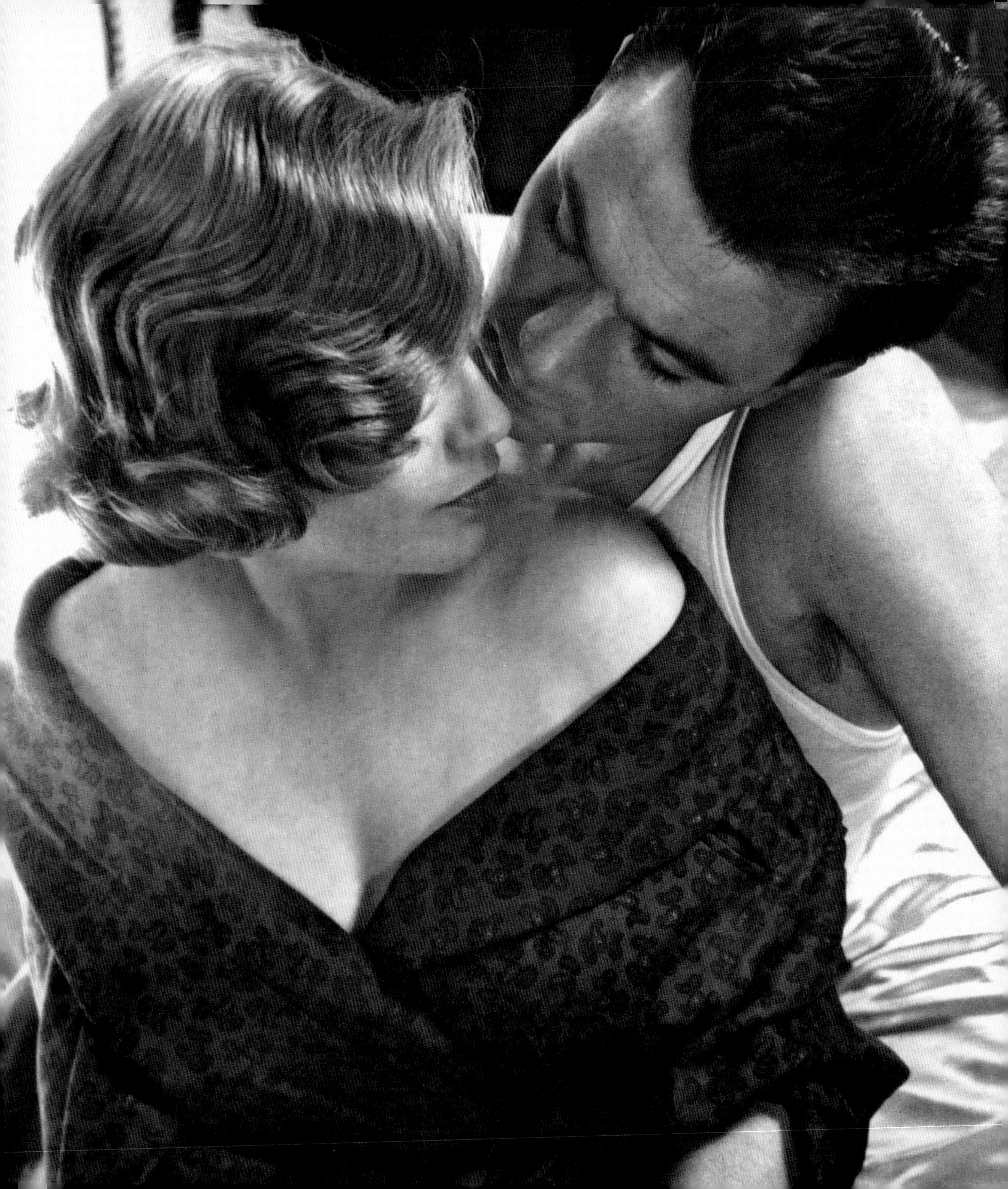

Il y a souvent eu une corrélation entre ses personnages et sa propre vie. Elle disait que son coeur était une penderie dans laquelle tous les costumes de ses personnages étaient accrochés !

femme mûre qui devient la maîtresse de cœur de cet homme dont les origines prolétaires entravent l'ascension. Son personnage est celui d'une femme libre, intelligente et sans préjugés. Il est certain, bien que Mamie n'en dise rien, que des similitudes existent entre ses personnages et sa vraie vie. Est-ce pour cela qu'elle est si extraordinaire dans ce rôle ? J'aurais à plusieurs reprises l'occasion de vérifier l'idée que Mamie, lorsqu'elle joue un personnage ou une situation qui remuent quelque chose de sa propre vie, explose l'écran. *Room at the top*, dont le titre en français, *Les Chemins de la haute ville,* n'est pas très attachant, obtient un véritable succès en Angleterre, avant de faire un triomphe aux États-Unis. L'interprétation de Mamie est unanimement saluée, par les Britanniques d'abord, qui lui accordent un Academy Award, par les Français ensuite, avec le Prix d'interprétation féminine à Cannes, et enfin par les Américains qui lui décernent, l'année suivante, l'Oscar de la meilleure actrice à Hollywood. Cette notoriété outre-Atlantique, Mamie va en prendre conscience lorsqu'elle arrive aux États-Unis avec Montand, au mois de septembre 1959.

La grande angoisse de Mamie était de faire de l'ombre à Montand. Sa consécration américaine à Broadway met fin à ses craintes.

Ce n'est pas elle qui a été invitée, c'est Montand, pour un récital à Broadway. Une performance et un défi pour le *French crooner* qui ne parle pas un mot d'anglais et qui apprend par cœur phonétiquement ses petits sketches entre chaque chanson. Ce n'est pas le cas de Mamie qui parle très bien l'anglais – plus tard elle jouera Shakespeare à Londres en VO – et qui tombe des nues lorsqu'elle s'aperçoit que les gens la reconnaissent dans la rue, l'interpellant sous le prénom de son personnage dans *Room at the top*, Alice. La grande angoisse de Simone, et c'est un trait constant de sa vie avec Montand, c'est de faire de l'ombre au grand homme. Crainte qui va rapidement disparaître, lorsque Montand fait un triomphe à Broadway dès la première, où se pressent Marlène Dietrich, Lauren Bacall, Ingrid Bergman et… Marilyn. Le *Frenchie* a gagné son pari : son *one-man-show*, prévu pour trois semaines, va durer plus du double et les places s'arrachent déjà pour la tournée qu'il entreprend au Canada, à Chicago et sur la côté Ouest, à Los Angeles et San Francisco. En outre, Montand est invité au show de Dinah Shore sur NBC, où en quinze minutes, il fait un numéro

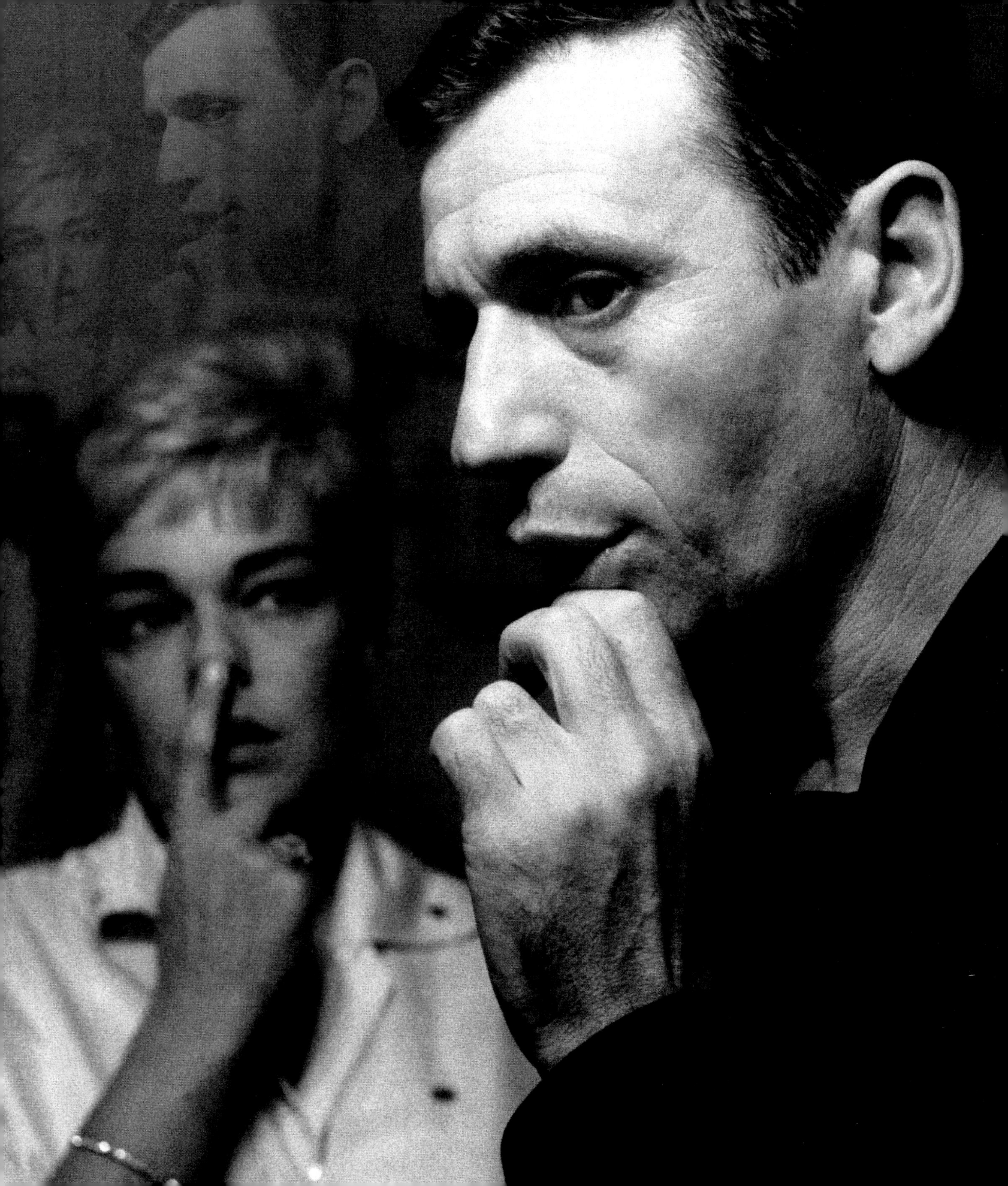

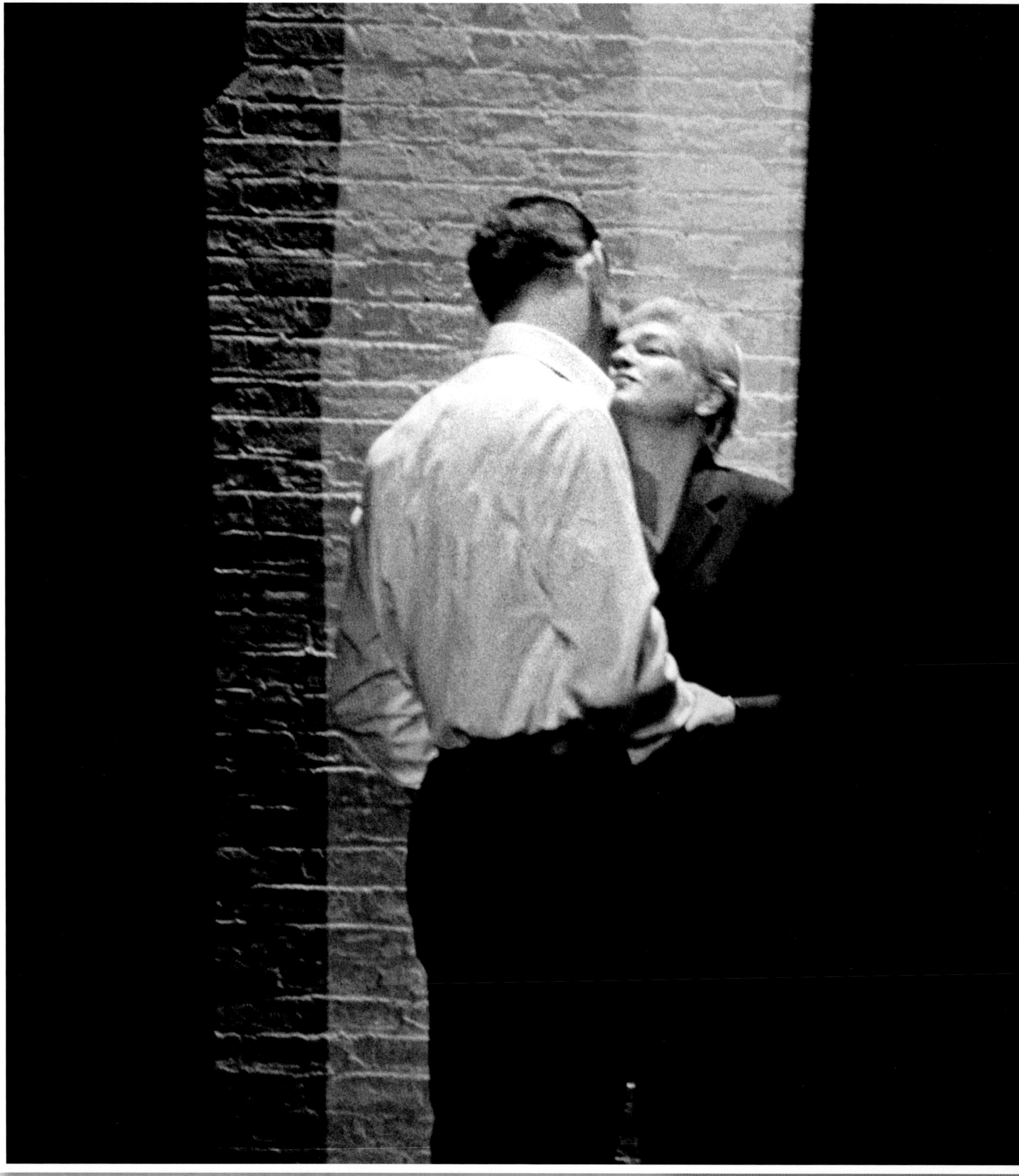

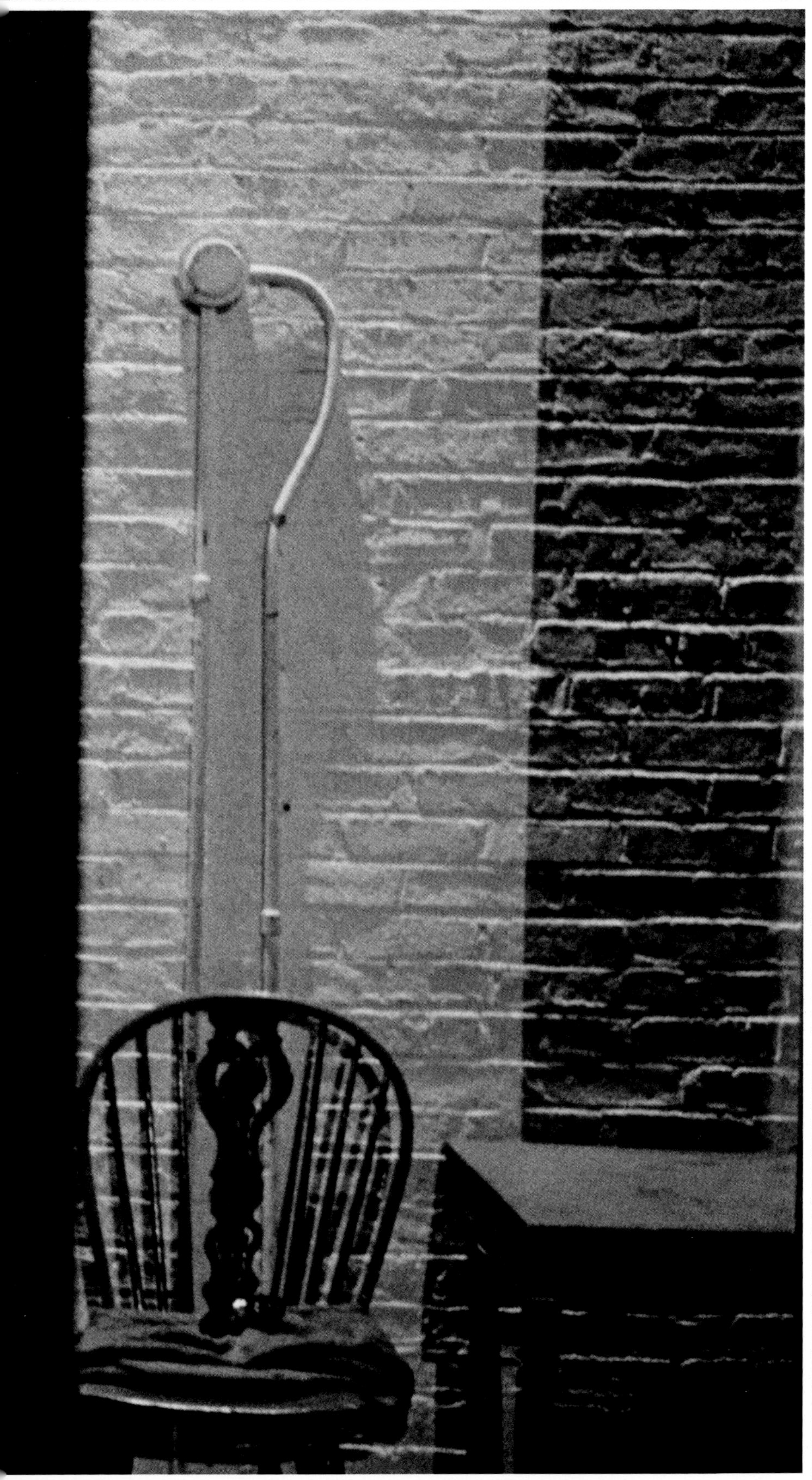

Ils s'engueulaient pratiquement tout le temps, mais je sais aujourd'hui combien ils se sont aimés. Et jusqu'à la fin. Un amour ardent, vivant, qu'eux seuls pouvaient partager.

Mamie, pilier de Montand, le soutiendra jour et nuit dans ce challenge made in USA. Quinze heures par jour, Montand va répéter, et Simone veille en coulisse.

époustouflant, regardé par soixante millions de téléspectateurs. Mamie n'a plus de craintes à avoir : non seulement, elle ne fait pas d'ombre à Montand, mais finalement c'est elle qui vit dans la sienne. Elle s'y trouve bien. Et lorsque la *Century Fox* appelle Montand pour lui offrir le rôle masculin dans leur prochain film, une comédie musicale baptisée *Let's Make Love* (*Faisons l'amour*) avec Marylin Monroe, c'est Mamie qui joue les traductrices. Elle lit le scénario, le trouve très bien ; quant à Montand, il est transporté par l'idée que le petit prolo de Marseille est arrivé au bout de son rêve : Hollywood. Mamie est pourtant inquiète : elle sait les difficultés de Montand avec l'anglais et il y a un monde entre apprendre par cœur quelques phrases écrites sur un bout de papier et restituer les dialogues d'un scénario. Mais la mariée est trop belle pour que Montand recule : il apprendra l'*an-gliche* et Mamie servira d'interprète. Le contrat est signé en grandes pompes dans les studios de la *Fox*, où le patron de l'époque, Spyros Skouras, a organisé un cocktail monstre. Les deux vedettes, mitraillées par les photographes, sont Marilyn et Montand, accompagnés de

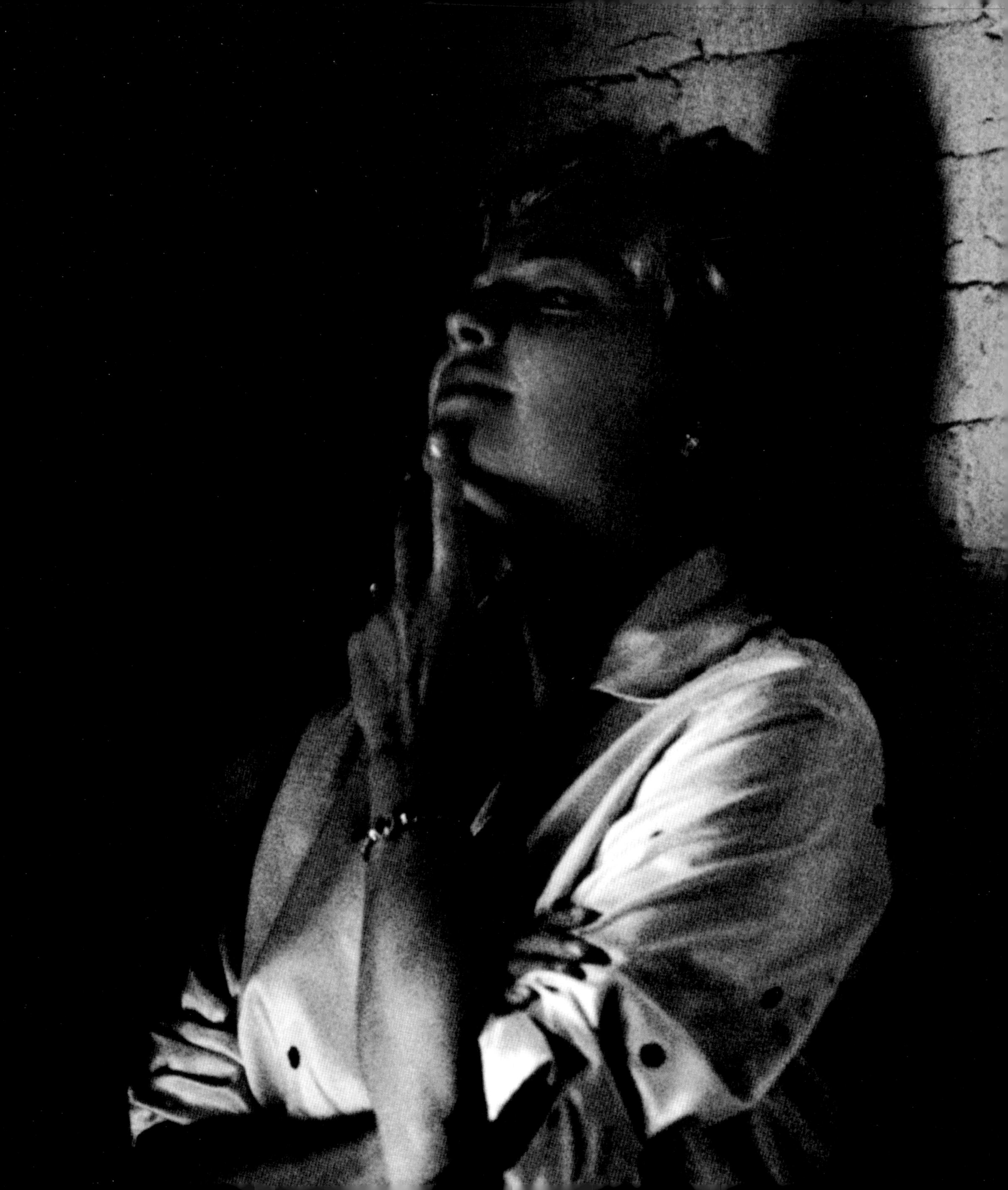

Étonnante image. Jeux de regards croisés. Les jeux sont faits !

leurs conjoints respectifs, Arthur Miller et Simone Signoret. « Ces photos devaient faire le bonheur de vilains journaux quelques mois plus tard », écrira Mamie dans ses mémoires. Ce sont en effet les rares photos où les deux couples sont réunis, bien qu'ils emménagent dans deux bungalows voisins, les numéros 20 et 21, des jardins du mythique *Beverly Hills Hotel*. La vie de femme d'acteur à Hollywood amuse beaucoup Simone : elle trouve vite sa place parmi le grand et le petit peuple des studios, dont elle assimile rapidement les codes. Avec finesse et intelligence, elle parvient à faire admettre son couple dans une société hollywoodienne, d'autant plus fermée qu'elle se prétend sans préjugés, alors qu'elle se relève à peine des ravages du maccarthysme, qui a décimé bon nombre de talents en ses rangs. Les « Montand » sont bientôt reçus partout, ce qui n'était pas si évident si l'on songe que, six mois plus tôt, les Américains leur avait refusé un visa.

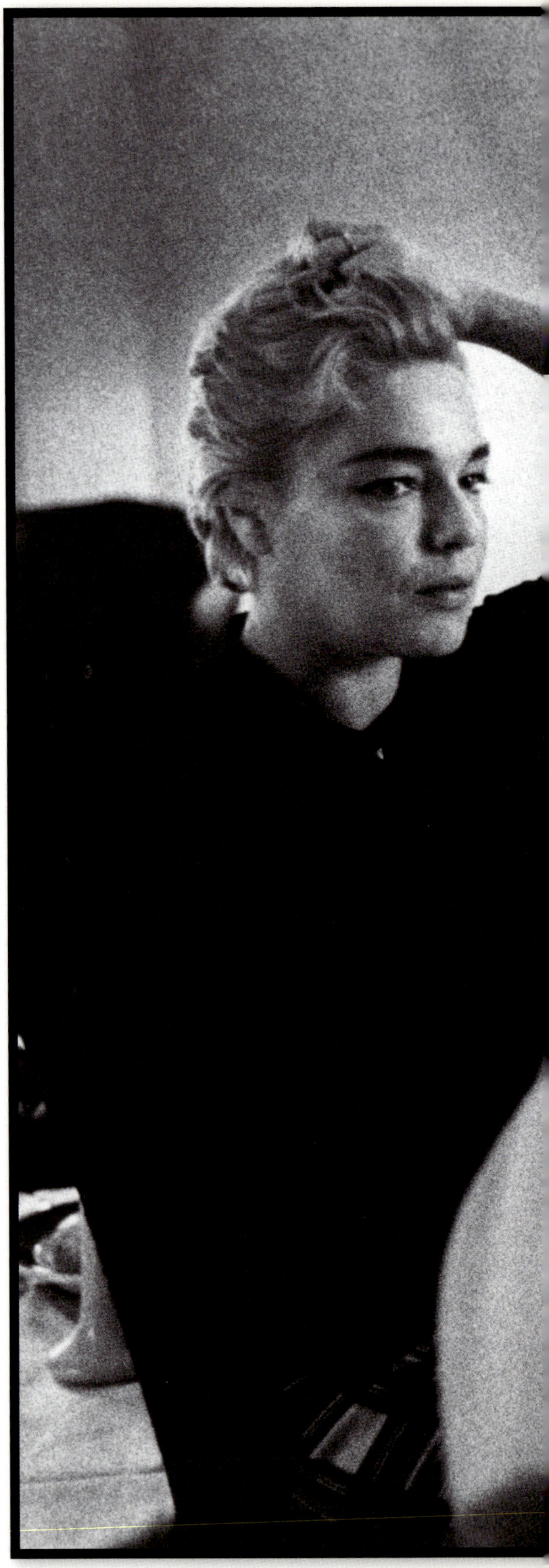

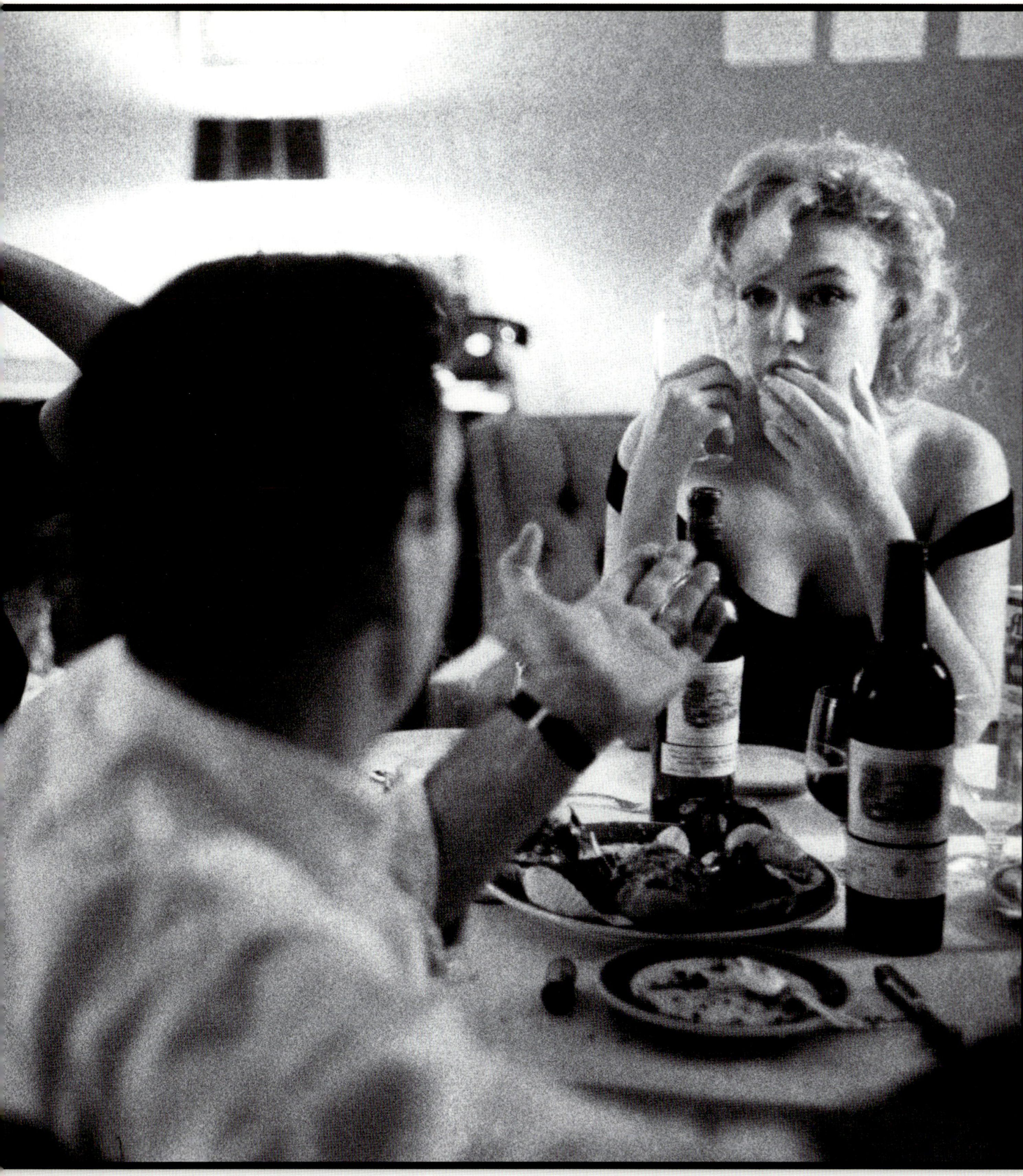

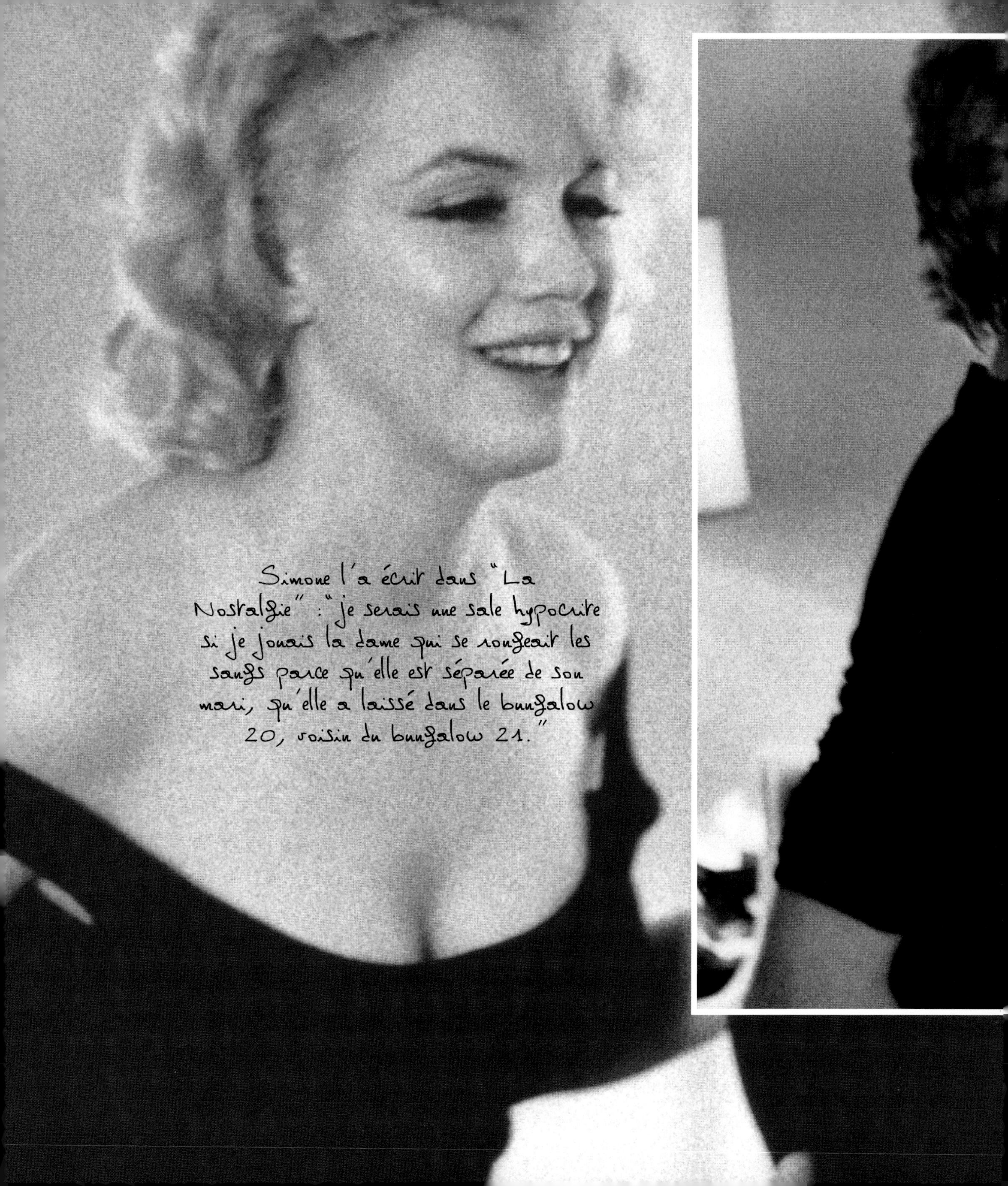

Simone l'a écrit dans "La Nostalgie" : "je serais une sale hypocrite si je jouais la dame qui se rongeait les sangs parce qu'elle est séparée de son mari, qu'elle a laissé dans le bungalow 20, voisin du bungalow 21."

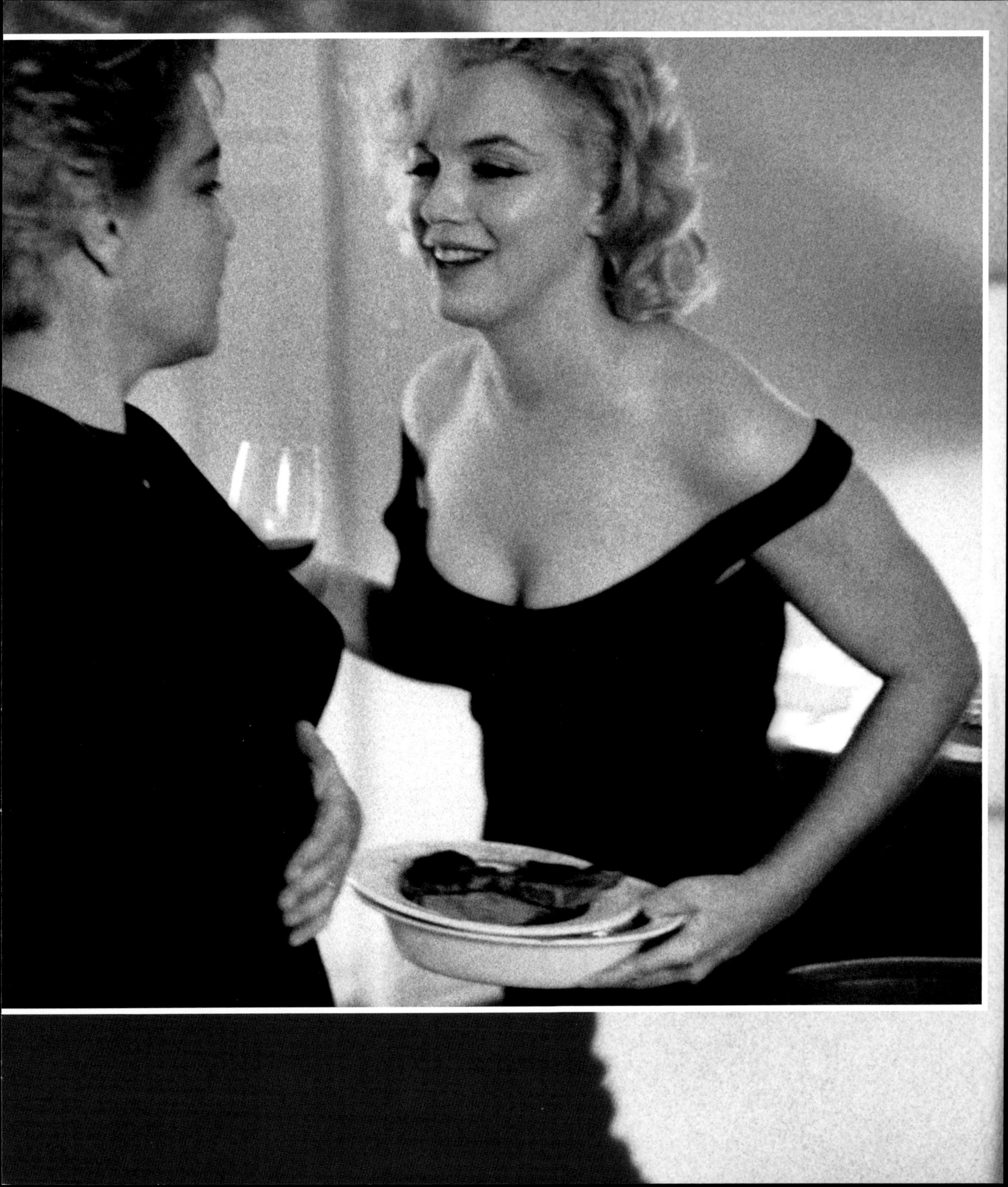

Surréaliste ! Mamie aux fourneaux (alors qu'elle était incapable de faire cuire un oeuf!) À ses côtés, presque angélique, la plus sexy des femmes louchant sur la pochette de disque de Montand. Déjà...

En fait, tout va pour le mieux entre le couple Miller et le couple Montand : ils ont sympathisé et se voient fréquemment dans l'un ou l'autre des bungalows. Marylin fait répéter Montand pour améliorer son accent tandis qu'Arthur et Simone ont de profondes conversations ; ils dînent souvent chez les uns et les autres grâce au *room service* qui supplée au manque de qualités culinaires des deux femmes ; ils sortent peu et très rarement ensemble, préférant se coucher tôt pour travailler le lendemain.
Une grève va bouleverser leurs destins. Celle de tous les comédiens d'Hollywood qui refusent de travailler pour que leurs droits soient reconnus lorsqu'un film est diffusé à la télévision. Le tournage de tous les films est arrêté, y compris celui de *Let's Make Love,* bouleversant les calendriers et les projets des uns et des autres. Montand doit effectuer une tournée au Japon, Arthur Miller un séjour en Irlande et Simone est attendue en Italie pour le tournage d'un nouveau film – qui ne passera pas à la postérité – *Adua et ses compagnes*. Malgré la grève, Hollywood s'apprête pour sa grand-messe annuelle, la soirée des Oscars, qui va récompenser les

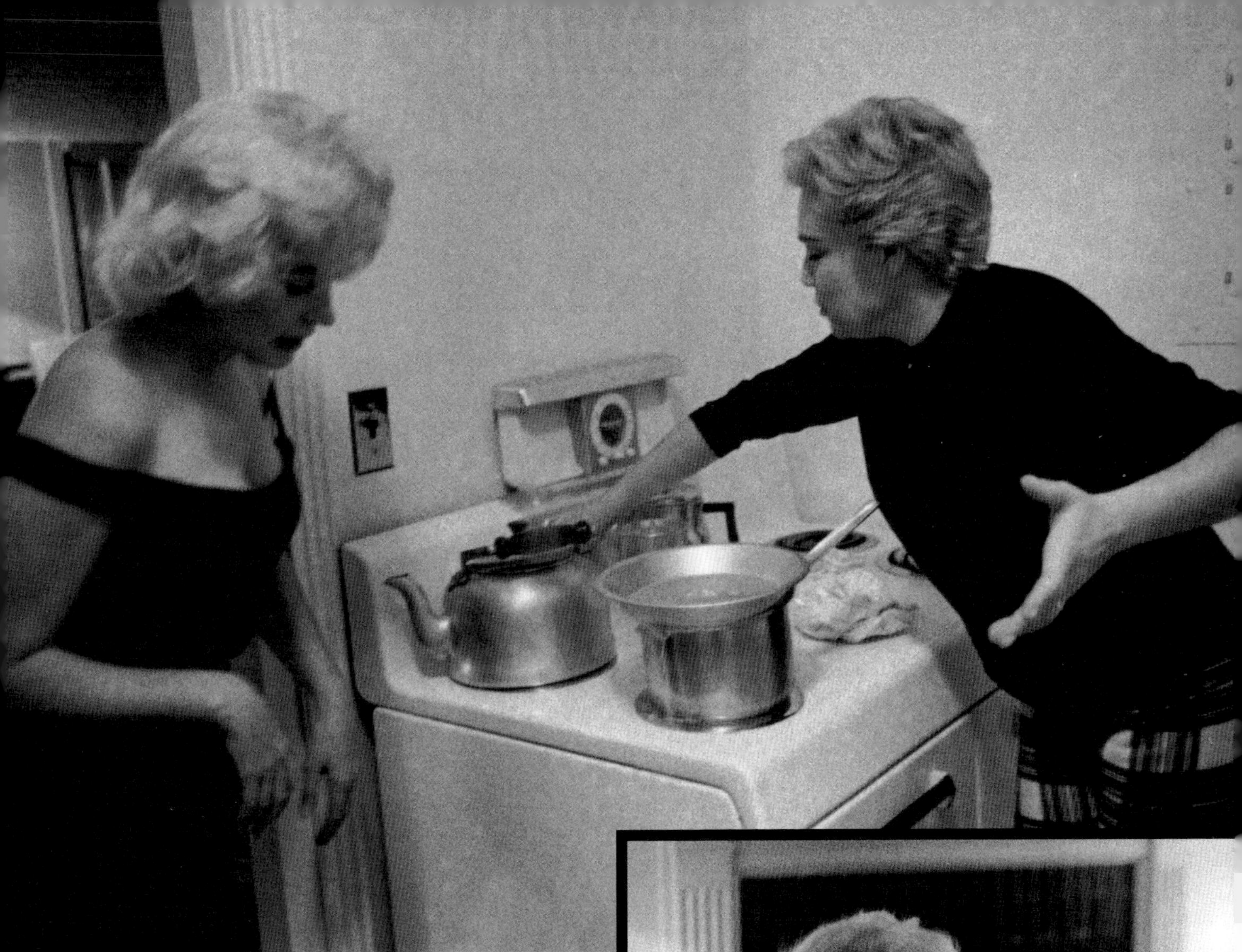

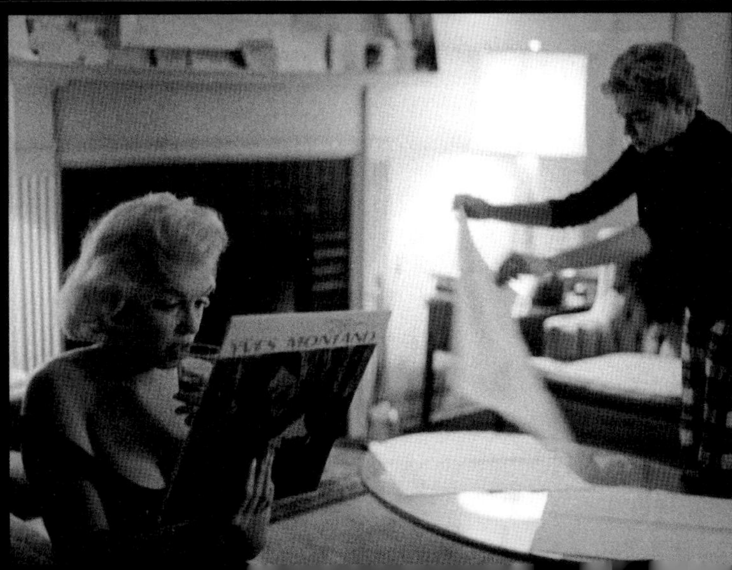
YVES MONTAND

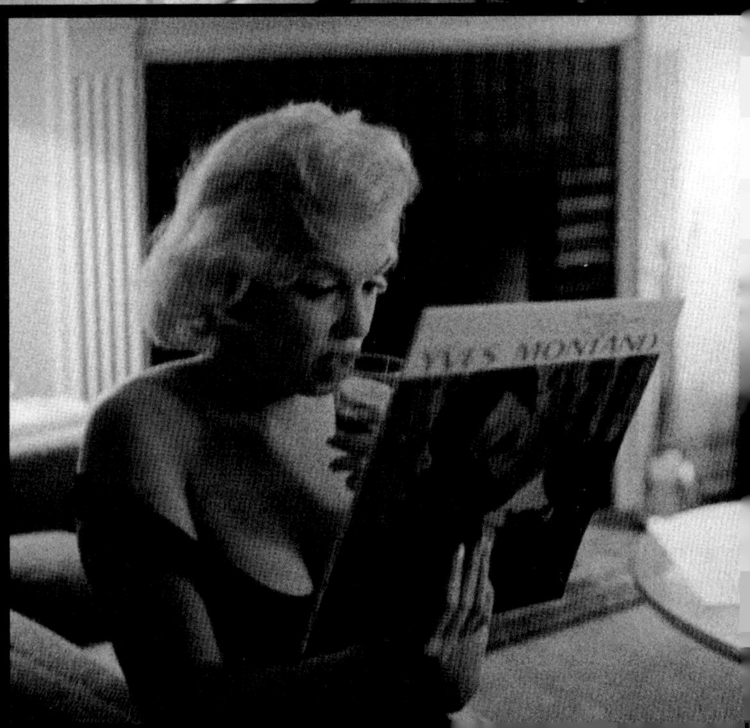
YVES MONTAND

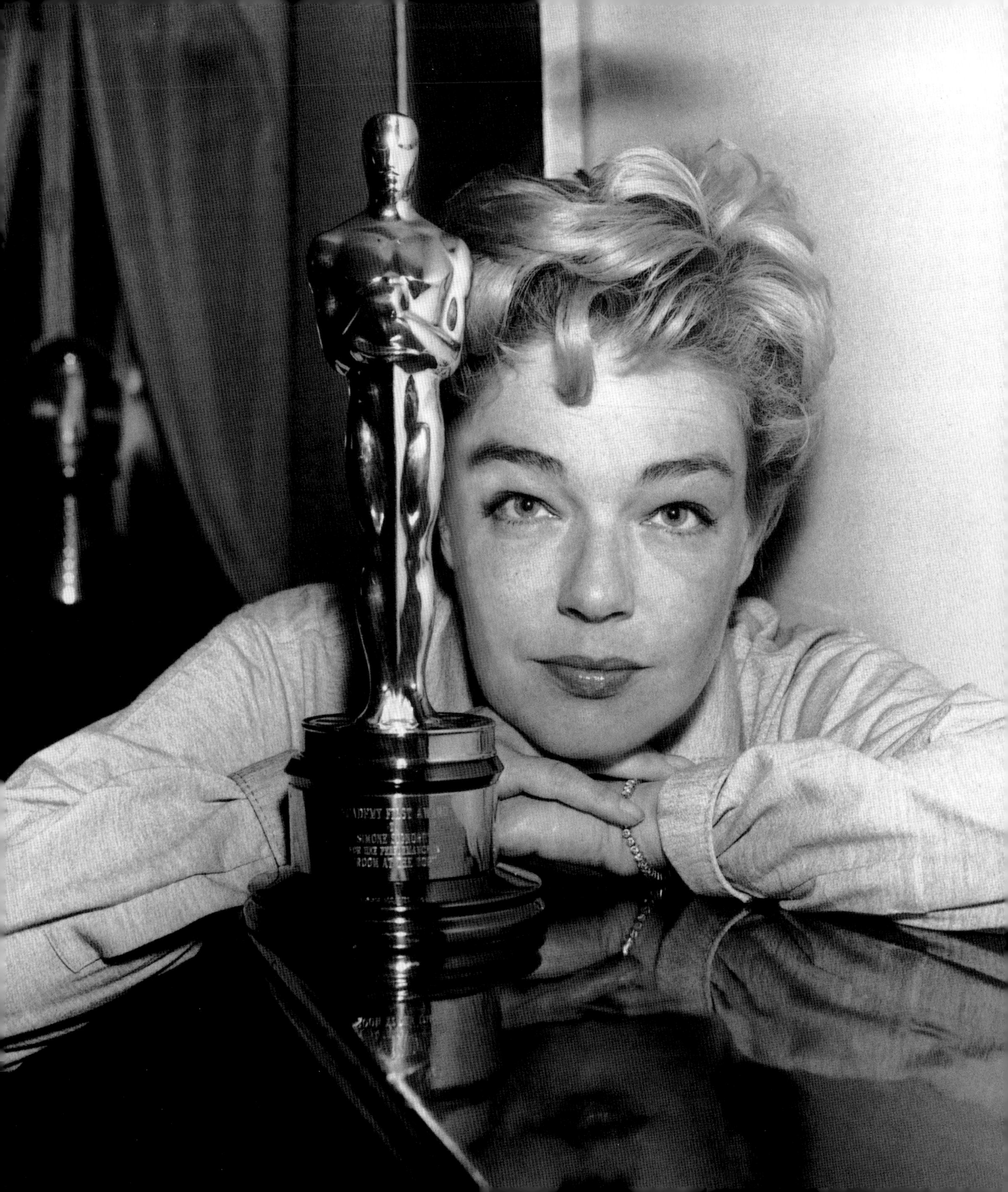

meilleurs de toute l'industrie du cinéma. Les projecteurs caressent le ciel étoilé de Los Angeles et les limousines font la queue devant la salle de cinéma, devenue pour un soir, le nombril du septième art. Mamie a été nommée pour le Prix de Meilleure actrice aux côtés de Katharine Hepburn, Doris Day, Elizabeth Taylor et Audrey Hepburn ; quant à Montand, il a été convié pour interpréter deux chansons en interlude pendant la cérémonie. Lorsque vient le moment où Rock Hudson ouvre l'enveloppe et hurle le nom de Mamie, celle-ci est seule au milieu de la prestigieuse assemblée. Montand, guidé par son intuition, a refusé de redescendre dans la salle après son petit tour de chant. Il est resté dans les coulisses et c'est en pleurs qu'il a regardé Simone recevoir son précieux trophée. Simone Signoret est la première Française à se voir décerner la statuette dorée. Avec beaucoup de rouerie et une froide lucidité, elle prétendra ensuite que sa désignation était plus un signe politique que la reconnaissance de son talent d'actrice dans un film à petit budget, alors que cette année-là, *Ben-Hur*, le formidable *péplum* avec Charlton Heston raflait onze Oscars. En couronnant la petite Française, dont les opinions de gauche étaient clairement affichées, les vingt-cinq mille votants de la corporation cinématographique américaine avaient voulu signifier que le maccarthysme était bel et bien mort et enterré. Lorsque, bien des années plus tard, je louai le bungalow numéro 20 du *Beverly Hills Hotel* sur les traces de Mamie, le style de mobilier n'avait carrément pas changé et j'eus la vision de Simone, assise sur ce canapé au carré, lisant avec un petit sourire narquois les télégrammes de félicitations qui s'entassaient sur une petite table devant elle, avec la statuette dorée posée sur la cheminée, à côté d'une photo de la maison d'Autheuil. Je ne doutais pas alors que l'Oscar qui lui fut décerné l'ait été pour autre chose que son talent et sa mystérieuse beauté. Auréolée de cette gloire toute neuve, Mamie quitta Los Angeles pour Rome, laissant Montand seul, attendre la fin de la grève et la reprise du tournage. Marylin et Arthur étaient repartis pour New York avant la cérémonie des Oscars et c'est le cœur léger que Mamie retrouvait la vieille Europe, ses usages, ses codes et ses bonheurs. Elle apprit la nouvelle en lisant les journaux

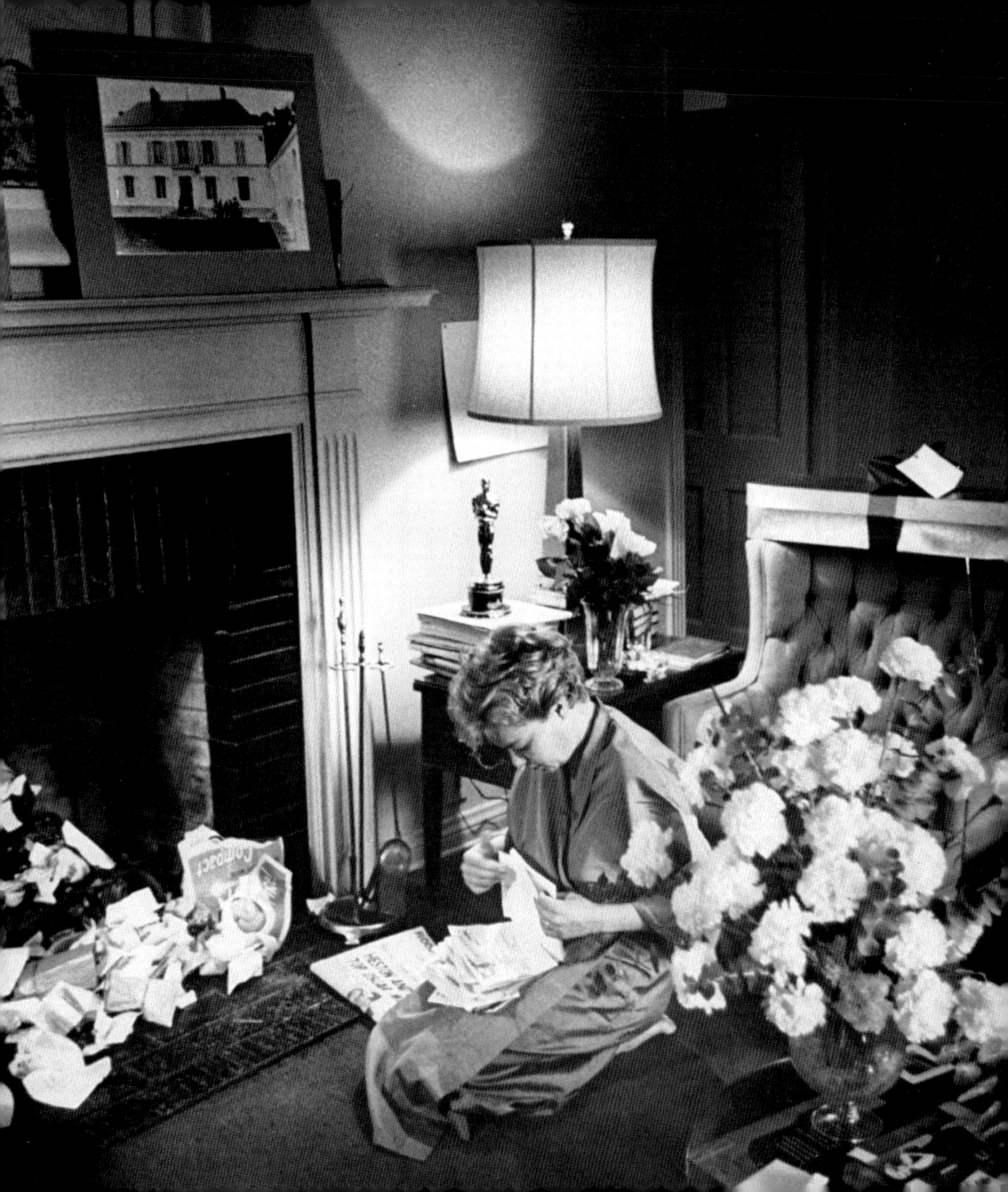

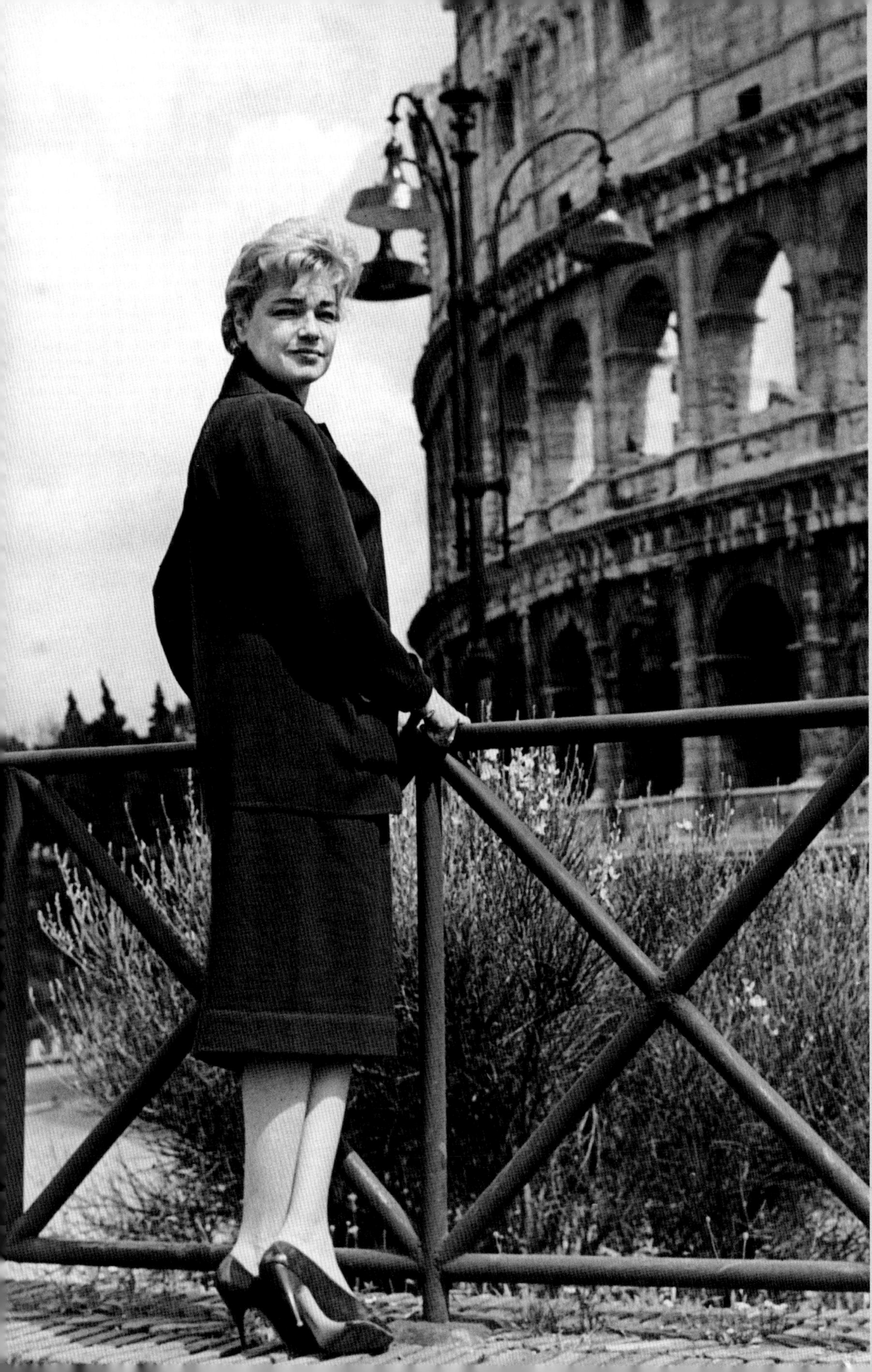

Simone vient de laisser Montand seul à Los Angeles avec le bungalow 21. Son sourire ne parvient pas à masquer ses yeux soucieux.

sur la plage, avec Maman. Montand et Marylin avaient une histoire à Los Angeles depuis la reprise du tournage du désormais bien nommé *Let's make love*. La nouvelle la poignarde. D'abord parce qu'elle avait tissé des liens d'amitié avec Marylin et qu'on ne couche pas avec le mari d'une copine ; ensuite parce que la chose était devenue publique, ce qui allait à l'encontre de ses conventions avec Montand. Dans ses mémoires, Mamie reviendra prudemment sur cette aventure dont elle minimisera les effets en accusant la presse d'avoir fait ses gros titres d'une histoire microscopique qui ne concernait que Marylin, Arthur, Montand et elle. En réalité, Simone a été plus humiliée que blessée sentimentalement par cette aventure. Elle avait eu l'Oscar, mais Marylin avait eu Montand ! D'autant que, connaissant Mamie, elle avait dû passer Montand sur le gril, ne lui faisant grâce d'aucun détail. Ce n'est qu'à ce prix qu'elle a dû consentir, sinon à pardonner, du moins à passer l'éponge. Après sa disparition, Montand m'avait raconté les circonstances de sa « petite » aventure avec Marilyn. Il n'y a pas de raison que cette version ne soit pas celle

Je me souviens très bien des mots de Montand :
"C'est elle qui m'a dragué... Et non,
je n'ai jamais été amoureux de Marylin.
On a dit beaucoup de conneries..."

qu'il a donnée à Simone. Il redoutait, tout comme moi, ses facultés d'enquêtrice. D'abord, Montand n'y était pour rien, c'est Marylin qui le draguait depuis son retour de New York, où elle avait laissé Arthur. Ils habitaient toujours dans les mêmes bungalows, celui de Marylin, tendu de blanc. Un soir, en rentrant de tournage, on prévient Montand que Miss Monroe est malade. « Elle était allongée sur le lit dans une espèce de déshabillé blanc. Je m'approche d'elle en lui disant : « *You are sick, Baby* ? » Elle me répond qu'elle a de la fièvre. Moi, je lui prends machinalement la main et je lui demande si elle a besoin de quelque chose. Elle veut un peu d'eau. Je vais lui chercher un verre dans la cuisine. On a parlé un peu. Et puis au moment de la quitter, je me suis penché pour lui faire une bise de copain. Et c'est là que ça a dérapé, elle m'a attrapé par le cou et on s'est embrassé. Après, on a fait l'amour. » L'histoire aurait pu s'arrêter là. Comme l'a écrit Mamie :« Vous connaissez beaucoup d'hommes qui pourraient résister à Marylin ? » Simone connaissait très bien ces « amours » de tournage qui ne résistent pas au dernier tour de manivelle, ou alors évoluent en

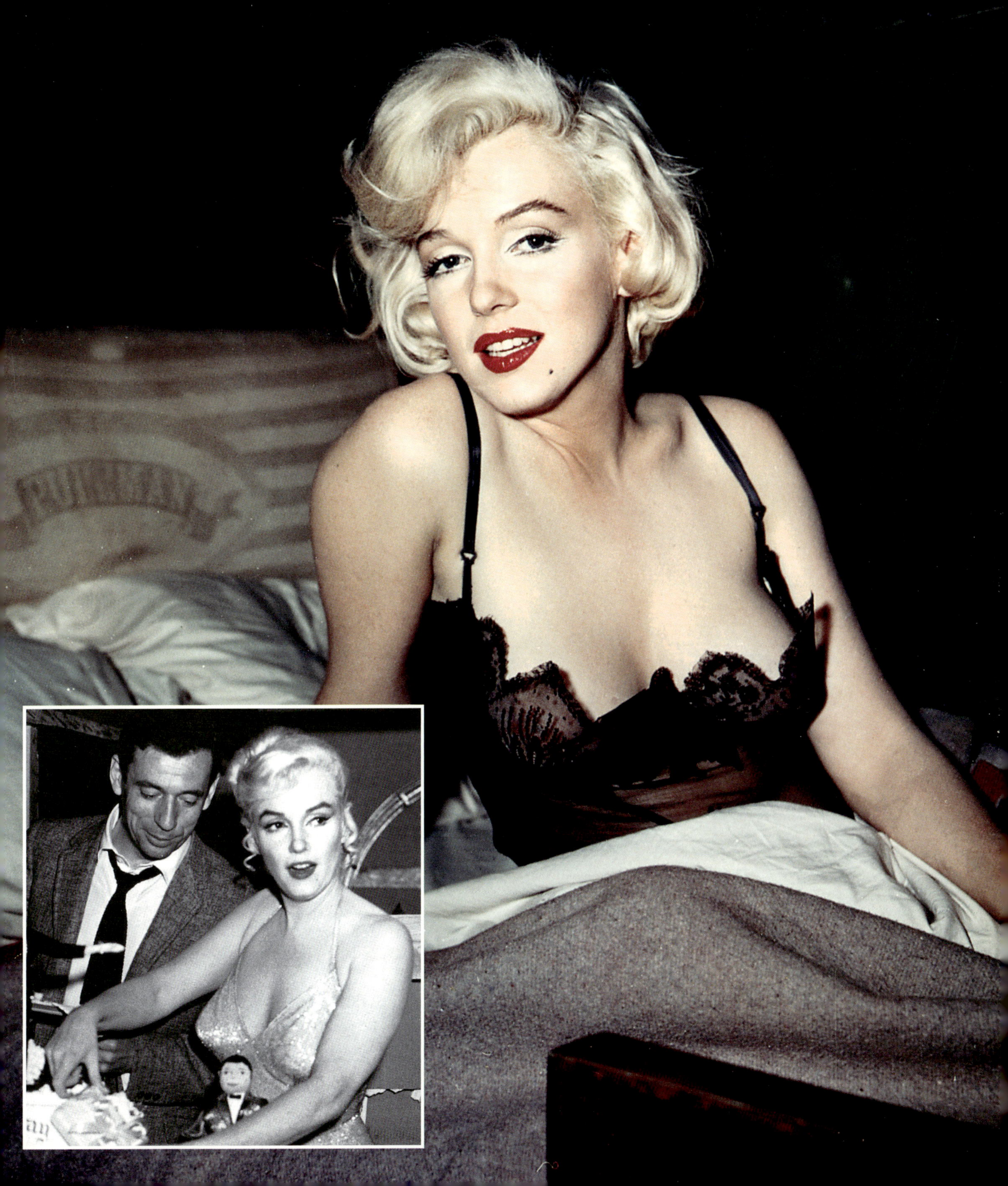

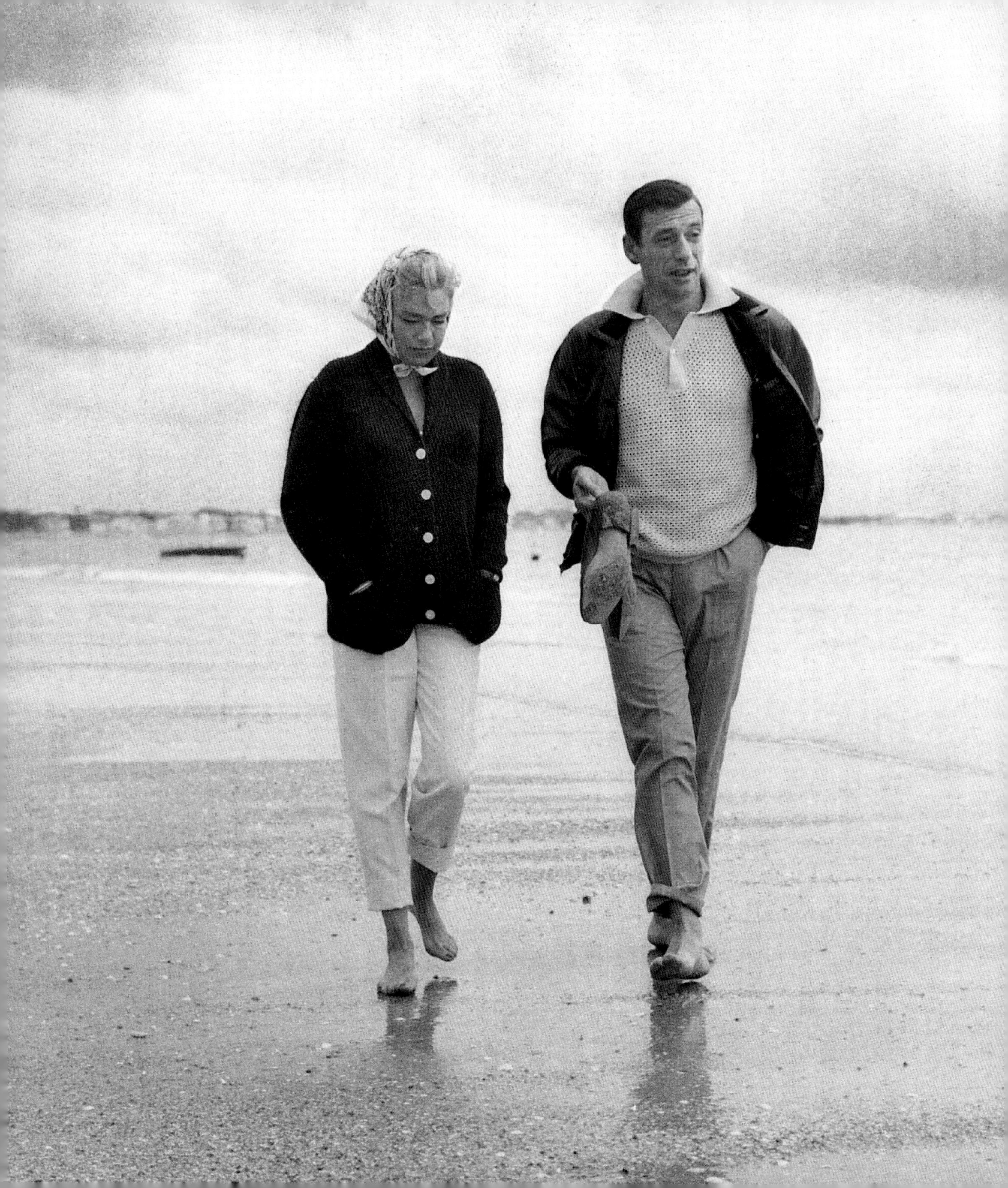

véritable histoire. Elle connaissait aussi son Montand. Le problème, c'est que Marylin – dont le couple avec Arthur Miller battait de l'aile – était tombée très amoureuse du *Frenchie*. Montand, flatté, n'y voyait qu'une petite aventure sans lendemain. Il était toujours amoureux de Mamie, et leurs retrouvailles à Paris, même si elles ont été suivies d'une explication orageuse, scellent leur réconciliation. Montand refusera de revoir Marylin, malgré ses invites désespérées et Simone, excédée, prendra un soir le téléphone pour lui demander de laisser désormais leur couple en paix. À la sortie du film à Paris, baptisé en français *Le Milliardaire*, Montand est seul. Ni Marylin, ni Simone ne sont à ses côtés pour la première. Le film, assez médiocre, attirera beaucoup plus le public par son odeur sulfureuse que par ses qualités cinématographiques ou la performance de ses comédiens.

Une nouvelle ère va s'instaurer dans le couple Montand-Signoret. Il serait faux de penser que l'épisode Marylin n'a pas laissé de trace, du moins chez Simone, même si elle fait face. Les cicatrices sont profondes et leurs stigmates se feront de moins en moins discrets, les années passant. La silhouette de Mamie commence à se transformer, son visage à s'empâter et la racine de ses cheveux à blanchir, alors que, suprême injustice, celui de Montand, en perdant les flous de la jeunesse, se virilise et se sculpte en un masque patricien. Quant à sa ligne, elle reste celle d'un jeune homme dont les performances sur scène sont celles d'un athlète. Ce que Simone perd en beauté, elle le gagne en popularité. En s'arrondissant, elle devient plus accessible, inaugurant une proximité avec les Français, faite d'amour et de désamour, qui subsistera jusqu'à sa disparition. De retour en France, à son cher Auteuil, Simone signe un manifeste de soutien à l'insoumission

J'aime particulièrement cette photo qui marque un tournant dans le couple Montand-Signoret. Désormais Mamie contrôle la situation.

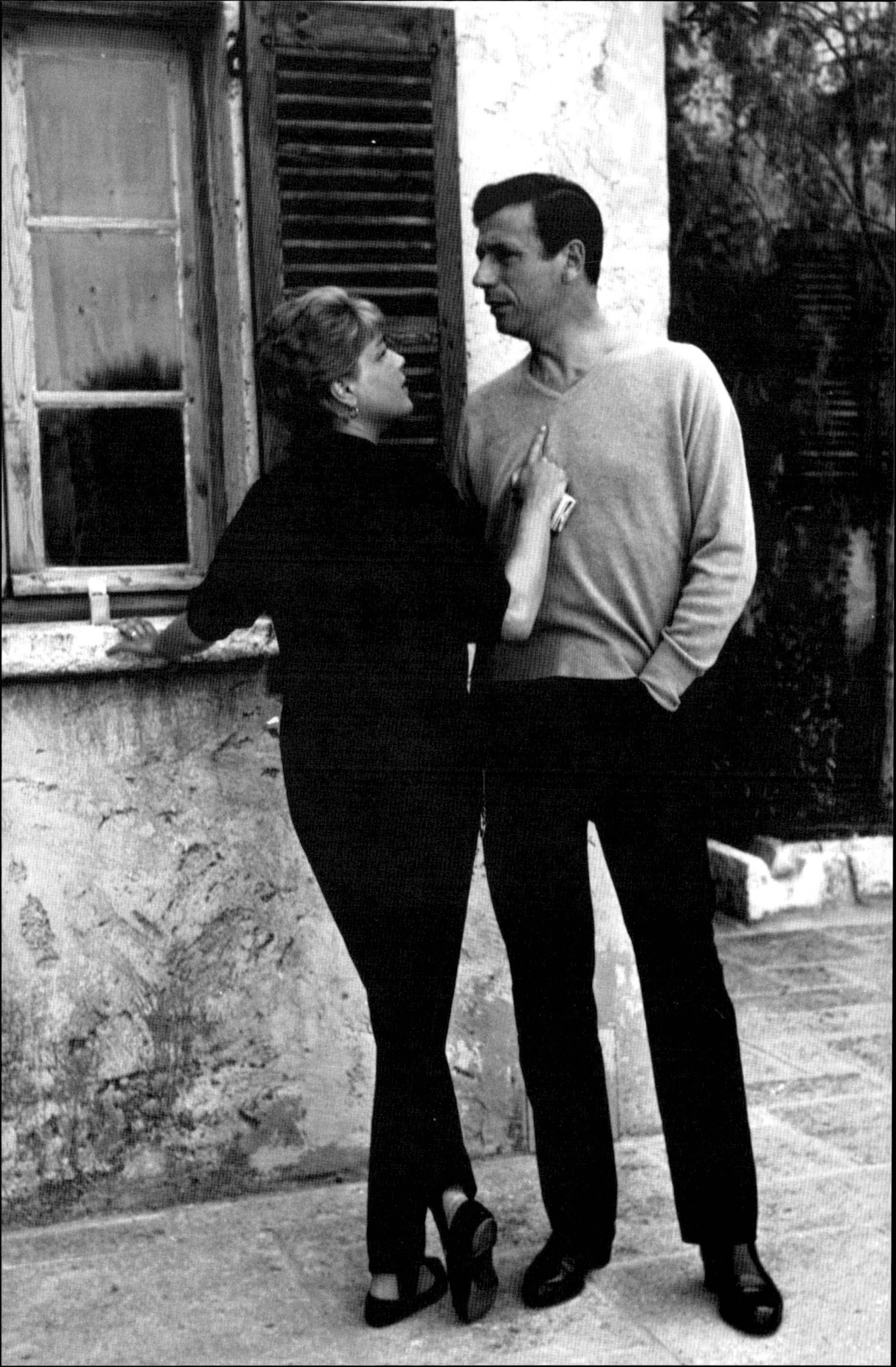

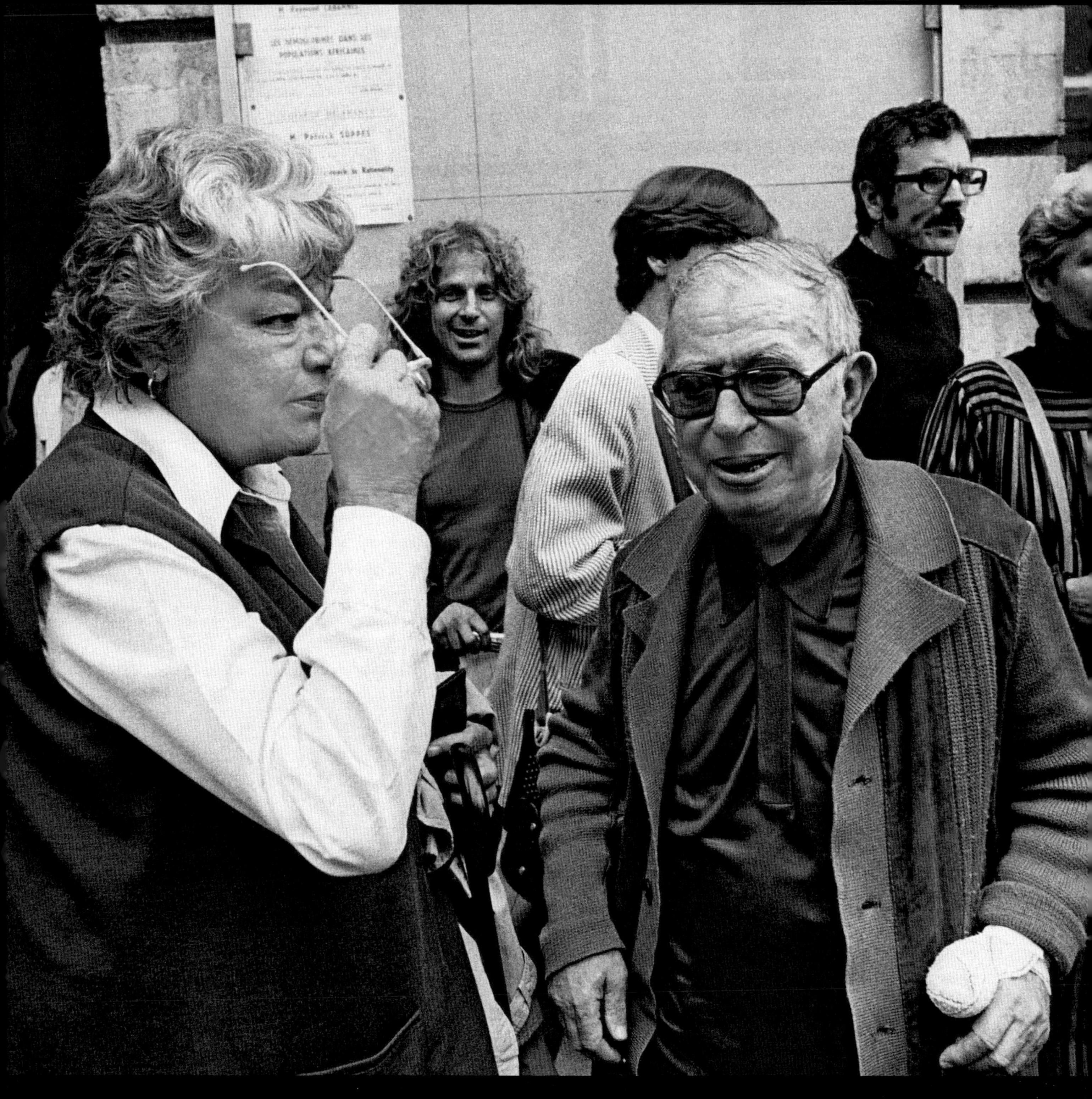

J'ai toujours connu Mamie engagée. Elle a été de toutes les batailles, de toutes les révoltes. Une femme déterminée, juste, qui ne faisait pas de concessions.

contre la guerre d'Algérie. Il seront cent vingt et un intellectuels, artistes et universitaires à s'élever contre la guerre que la France mène contre son ancienne colonie. Simone rejoint les signataires du manifeste que lui apporte Claude Lanzmann sans y ajouter le nom de Montand. Elle écrira plus tard qu'elle n'a pu le joindre aux États-Unis, où il tourne *Sanctuaire* de Tony Richardson, adapté du roman de Faulkner. J'y verrais plutôt une manifestation d'autonomie et la signification que leur couple n'a plus le caractère fusionnel qu'il avait eu. Simone, elle, renoue avec gourmandise avec l'*intelligentsia* de gauche, et la maison d'Autheuil ne désemplit pas, d'autant que les signataires sont frappés d'ostracisme, interdits de télévision et de radio ; les subventions sont annulées et les spectacles supprimés. Un maccarthysme à la française qui, loin de décourager ses victimes, ne fait qu'exacerber leur résolution. Le début des années 1960 est déjà porteur des évolutions politiques et des révolutions culturelles qui vont exploser huit ans plus tard. Mamie continue son métier dans de nouveaux rôles, conformes à son âge et à sa maturité, qui confirment ses talents de comédienne.

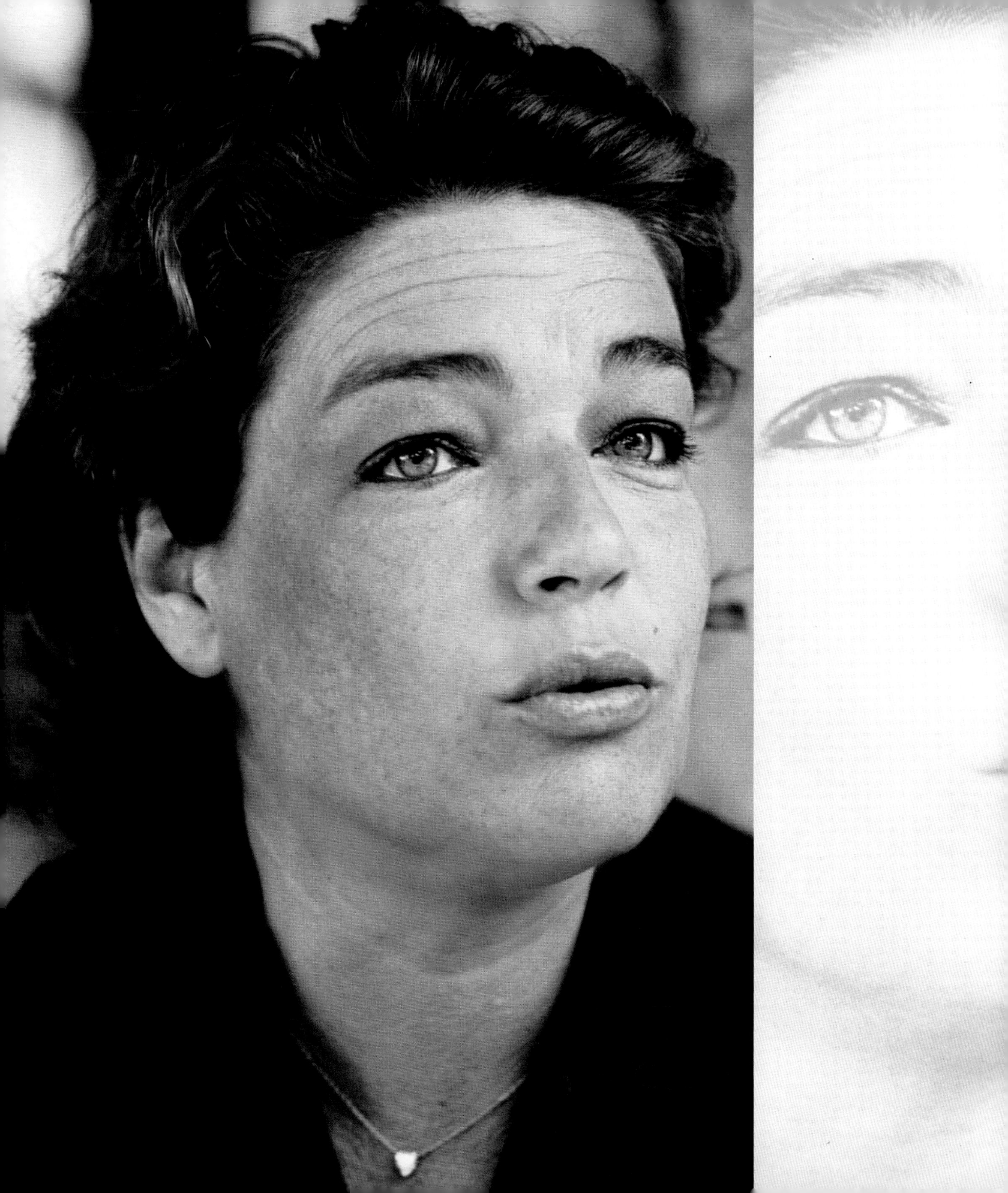

Rares sont les photos où Simone est brune. J'y suis d'autant plus sensible que je retrouve le portrait craché de ma mère.

Elle tourne peu, un film par an, privilégiant la qualité et l'originalité des rôles ou celle des réalisateurs. Après *Les Mauvais Coups* de François Leterrier, d'après le roman de Roger Vaillant, film qui ne rencontre pas le succès qu'il mérite, elle tourne l'année suivante *Le Jour et l'Heure* de René Clément. La naissance d'un amour pendant la guerre entre un pilote américain abattu en France et une jeune femme mariée à un prisonnier de guerre qui l'aide à rejoindre la frontière espagnole. Mamie gardera un heureux souvenir de ce *road movie* sentimental qui lui fera traverser la France en métro, train, camion et vélo de Rethel à la frontière espagnole. Et puis, elle s'éclate avec toute une bande de copains, dans les *Dragées au poivre,* une comédie musicale burlesque, écrite par Guy Bedos et Jacques Baratier, où une série de sketches met en scène une kyrielle d'acteurs, de Belmondo à Vadim, en passant par Michel Piccoli, Francis Blanche, Sophie Desmaret, Claude Brasseur ou encore Jacques Dufilho. Cette satire des snobismes et des idées reçues a un petit côté désuet, emblématique du début des années 1960. Puis Mamie file en Irlande pour le *Verdict* en anglais, *Term of*

Trial, sous la direction de Peter Glenville. De son côté, Montand est dans une période de déprime professionnelle. Ses derniers films, *Sanctuaire* ou *Aimez-vous Brahms?* tiré du best-seller de Françoise Sagan et *My Geisha* où il ne peut pas s'empêcher de flirter avec sa partenaire, Shirley Mc Laine, sont des bides auprès du public et des critiques. Ces derniers sont les plus méchants envers Montand, qualifié de plus mauvais acteur depuis Yul Brynner et de cabotin sans grâce. Les mêmes critiques s'empressent de louer en revanche les talents de comédienne de Mamie. Montand, heureusement pour lui, est une bête de concert et le prouve pendant cette décennie, résistant au rock and roll, aux yéyés et aux nouveaux arrivants : Ferrat, Brel, Gainsbourg… Ses tournées aux États-Unis et au Japon et son retour sur scène à l'Étoile, à Paris, sont des triomphes, ce qui compense ses échecs au cinéma.
Simone retourne en Californie pour tourner avec Stanley Kramer *The ship of Fools*, *La nef des fous*, une croisière sur un paquebot qui relie Vera Cruz à l'Allemagne, en 1933, année de l'ascension d'Hitler comme chancelier du Reich. Un huis clos où s'entremêlent

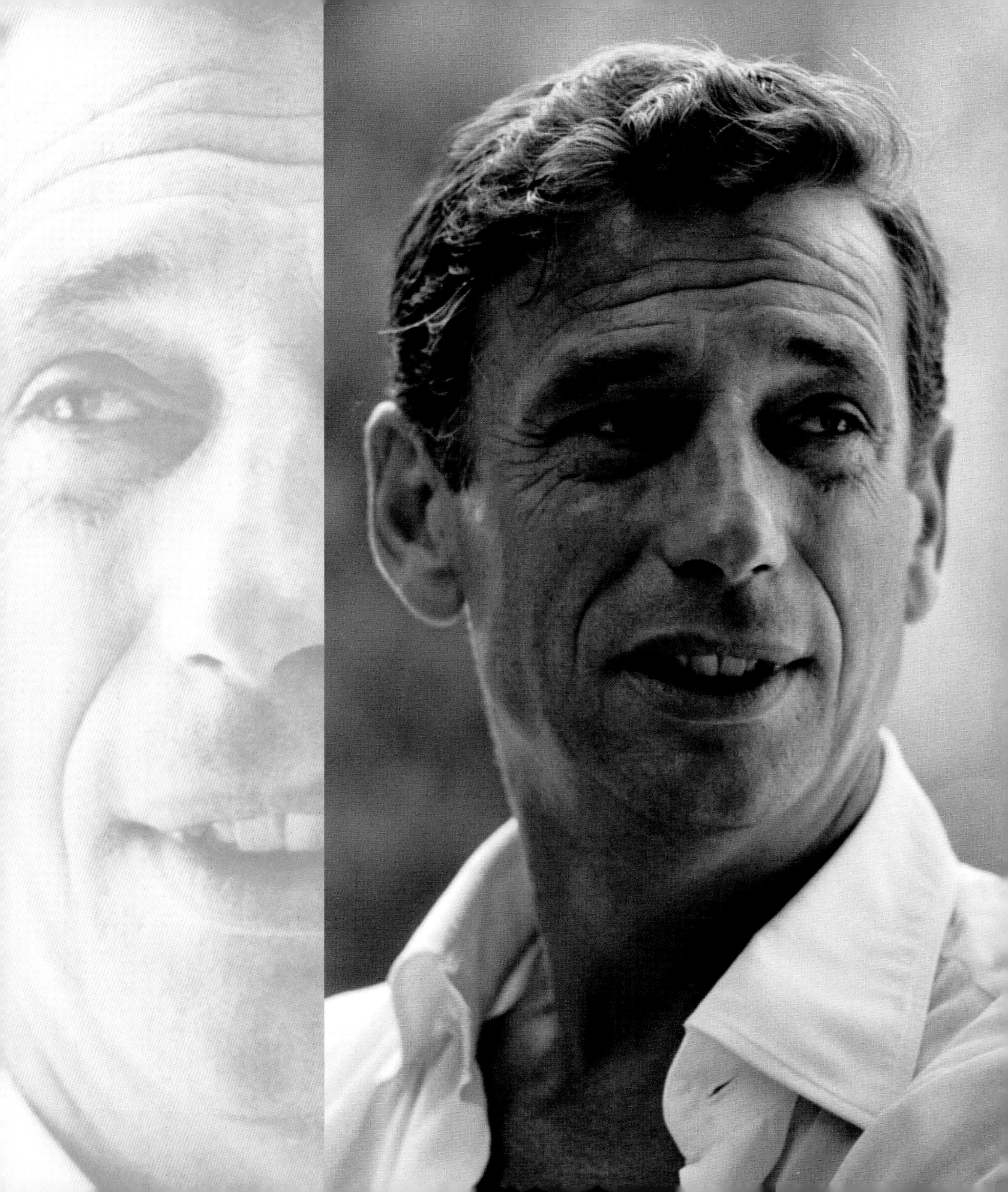

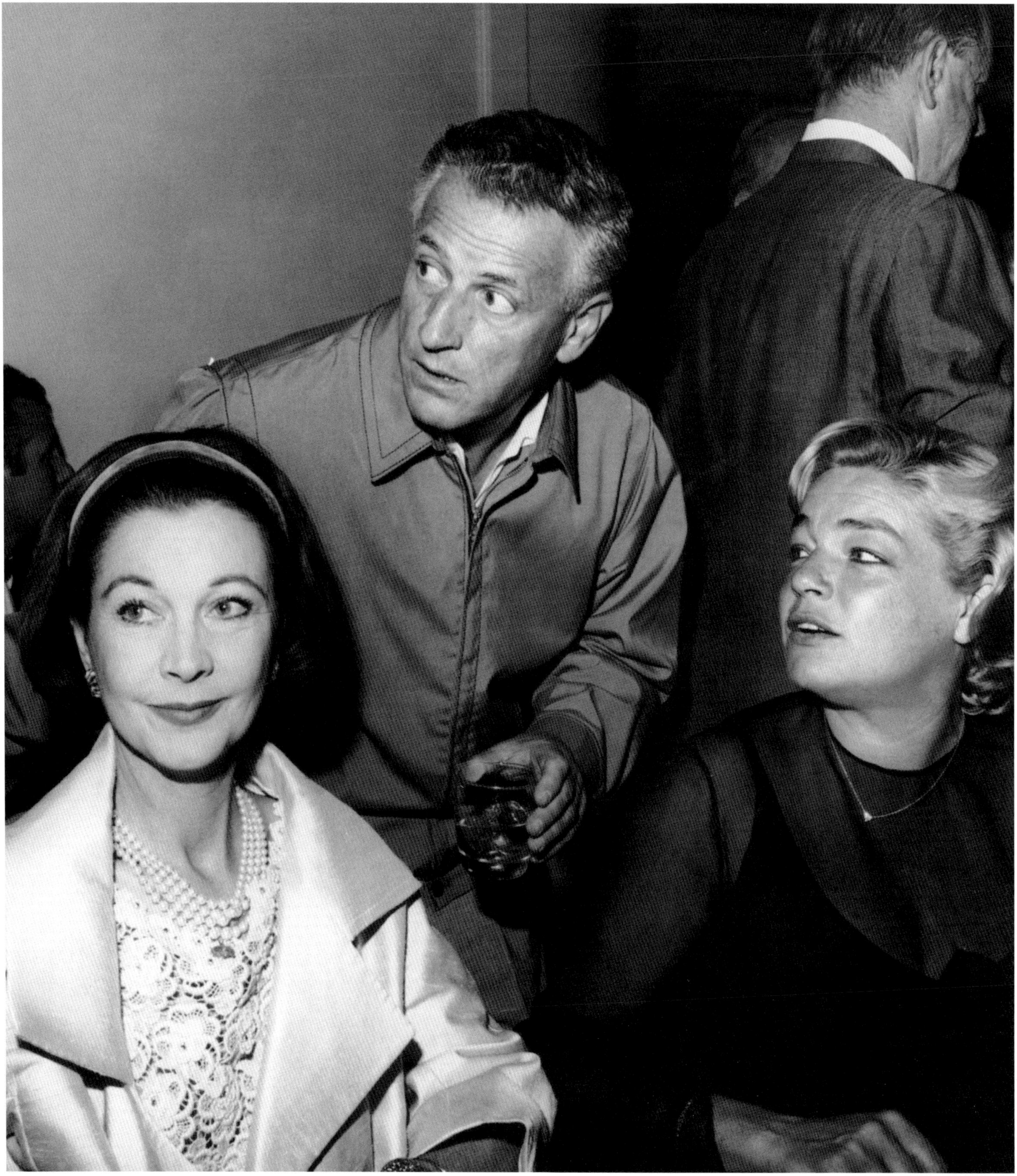

Retour de Mamie au "Beverly Hills Hotel". Et pourtant, après l'affaire Marylin, elle ne pensait jamais revenir en Californie.

les aventures sentimentales. Vivien Leigh, déjà gravement malade et dont ce sera le dernier film, donne la réplique à Lee Marvin, José Ferrer et Oskar Werner. Le bonheur de Simone à se retrouver en Californie, pays où elle pensait ne jamais revenir – en tout cas, pour y travailler – s'exprime dans la joie avec laquelle elle interprète le rôle de La Contessa. Le souvenir de Marylin, qui s'est suicidée deux ans auparavant, s'est estompé, et la morsure du destin, suffisamment atténuée pour que Simone revienne au *Beverly Hills Hotel* pour y occuper un autre bungalow. Mais cette fois-ci, comme star d'un grand film, elle vit à Los Angeles une existence épanouie, bien éloignée du huis clos malsain de son dernier séjour. Elle se lève au petit matin avec Katharine Hepburn, passe ses week-ends dans la villa de Lee et Betty Marvin, assiste aux soirées que donne Vivien Leigh et qui se terminent invariablement dans les sanglots d'*Autant en emporte le Vent*. L'Amérique de la fin des années 1960, après l'assassinat de John F. Kennedy, est en train de tourner au *Peace and Love* sur fond de guerre au Vietnam et de révolte des étudiants. Mouvement que Mamie suivra et soutiendra dès son retour en France. Lors de la sortie du film, en 1965, Mamie, qui a été conviée à Hollywood, est sollicitée pour jouer à la télévision une pièce à deux personnages de Bob Littmann : une actrice sur une scène vide, *A Small Rebellion*. La performance vaudra à Simone un *Emmy Award* cette année-là, et l'occasion d'assister en direct aux quatre jours d'émeutes à Watts, le ghetto noir de South Los Angeles.

De retour à Paris, Simone s'intéresse au projet d'un jeune metteur en scène grec, rencontré lors du tournage de *Le Jour et l'Heure*, où il était l'assistant de René Clément. Costa-Gavras veut tourner un film tiré du roman de Sébastien Japrisot, *Compartiment tueurs*. Ce film va devenir une histoire de famille, puisque Simone, qui accepte d'en devenir co-producteur, bat le rappel de tous les proches et alliés pour en assurer le succès. Montand d'abord, qui se propose pour jouer le rôle de l'inspecteur Graziani, chargé de l'enquête sur les meurtres mystérieux de six voyageurs, ayant occupé le même compartiment-couchettes du train Paris-Marseille. Catherine, ma mère, toute jeune, et d'une ressemblance frappante avec Simone au

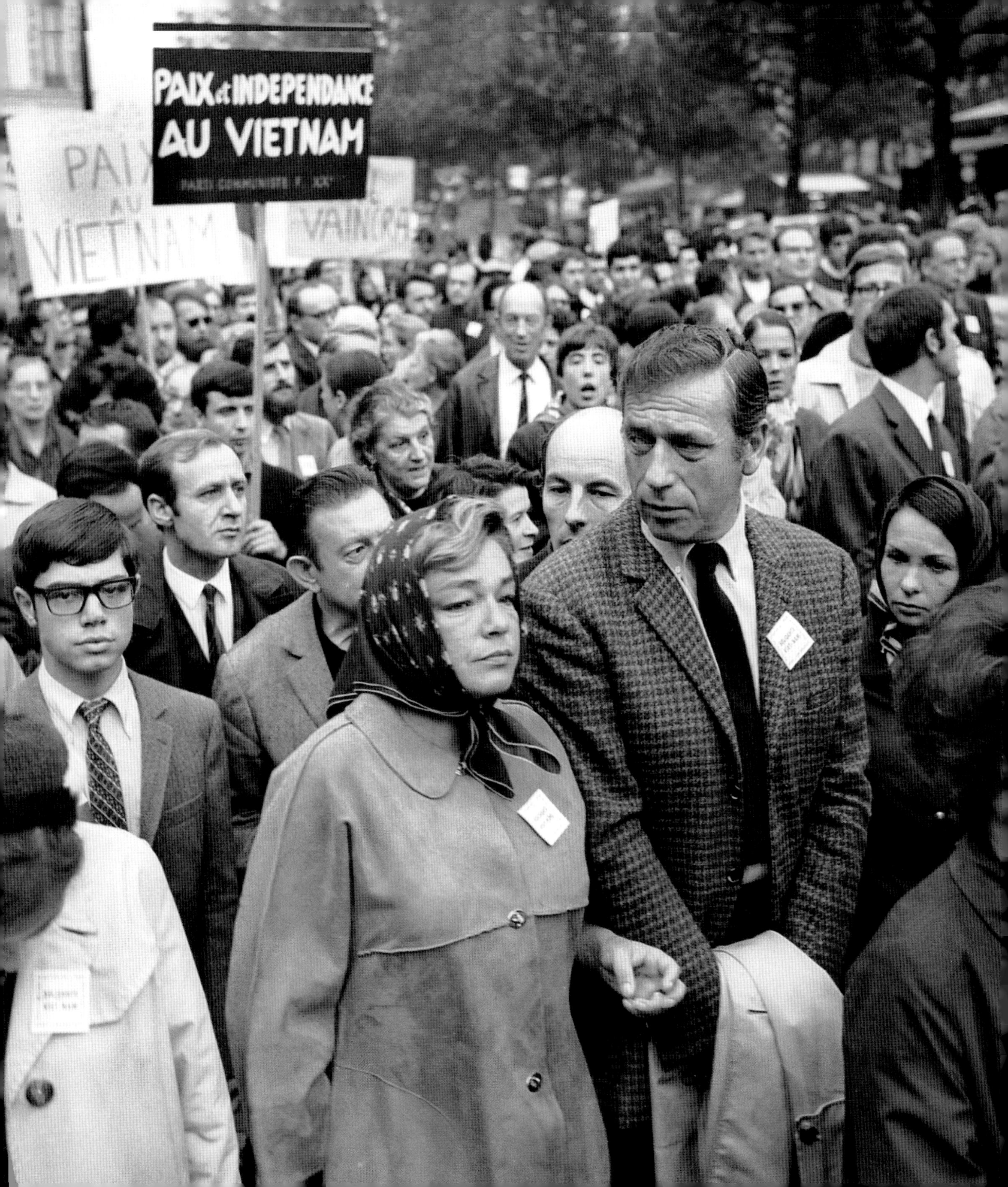
PAIX et INDEPENDANCE
AU VIETNAM
PAIX
AU
VIETNAM

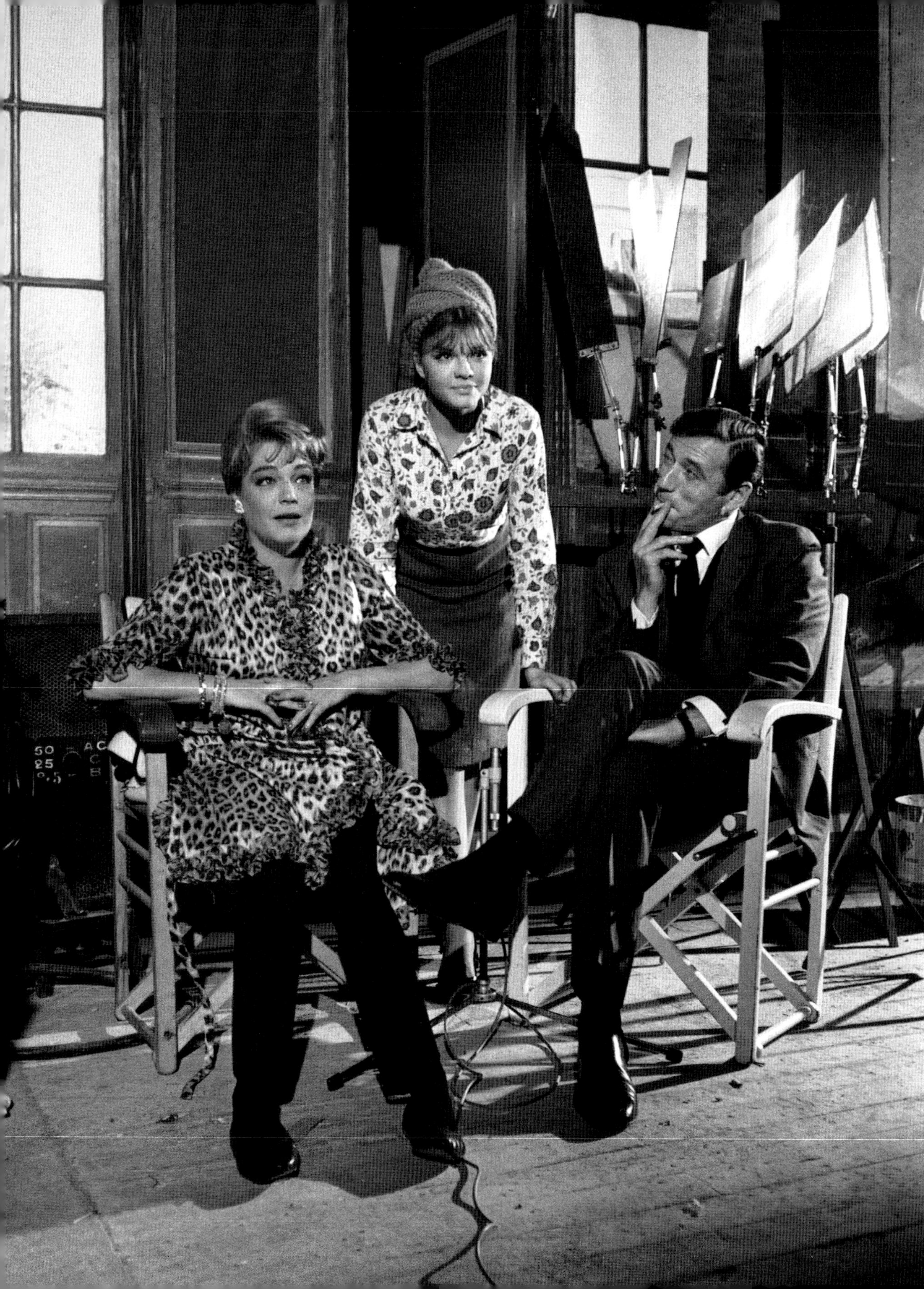

Ma mère, Catherine, toute jeune, d'une ressemblance frappante avec Mamie, se voit offrir son premier rôle en famille !

même âge, se voit offrir son premier rôle, celui de Benjamine (!) Simone joue une comédienne sans forcer son talent, et puis il y a les amis : Michel Piccoli, Jacques Perrin, Pierre Mondy, Jean-Louis Trintignant et même José Arthur. Le scénario est mis au point par Costa-Gavras à Autheuil, et les répétitions sont aisées, la plupart des interprètes sont des familiers de la maison. Ce film sera une bénédiction pour tous. Costa-Gavras qui se paye, pour un débutant, une affiche de rêve. Montand à qui il demande de jouer naturel, y compris avec l'accent et « les gestes » et qui trouve, enfin, le ton juste comme comédien. Catherine, qui démarre la carrière d'actrice qu'elle souhaite. Mamie, ravie d'avoir tout organisé et qui signe son retour aux côtés de Montand, dans un film dont le succès, en France, puis aux États-Unis, promet son réalisateur à un brillant avenir. Ce seront *Z* en 1969 avec Montand et Trintignant, mais sans Simone, puis *L'Aveu* où elle interprète le rôle difficile de Lise, la femme d'Arthur London, qui reniera son époux sur ordre du Parti Communiste. Mamie, en 1969, joue Mathilde dans *L'Armée des Ombres*, le formidable film de Jean-Pierre Melville,

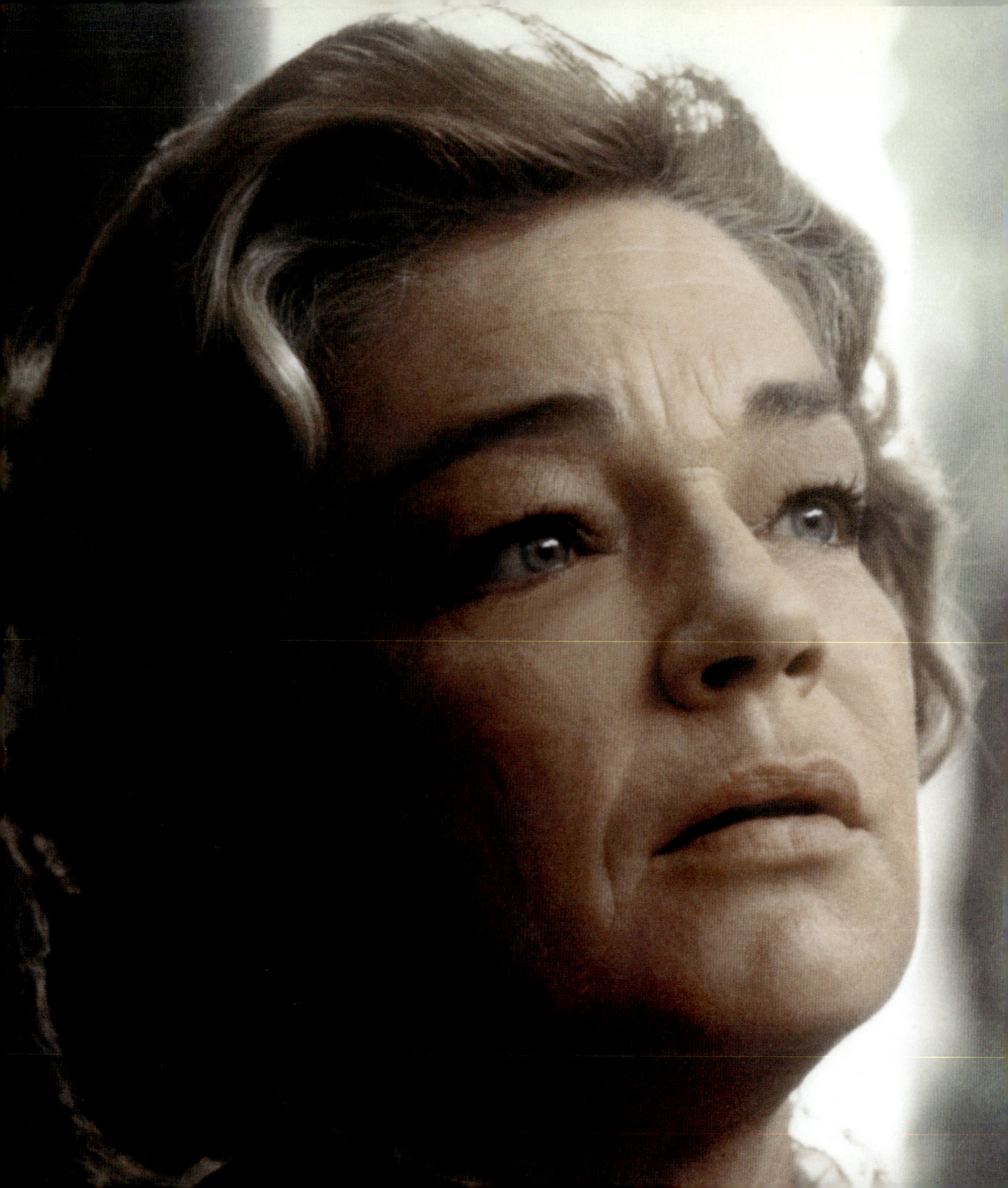

où elle incarne un personnage de résistante – inspiré de la vie de Lucie Aubrac – qui, victime d'un chantage horrible, précipite son exécution par les membres de son réseau, pour éviter de parler. Un rôle qu'elle incarne à la perfection, celle d'une ménagère discrète, transcendée par les événements, le courage et la force de caractère. Pourtant, Mamie ne va pas garder un souvenir bien fort de tous ces rôles pleins de richesse des années 1960. Elle écrira dans ses mémoires qu'elle avait l'impression de redescendre dans des gares où elle était déjà passée. Comme si elle avait déjà vécu toute sa vie, avant ses quarante ans, en 1961, et n'avait plus fait, depuis, que de rares découvertes. « Sauf une, celle qui m'a faite grand-mère pour la première fois de ma vie, un 28 mars 1970. Bonjour Benjamin ! » Bonjour Mamie ! C'est cette Mamie que j'ai toujours connue, celle des années 1970 et du début des années 1980. Ma grand-mère, qui se définissait ainsi, ayant refusé d'être une star pendant toute sa carrière de comédienne, poursuivit cette carrière en refusant de s'opposer à ce vieillissement naturel. Elle s'en explique partiellement dans ses mémoires, mettant ses cicatrices

Toujours comme chien et chat, mais tellement d'amour entre elles !

sur le compte du temps qui passe et ses rides comme étant les vestiges des rires, des étonnements et des chagrins de toute une vie. J'ai toujours su, comme perçoivent les enfants, qu'une fracture dissimulée s'élargissait en elle, comme ces failles dans les plaques de l'écorce terrestre, qui se manifestent par des tremblements de terre et des irruptions de volcans que l'on croyait éteints.

Aussi loin que remontent mes souvenirs, je me souviens de Mamie, un verre à la main et une cigarette entre les doigts. Ces addictions auxquelles il n'est fait aucune allusion dans ses mémoires étaient pourtant bien réelles et il est bien difficile de trouver une photo datant de cette époque où Mamie ne fume pas, un verre à portée de main. J'ai le souvenir de Montand,

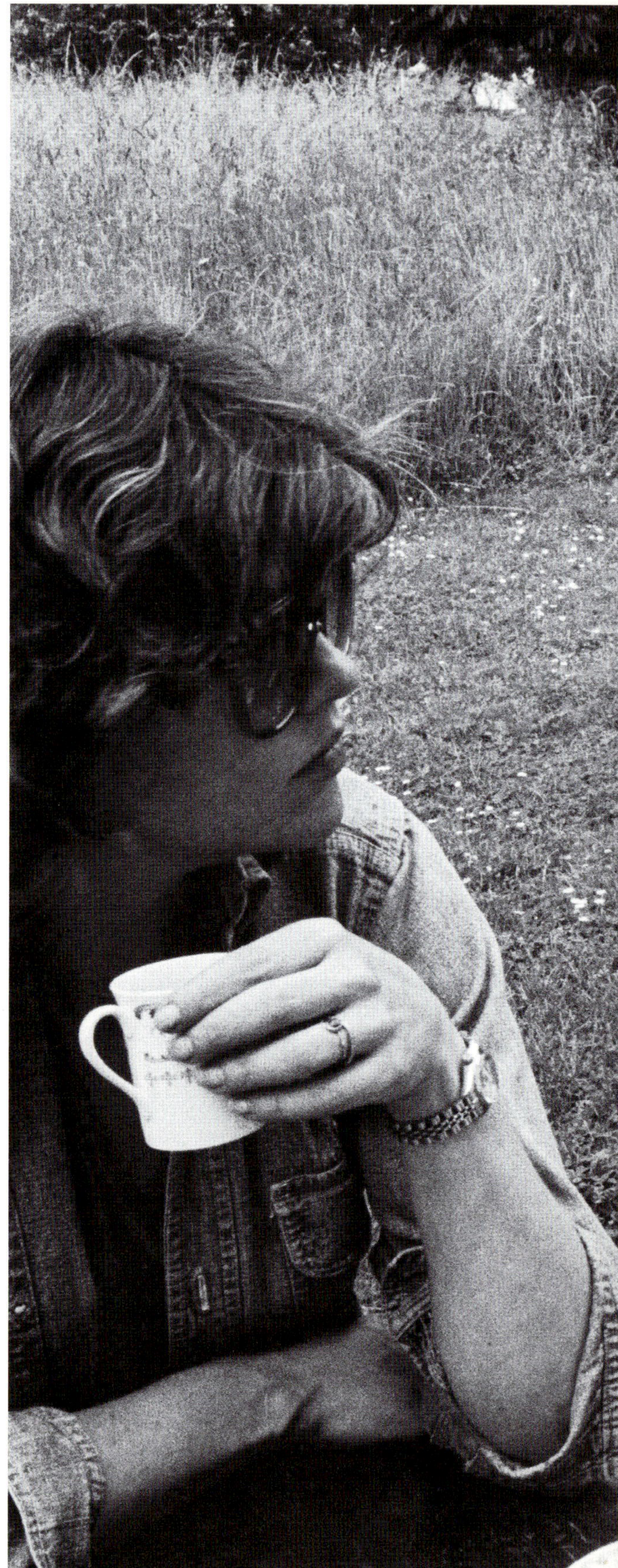

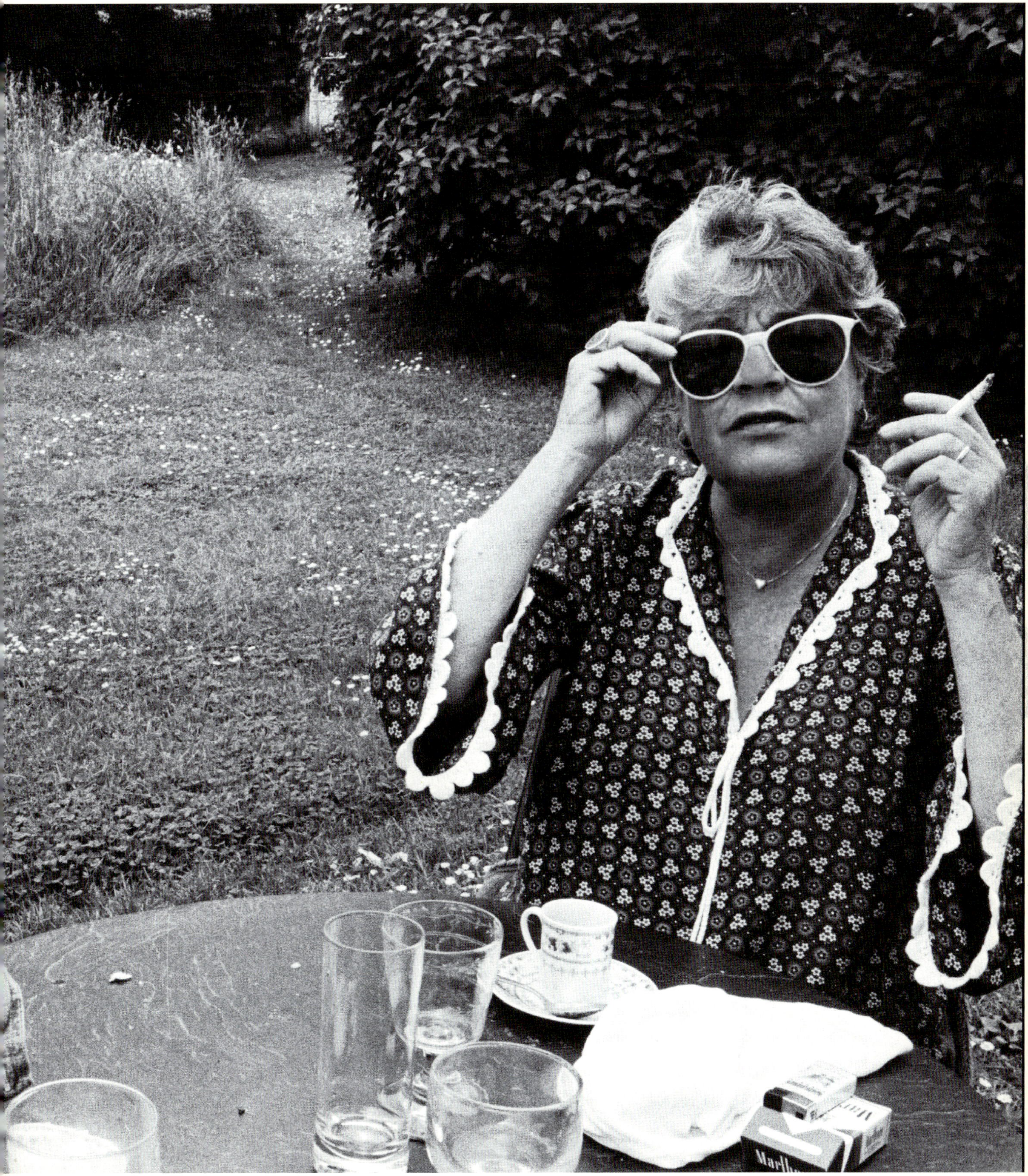

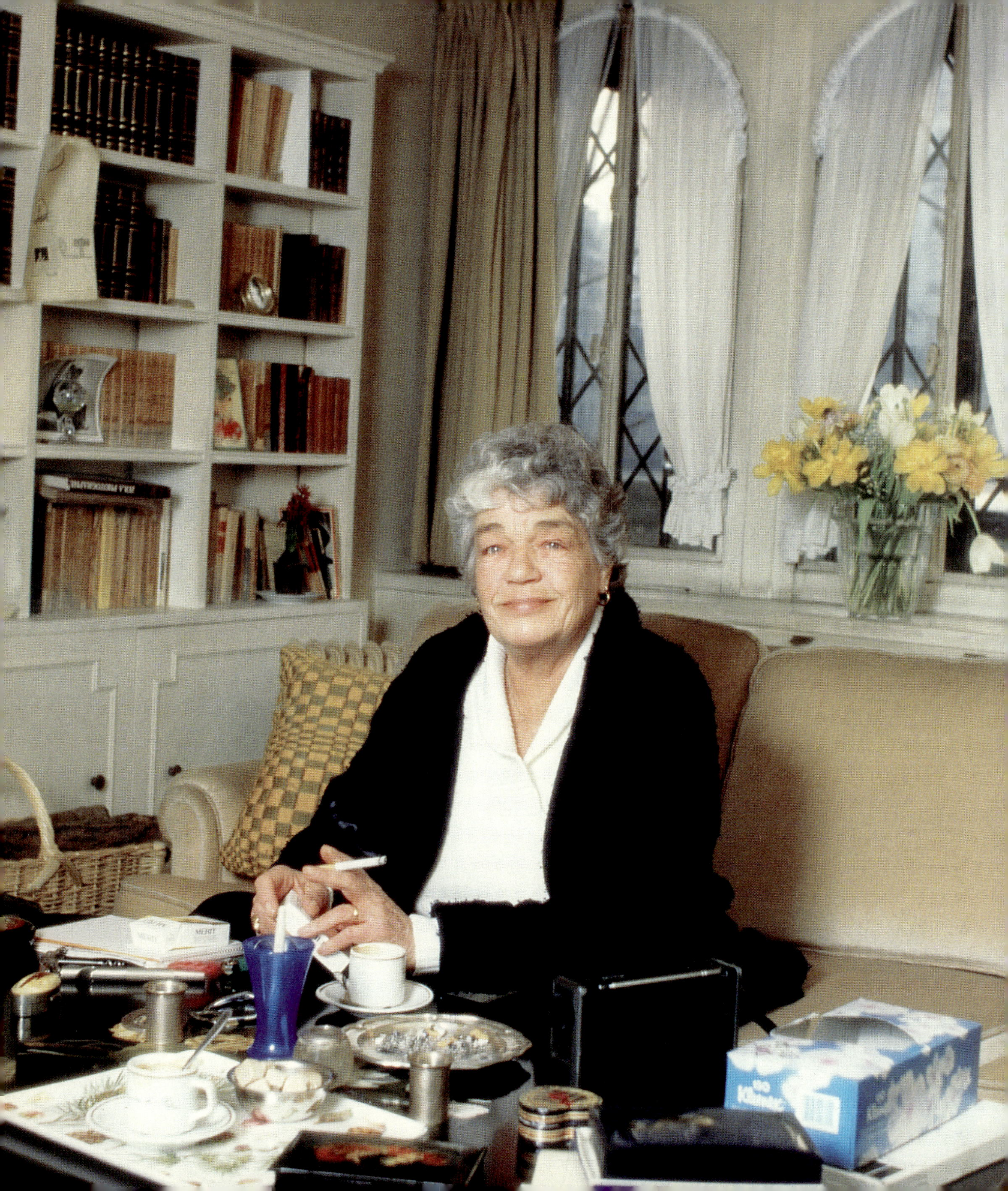
MERIT

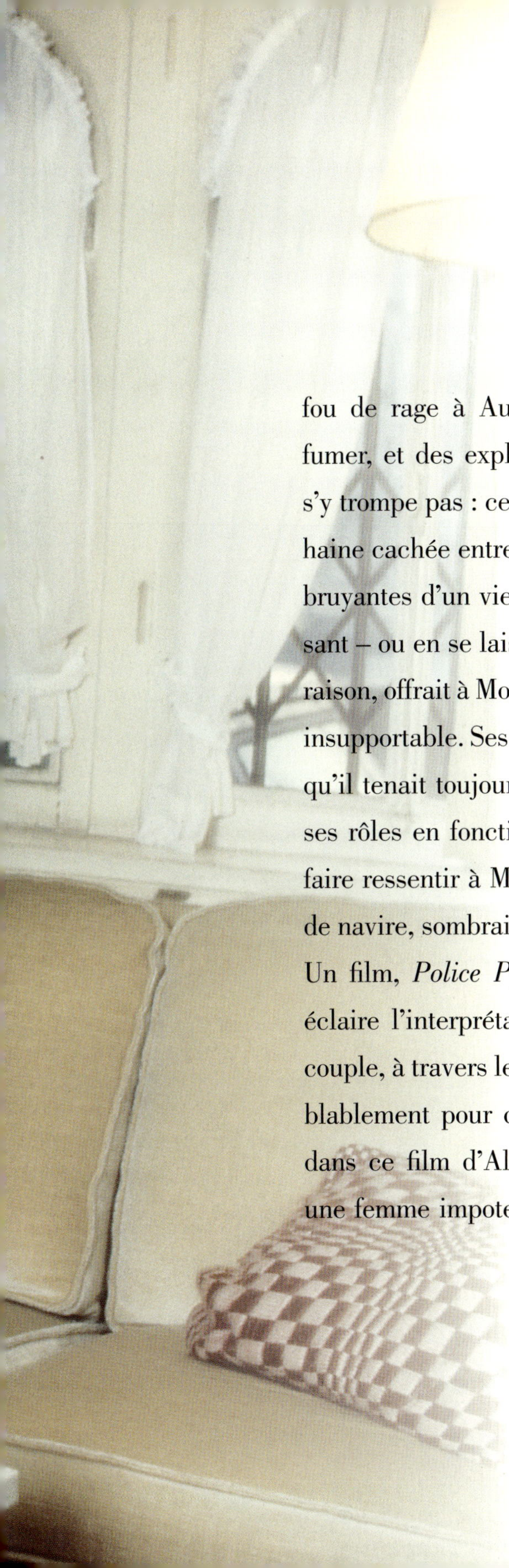

fou de rage à Autheuil, lui reprochant de trop boire, de trop fumer, et des explications violentes qui s'ensuivaient. Qu'on ne s'y trompe pas : ces irruptions brutales n'étaient pas le fruit d'une haine cachée entre eux, mais bien au contraire les manifestations bruyantes d'un vieil amour qui ne veut pas mourir. En se détruisant – ou en se laissant détruire – Mamie, qui ne faisait rien sans raison, offrait à Montand le spectacle d'une déchéance qui lui était insupportable. Ses réactions étaient autant de preuves pour Mamie qu'il tenait toujours à elle. Comme si elle choisissait dorénavant ses rôles en fonction du degré de culpabilisation qu'elle voulait faire ressentir à Montand, Simone, avec la dignité d'un capitaine de navire, sombrait droite, pavillon haut.

Un film, *Police Python 357* illustre ces rapports complexes et éclaire l'interprétation psychologique qu'ils ont donnée de leur couple, à travers les deux personnages du scénario. C'est vraisemblablement pour cette raison qu'ils sont si justes tous les deux dans ce film d'Alain Corneau, tourné en 1976. Simone y joue une femme impotente et tyrannique qui demande au personnage

« Police Python 357 »... Tout le désespoir d'une femme vieillie qui a renoncé à combattre devant son compagnon encore jeune et séduisant...

joué par Montand de l'aider à mettre fin à ses jours. Le processus d'identification à la vraie vie est tel que la souffrance de Simone transperce l'écran et que sa supplication lorsqu'elle place l'arme entre ses mains donne froid dans le dos. Cette scène, Simone l'a rêvée avant de la jouer. Il y a dedans tout le désespoir d'une femme vieillie qui a renoncé à combattre devant son compagnon encore jeune et séduisant, dont elle redoute d'apercevoir de la pitié dans les yeux. J'ai aussi le souvenir lorsque Montand annonçait sa venue à Autheuil, de l'espèce de fébrilité qui saisissait Mamie, par ailleurs plutôt détachée de tout. Elle s'apprêtait alors, choisissant une de ses robes chasubles qui dissimulait les ravages faits à son corps, et se maquillait légèrement, évitant le travers des vieilles dames coquettes qui rajoutent des couches de poudre aux couches de fard. Elle savait mettre en lumière son regard qui, soudainement éclairé, faisait disparaître dans l'ombre rides et meurtrissures. Un immense sourire illuminait son visage lorsqu'il apparaissait, faisant de grands gestes pour dissimuler cette gêne qu'il avait de venir si tard. Il était pardonné, simplement parce qu'il était là.

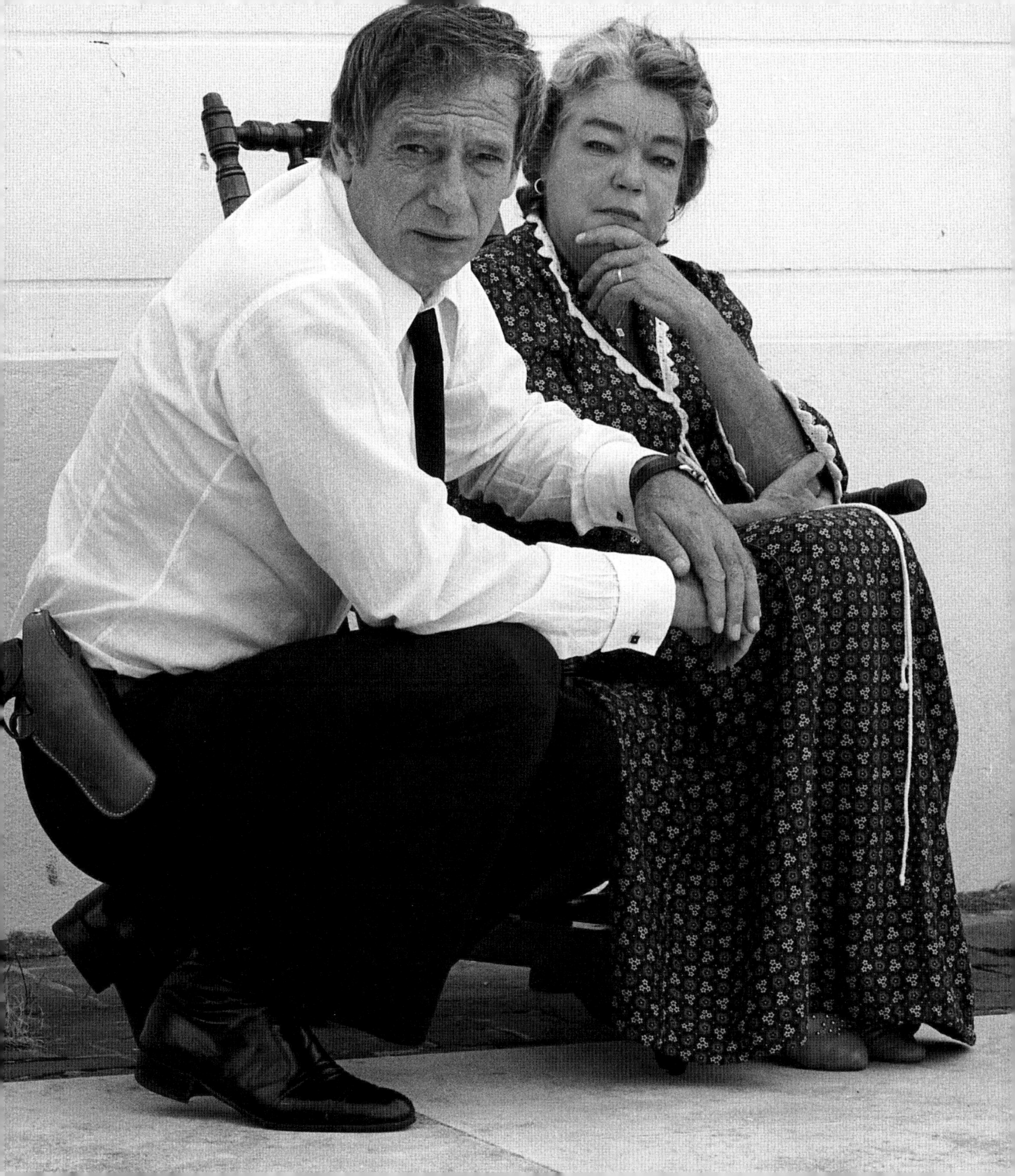

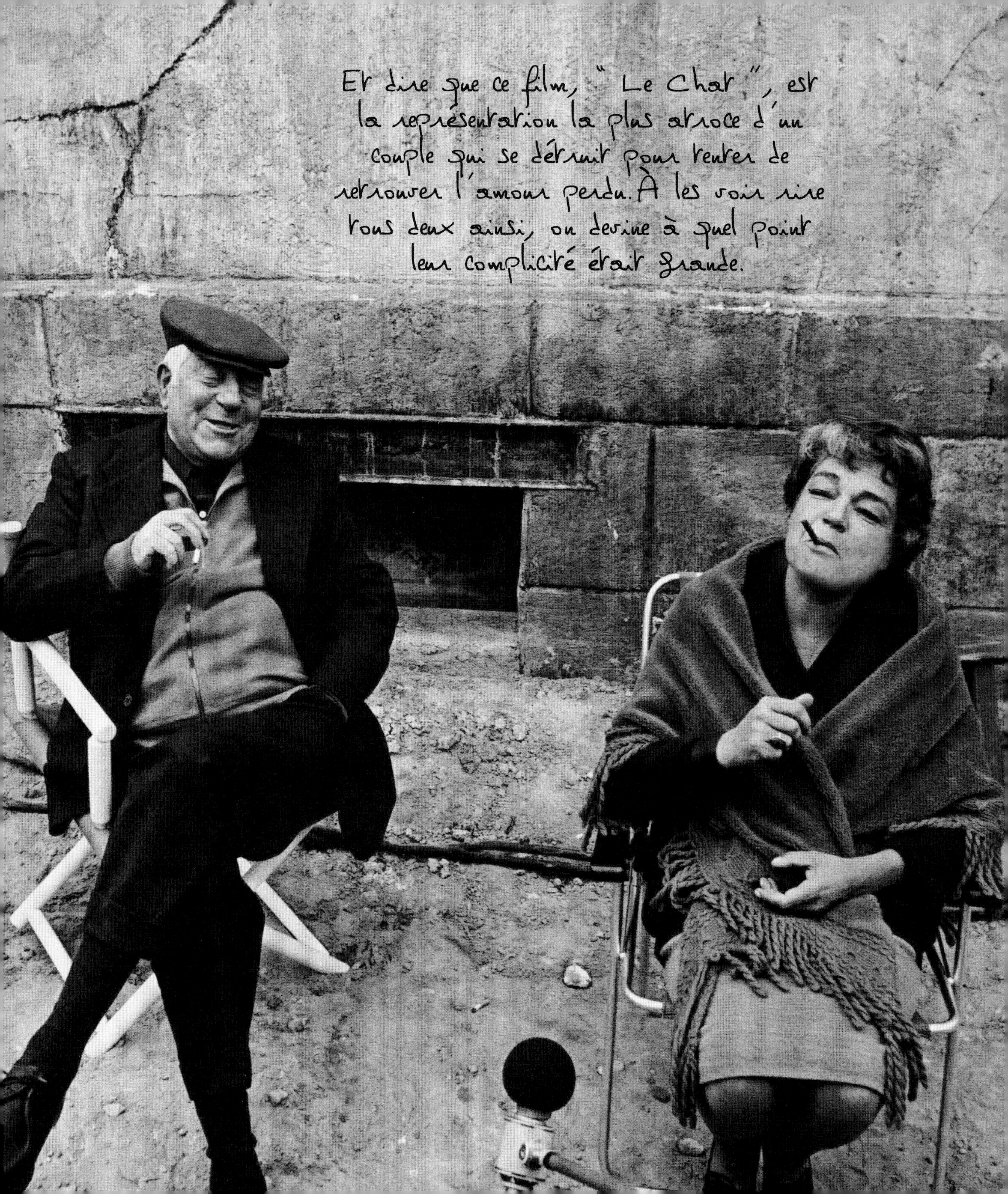

Et dire que ce film, "Le Chat", est la représentation la plus atroce d'un couple qui se détruit pour tenter de retrouver l'amour perdu. À les voir rire tous deux ainsi, on devine à quel point leur complicité était grande.

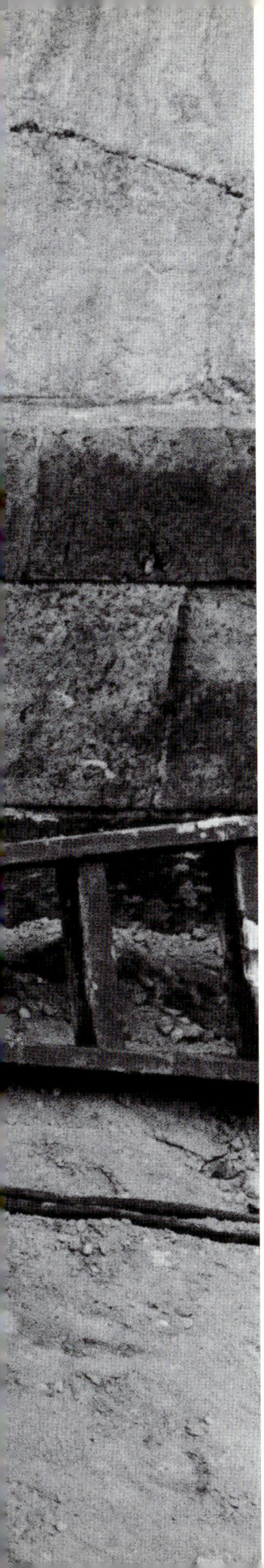

Mamie s'était installée dans ces rôles de « femmes de son âge » avec le superbe film de Granier-Deferre *Le Chat* où elle forme avec Jean Gabin un couple d'anthologie. Dans ce décor angoissant de l'immense chantier de construction de la Défense subsiste une petite maison de banlieue abritant un couple ennemi, formé par un typographe à la retraite et une ancienne trapéziste boiteuse. Un chat errant va catalyser leurs rancoeurs jusqu'à la haine. « Je t'avais promis de t'aimer toute la vie ! Eh bien voilà, j'ai vieilli et je ne t'aime plus ! » Tiré d'un roman de Simenon, l'adaptation tout en silence et en aigreur illustre une fin de vie vécue comme la fin d'un monde. Cette même année 1971, Mamie récidive avec Granier-Deferre et Simenon en tournant *La veuve Couderc*, où l'action âpre, violente, se situe dans un petit village de Côte d'Or, dans les années 1930. Cette fois-ci, elle a comme partenaire Alain Delon.

Il joue un petit voyou trouvant refuge chez une veuve qui se bat pour garder son exploitation depuis la mort de son mari. Une histoire d'amour démarre entre la paysanne et le jeune homme. « Personne ne comprendrait ! » lui dit Simone, très belle en femme heureuse.

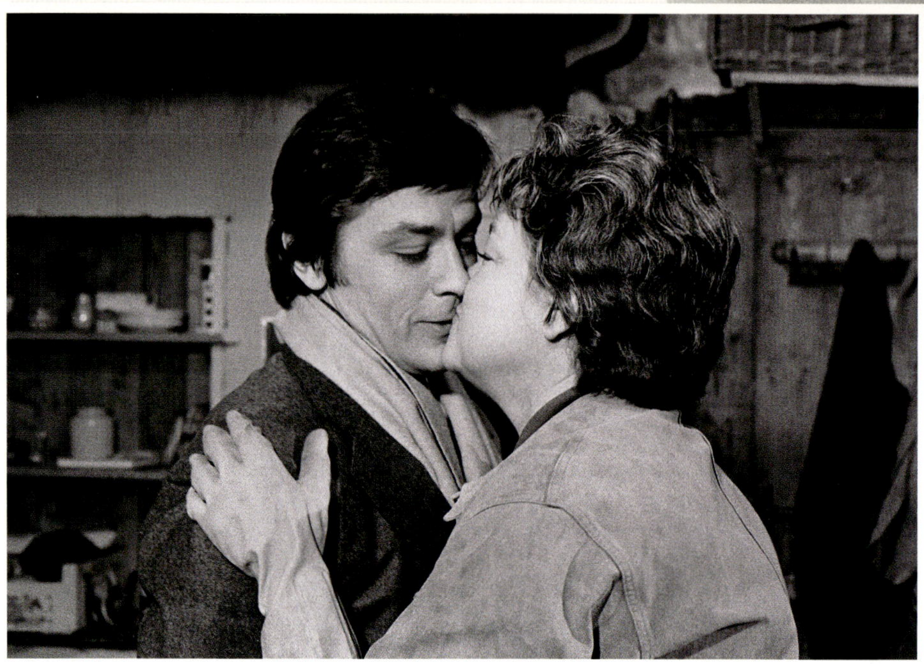

Signoret-
Delon : le choc
des Titans !
Improbables
mais grandioses.

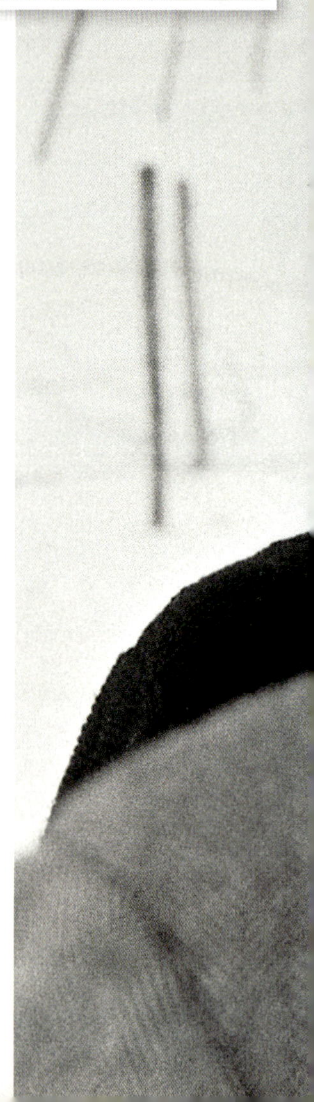

« Personne ne comprend jamais », lui répond Alain Delon, beau, jeune et fragile. Ce film a eu une curieuse réminiscence alors que juste après la mort de Mamie, je me trouvai dans la chambre où elle reposait. On avait fermé les volets et la lumière entrant par les persiennes traçait des rayons dorés où dansaient de minuscules poussières. J'avais, me semblait-il, déjà vécu cette scène. C'est l'une des dernières du film, où Delon, encerclé par les gendarmes, tire en l'air par les persiennes alors que Simone, droite et sévère, le regarde tendrement, sachant qu'il va mourir. La même lumière remplissait sa chambre.

Le couple Delon-Signoret ayant si bien fonctionné, et le drame rural ayant la cote en ces années 1973, c'est dans le Doubs que Jean Chapot situe *Les Granges brûlées*, drame paysan où Simone incarne Rose, femme de tête et de cœur, face à un juge d'instruction qui soupçonne l'un des membres de sa famille du meurtre d'une jeune femme, survenu à proximité de la ferme. Cette histoire est une

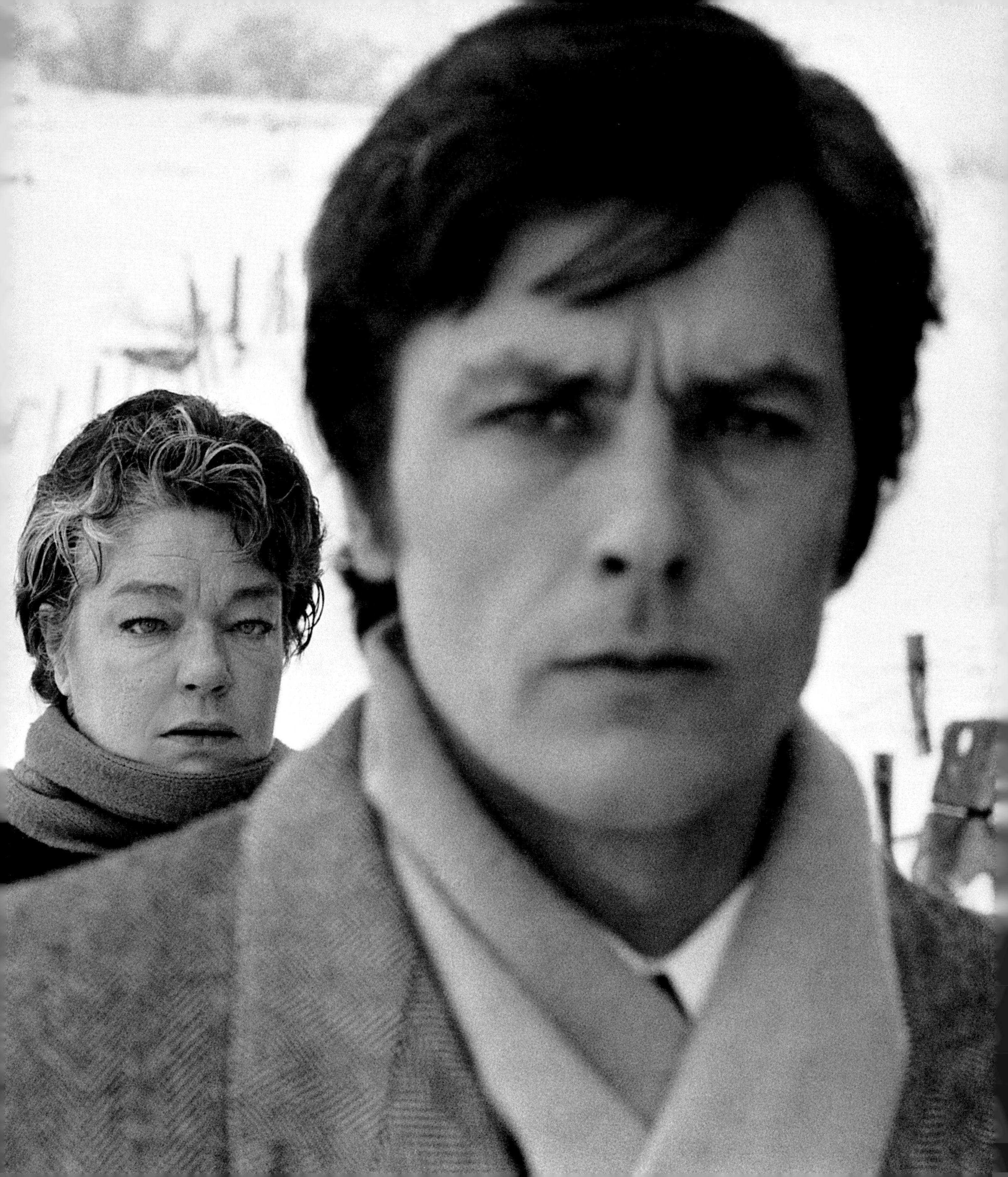

transposition libre de l'Affaire Dominici, et elle est le prétexte à la confrontation entre Simone, femme d'expérience et de silence, et Delon, qui campe le jeune juge d'instruction tenace et intuitif. J'ai toujours aimé, en revoyant ses films, retrouver la grand-mère que j'ai connue, et surtout les petits tics qui m'amusaient beaucoup comme celui de plisser le front, ce qui faisait bouger les petites mèches à la racine des cheveux. Je retrouvais ces mêmes gestes familiers dans le film noir et glacial de Patrice Chéreau *La Chair de l'orchidée,* adapté du roman de James Hadley Chase, en 1973. Et puis, il y eut Madame Rosa dans *La Vie devant soi* de Moshé Mizrahi ce formidable personnage tiré du roman d'Émile Ajar. Si l'on devait résumer la carrière de Mamie en deux mots, ce serait de *Casque d'Or* à *Madame Rosa*. Montand l'a fait cruellement en disant, après sa mort : « Être l'amant de Casque d'Or, c'était facile, mais il a fallu beaucoup d'amour pour aimer Madame Rosa. » Mais qu'est donc devenue Casque d'Or trente ans après ? Elle habite toujours Belleville, elle est maintenant trop vieille pour faire le trottoir, alors elle garde les enfants des autres prostituées pendant

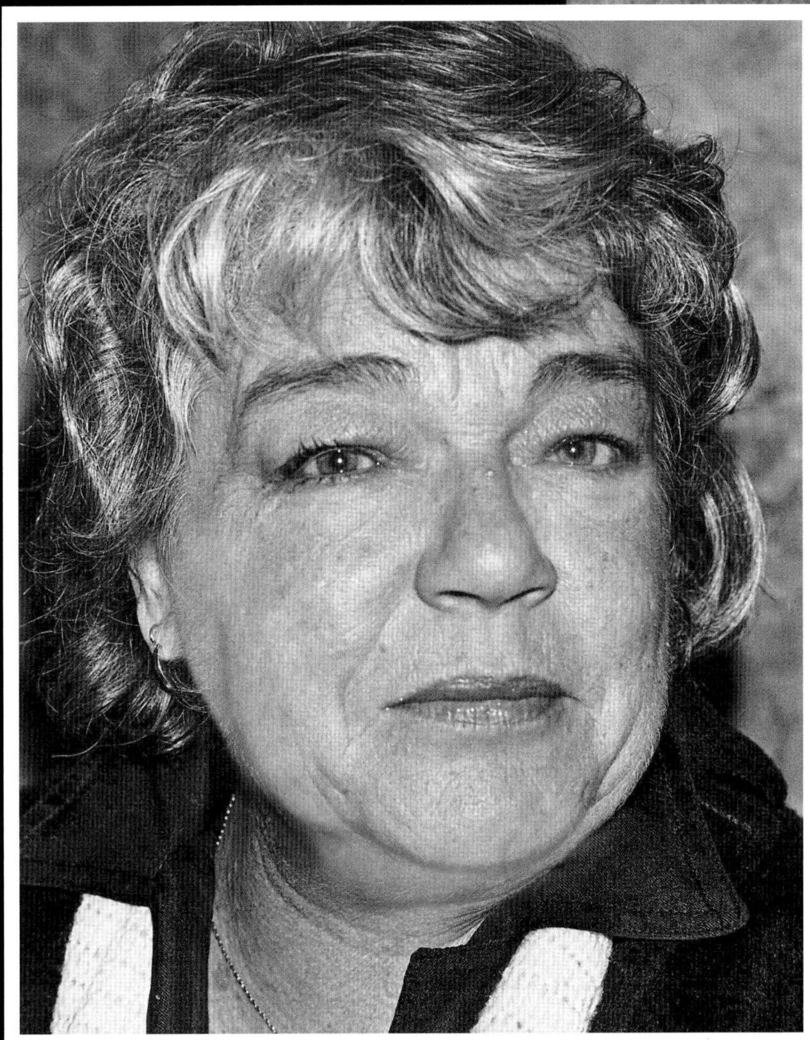

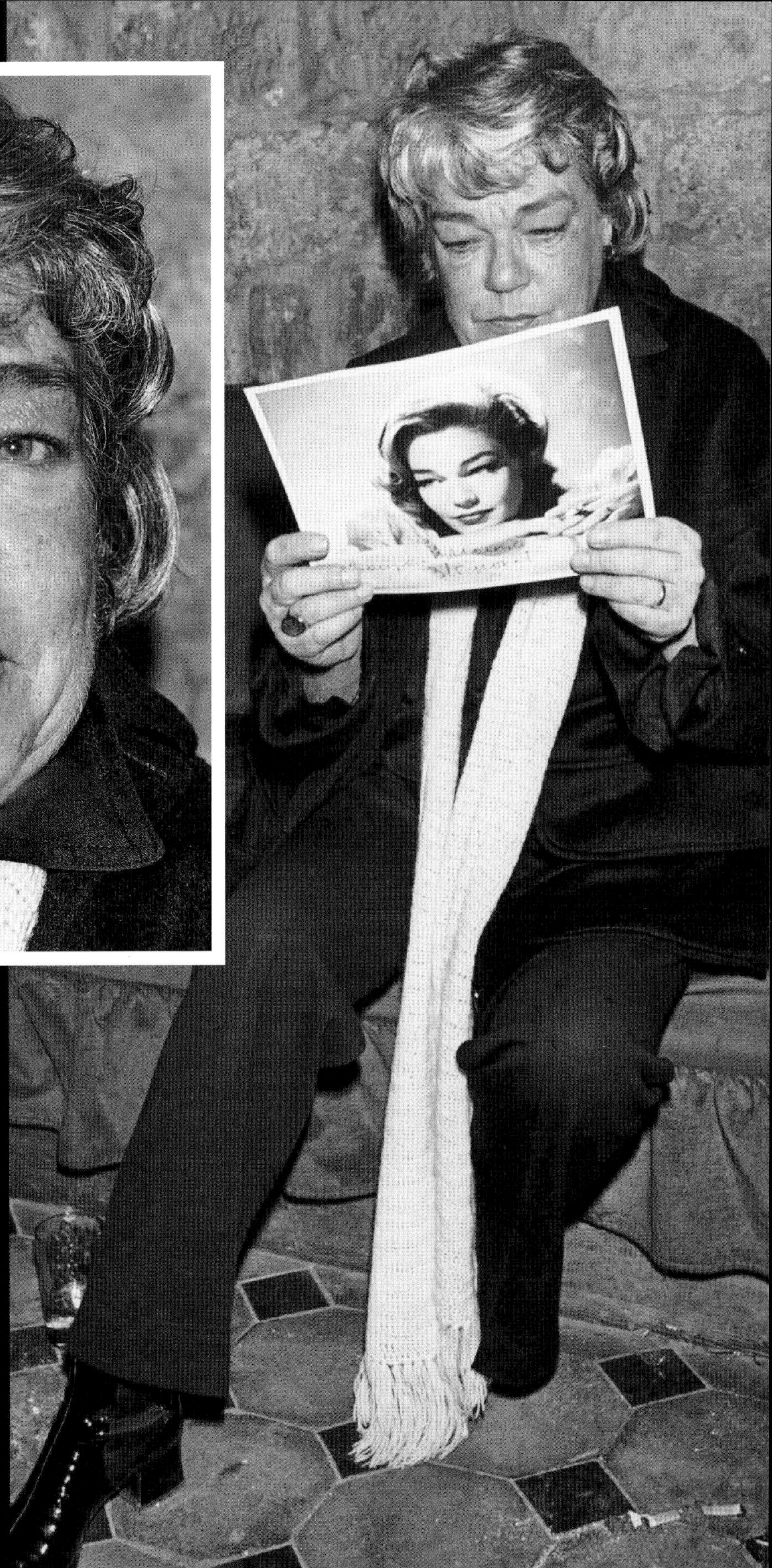

J'adore cette photo : Mamie assumant sans aucun complexe ce qu'elle est devenue en regardant ce qu'elle a été.

À 56 ans Mamie s'essaie à la télévision.
La série, " Madame le Juge ", est un
énorme succès et son personnage restera
emblématique de ses dernières années.

qu'elles gagnent leur pain de fesse. On l'appelle Madame Rosa. La proximité entre les deux personnages ne tient pas uniquement au fait que Simone les a interprétés. Mamie leur a donné corps et âme. Ces femmes ne sont qu'une par l'amour, la tendresse et l'humanité qu'elles respirent. Pour son interprétation, Simone recevra un César, remis par Orson Welles, et le film obtiendra l'Oscar du meilleur film étranger à Hollywood. Les années suivantes, Mamie jouera encore dans quelques films, interprétant le même personnage sous différents costumes. En 1978, elle tourne dans un film réalisé par Jeanne Moreau, *L'adolescente*, où elle campe une grand-mère qui ressemble furieusement à la mienne.

Puis elle retrouve trois des réalisateurs avec qui elle a tourné précédemment : Chéreau pour *Judith Therpauve* ; Mizrahi pour *Chère inconnue* où elle forme avec Jean Rochefort un curieux couple de frère et sœur ; enfin Granier-Deferre et Simenon pour *L'Étoile du Nord,* en 1982, qui lui vaudra une certaine rancune de la part de ma mère, qui guignait le rôle de la fille, joué par Fanny Cottençon. Ma mère reprochera à Mamie de ne pas avoir suffisamment insisté

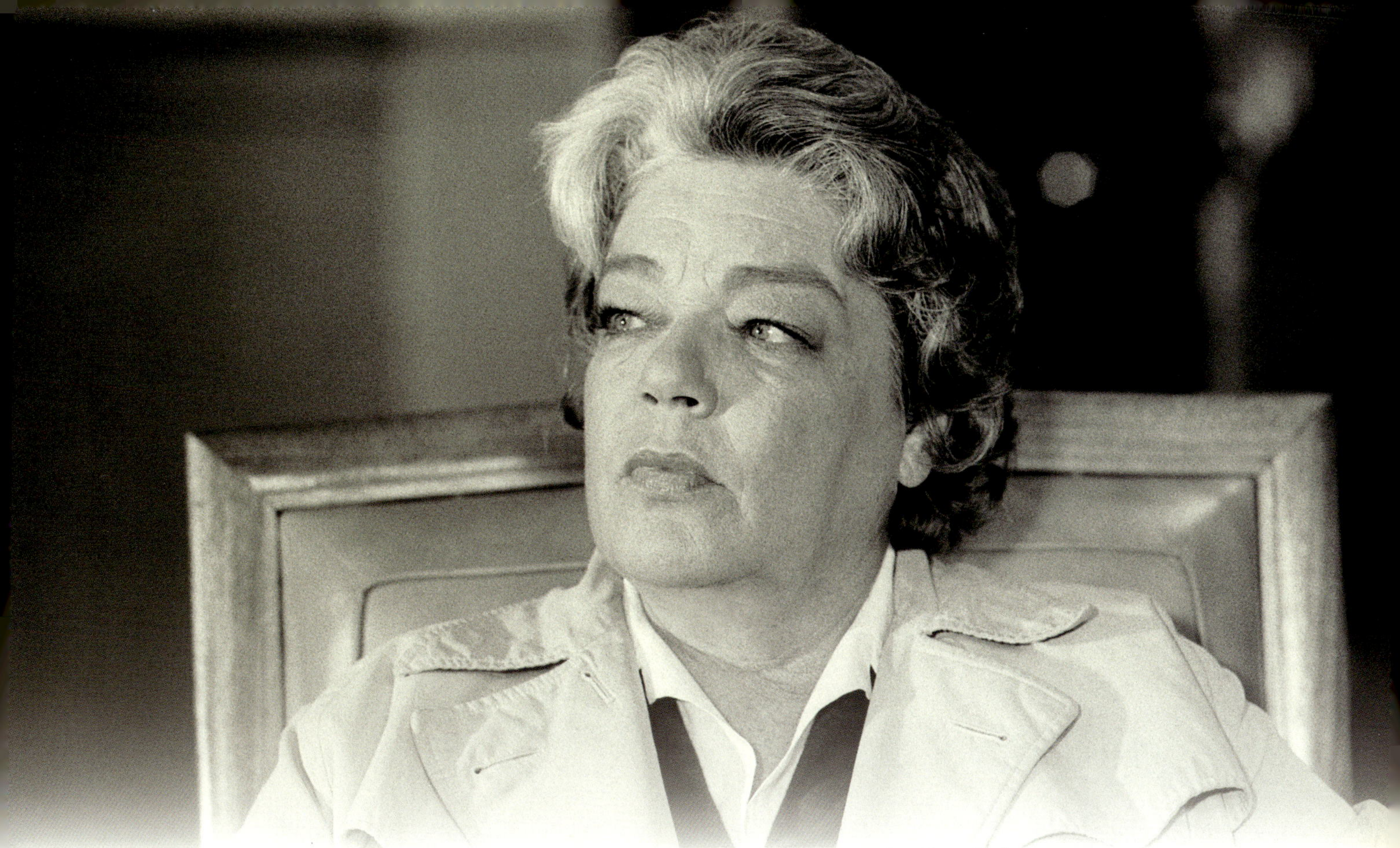

auprès du réalisateur pour qu'on lui donne ce rôle. Parallèlement, Mamie va s'essayer à la série télévisée en campant un juge d'instruction, bougonne mais humaine, dans six épisodes réalisés par des metteurs en scène de cinéma différents : Édouard Molinaro, Claude Barma, Nadine Trintignant, Claude Chabrol et Philippe Condroyer. Sous la direction de Marcel Bluwal, elle tourne deux autres séries, *Thérèse Humbert* où elle interprète avec réalisme et conviction la fameuse aventurière, et *Music Hall* qui sera diffusé à la télévision après sa disparition.

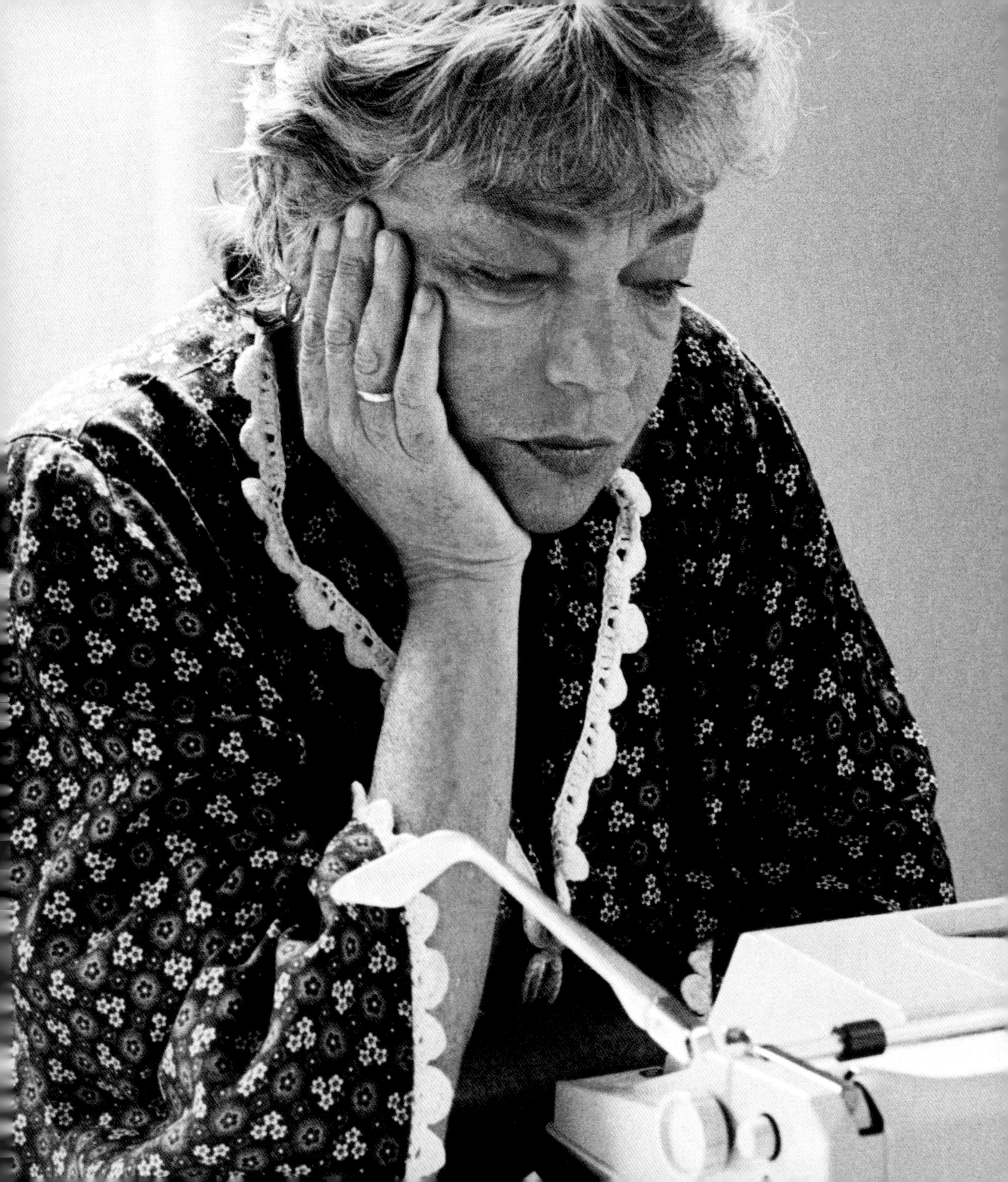

Simone passait ses journées à travailler ses mémoires. La machine résonnait du matin au soir dans toute la maison !

Au milieu des années 1970, une nouvelle passion s'était mise à dévorer Mamie : l'écriture. Elle avait exploré toutes les voies et les joies de comédienne et la caméra ne recelait plus de nouveaux mystères susceptibles de l'étonner. En revanche, la magie du livre continuait à opérer sur elle avec une force que la fréquentation des écrivains ne faisait que renforcer. Mamie avait toujours été une grande lectrice et, lors des attentes interminables pendant les tournages, elle gardait toujours un livre à portée de main. Sa maîtrise de l'anglais lui permettait aussi de s'attaquer à la littérature anglo-saxonne. La bibliothèque de la maison d'Autheuil, et celle plus modeste de La Roulotte, débordaient de livres entassés sans méthode, et leur désordre révélait qu'ils étaient bien vivants et non pas des objets de déco. Mamie ne cessait de m'encourager à lire, toujours et encore. J'avoue honteusement n'en avoir pas trop abusé. Excepté lors des week-ends pluvieux où je me plongeais dans une encyclopédie illustrée de la seconde guerre mondiale. J'en ai dévoré tous les volumes ! Exercice profitable, qui me permit d'obtenir au bac, un 19 inattendu en histoire-géo.

Cette photo m'émeut particulièrement. C'est tout ma grand-mère ! Et cette blouse qu'elle portait toujours, comme son coeur en diamant que Montand lui avait offert.

Mamie, un peu impressionnée, se lança, pour le compte des éditions du Seuil, dans la rédaction de ses mémoires, avec l'aide du chevronné et délicat Maurice Pons. Ses débuts, de son propre aveu, furent catastrophiques. Les enregistrements effectués au magnétophone partaient dans tous les sens et leur retranscription ne parvenait pas à en restituer le sens et l'âme. « Nous jetons en vrac dans la machine des souvenirs d'enfance, des souvenirs de guerre, des souvenirs de travail, des souvenirs d'amour, des souvenirs politiques. » Ce qui ne suffit pas à faire vivre les mots. Alors Mamie décida de s'acheter une machine à écrire. Puisqu'il y avait des machines pour écrire. Et elle se mit au travail avec l'aide de Pons retrouvant dans le labeur la modestie de l'apprentie et les fulgurances de l'écrivaine de talent. Mamie racontait sa vie et, dans le cliquetis de la machine, à Autheuil et même à *La Colombe d'Or*, tricota *La nostalgie n'est plus ce qu'elle était*. Cet été-là, il faisait une chaleur étouffante et elle passait ses journées à travailler. Le bruit des frappes sur la machine résonnait du matin au soir dans la maison. Je lui demandais sans cesse si elle avait bientôt terminé. Quand c'était le cas, je m'emparais d'une feuille de papier et à mon tour, je tapais sur la machine. Assise à mes côtés, elle souriait. Lorsque le livre parut en 1976, il devint aussitôt un best-seller, dégusté par tous ses fans et aussi ceux de Montand.

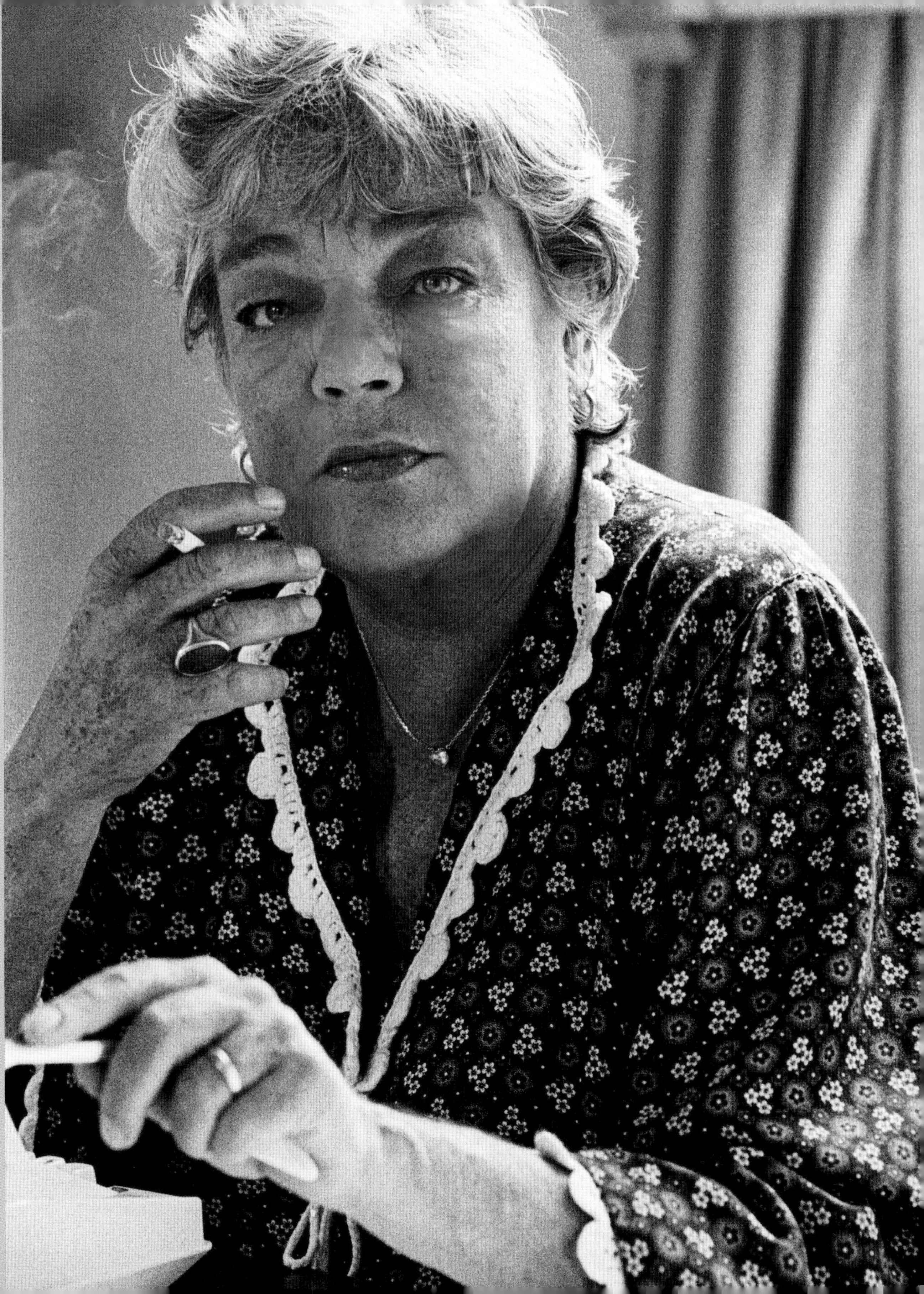

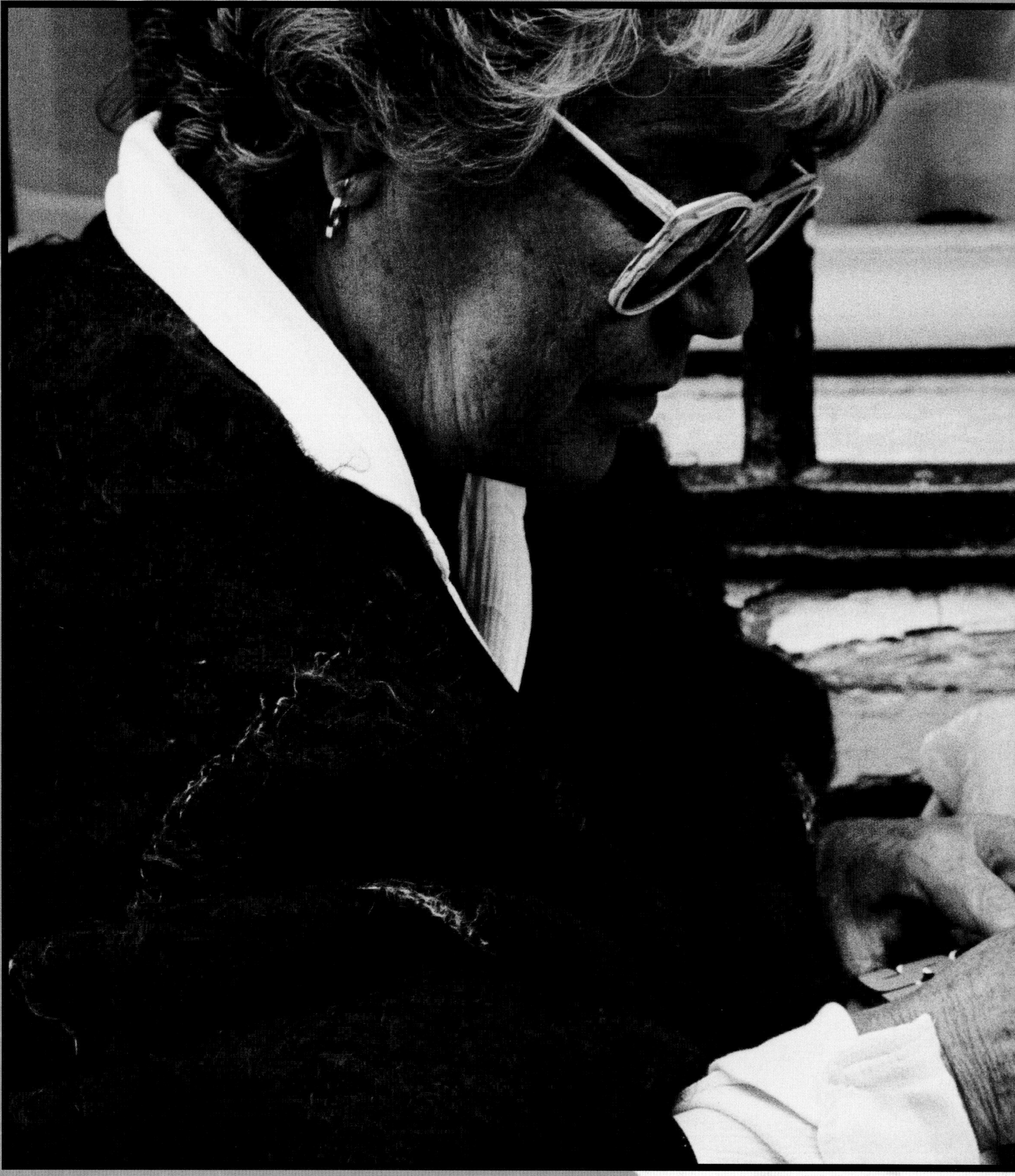

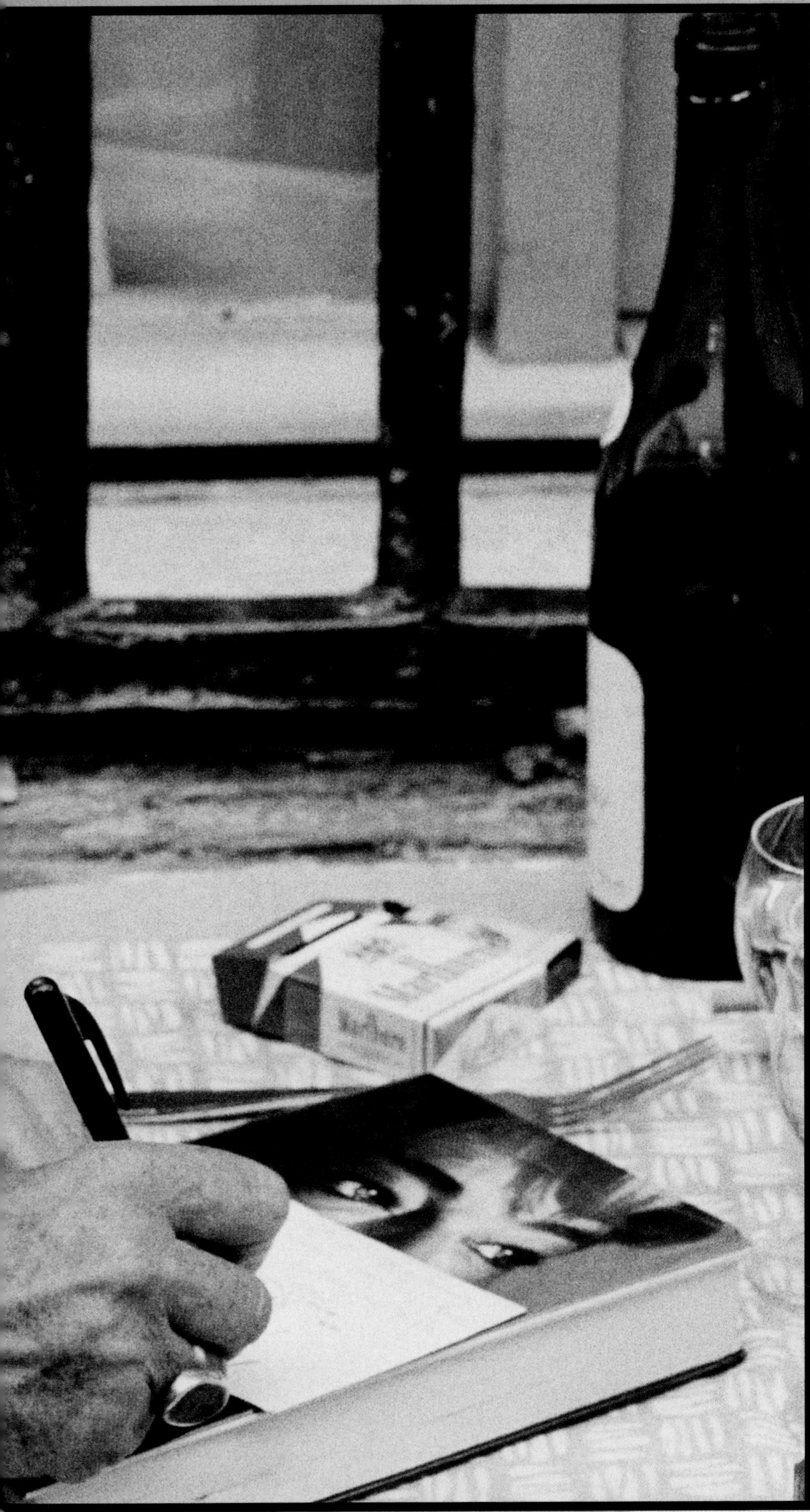

Séance de dédicaces de son best-seller : " La nostalgie n'est plus ce qu'elle était ".

Mais l'ambition de Mamie était ailleurs : elle s'était frottée à la littérature, avait trouvé son style et entendit qu'il fut reconnu au même titre que son talent de comédienne. Le petit milieu germanopratin se divisa en deux : les fans de la Grande Simone et ceux qui faisaient la fine bouche, au prétexte qu'elle s'était fait aider pour mener à bien son œuvre. Ce dont elle ne s'était jamais caché, précisant qu'elle avait, en fin de travail, réécrit elle-même son texte, jouant avec le style interview en réécrivant les questions attribuées à Pons en fonction des réponses de Signoret. Du grand art. C'était mal connaître Mamie en croyant qu'elle allait rester sans réagir à ces « quelques pointes d'aiguilles qu'elle prenait pour des coups de poignard », selon le mot de Jean-François Josselin dans le livre qu'il lui a consacré. (*Simone* Éd. Grasset). Simone se remet aussitôt à la tâche pour répondre à ceux qui mettent en doute sa sincérité dans ses mémoires, dont le titre lui avait été inspiré par un graffiti inscrit sur un mur new-yorkais : « Nostalgia is not anymore what it used to be ». Cette fois-ci, elle emprunte le titre de son livre à une chanson « bête » du début de l'autre siècle : « Le lendemain, elle était souriante. » Le refrain complet, mieux qu'un long discours, exprime parfaitement le mépris qu'elle éprouve alors pour ses détracteurs. *Le lendemain, elle était souriante/À sa fenêtre fleurie chaque soir/Elle arrosait ses petites fleurs/Grimpan-anantes/Avec l'eau de son p'tit arrosoir*. En 1985 sortait *Adieu Volodia,*

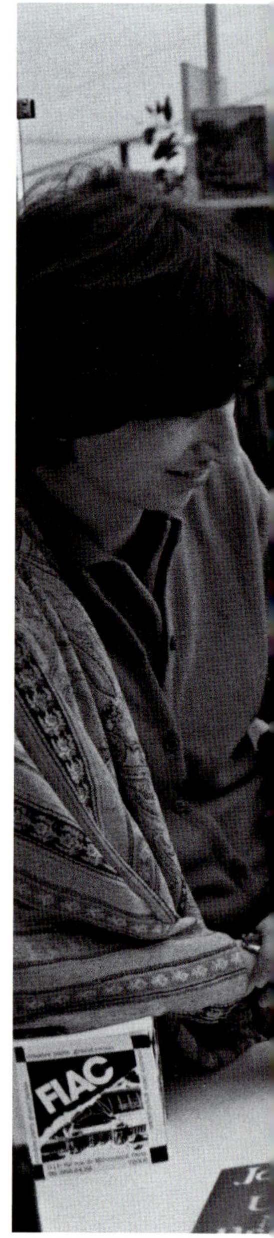

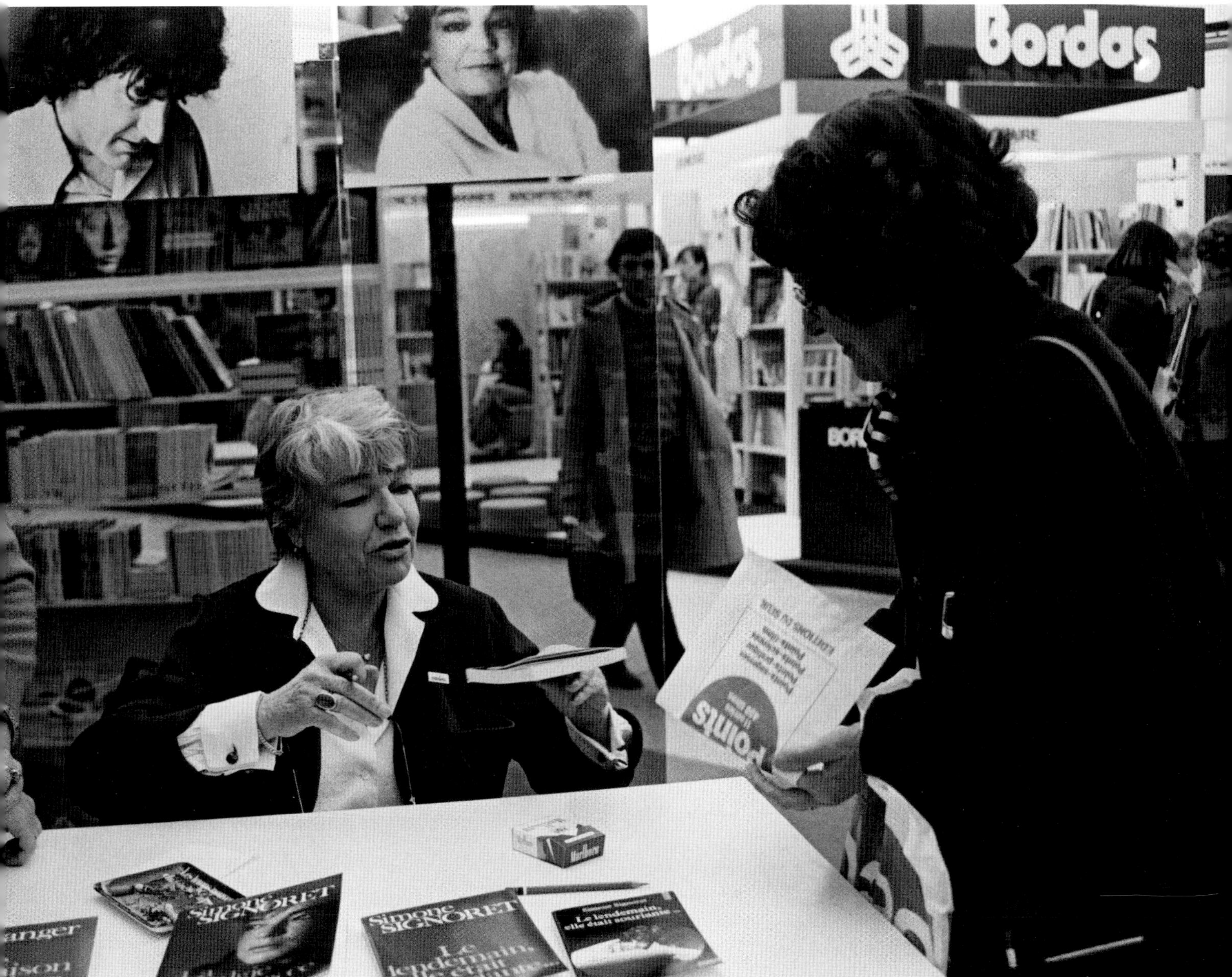

Quelle revanche sur les mauvaises langues qui avaient douté de son talent ! Simone dédicace au Salon du Livre de Paris.

son roman dont elle accoucha en dix-huit mois dans la douleur. À celle de l'enfantement littéraire s'ajoutait celle de la maladie qui la dévorait déjà depuis plusieurs années. Le bruit familier de sa machine à écrire sortait par la fenêtre du petit bureau à côté de sa chambre où, jour comme nuit, elle écrivait, rivée à sa table de travail. Obstinée à terminer ce livre avant que l'échéance redoutée ne l'interrompe, elle luttait contre les mots et contre le temps, grignotée par les maux. *Adieu Volodia* paraît au début de l'année 1985, à temps pour le « Salon du Livre » où elle s'assure un succès de star. Reconnaissance suprême, Mamie sera l'invitée d'honneur de Pivot dans l'émission *Apostrophes* aux côtés de Pierre-Jean Rémy, Claude Roy et Marie-Thérèse Humbert. Le roman, en partie autobiographique, raconte la saga d'une famille d'immigrés juifs en France dans l'entre-deux guerres. J'en reçus un exemplaire lors de sa sortie et dès lors, Mamie n'eut de cesse que je le lise. « Benjamin, au moins tu auras lu un livre dans ta vie ! » Je passai une partie de l'été 1985 à Autheuil comme tous les étés et lorsque Mamie descendait pour s'installer à sa table verte dans le jardin, j'avais droit à un passage d'*Adieu Volodia*. « C'est aussi l'histoire de ta famille, Benjamin ! » « Oui, Mamie ! » Une drôle d'ambiance régnait à Autheuil cet été-là.

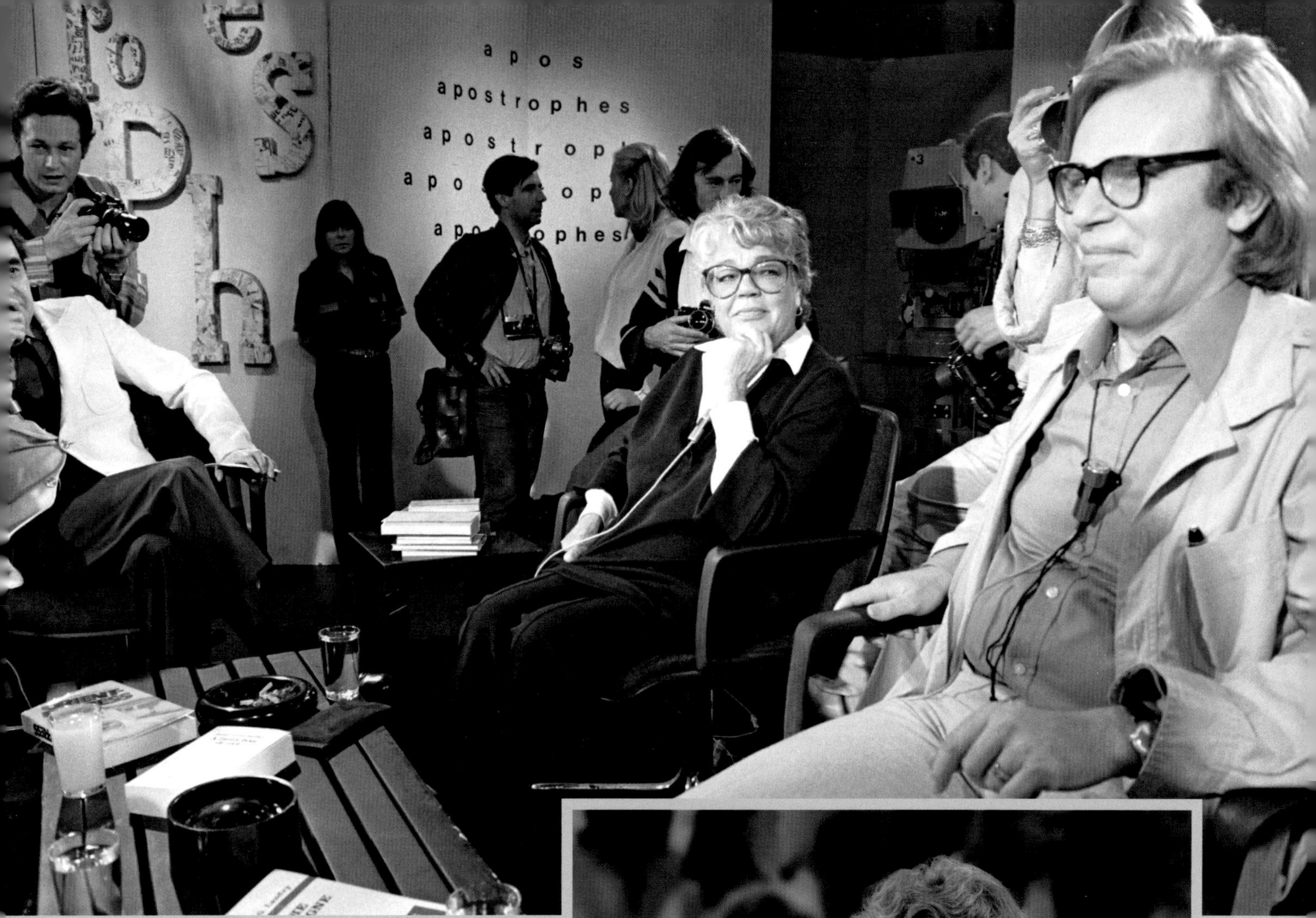

Consécration suprême, passage chez Pivot. Mamie boit du petit lait...

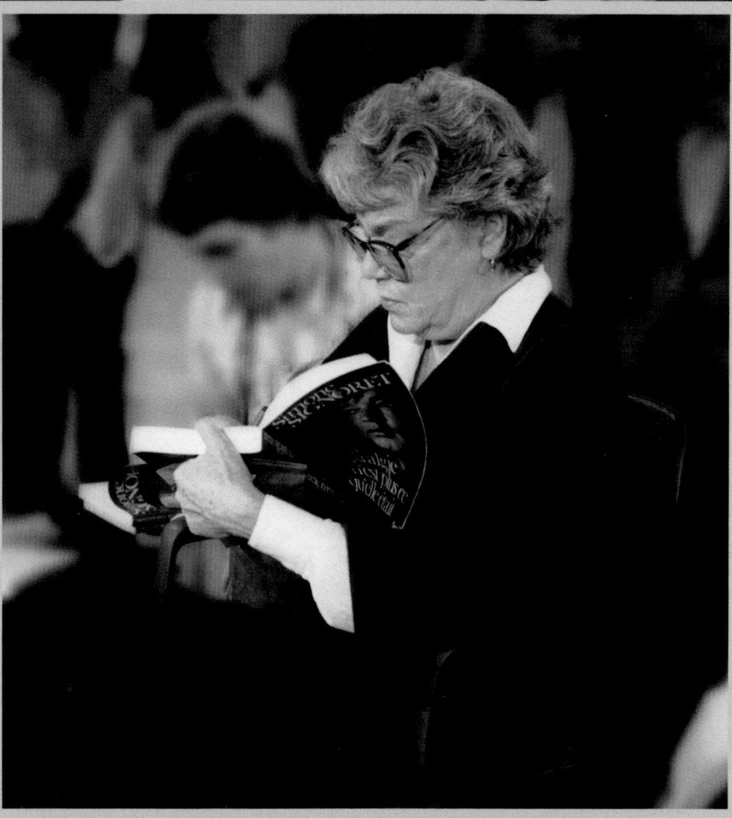

Le Professeur Léon Schwartzenberg et Marina Vlady y venaient fréquemment, avant de s'y installer à demeure. Montand, qui tournait en Provence *Jean de Florette* et *Manon des Sources* venait passer les week-ends, affublé de la barbe blanche du Papet qui lui donnait vingt ans de plus. Les amis passaient nombreux, s'arrêtant de parler alors que je m'approchais. Je profitai de cette atmosphère particulière pour négliger les dernières pages d'*Adieu Volodia*.

Mamie mourut le 30 septembre 1985 et fut enterrée au Père-Lachaise le lendemain 1er octobre. Elle y repose sous un peuplier provenant d'Autheuil : elle avait demandé qu'il fût planté à côté de sa tombe. Quelques semaines après ses obsèques, poussé par je ne sais quel remords, ou peut-être par une injonction d'outre-tombe, je vins lire les dernières pages d'*Adieu Volodia* au Père-Lachaise. Je me serais bien gardé de la contrarier en n'exécutant pas une promesse sous prétexte qu'elle n'était plus là. Elle repose maintenant en paix, depuis qu'à ses côtés dort l'homme de sa vie, enveloppé dans un châle qu'elle lui avait tricoté amoureusement. Pour l'Éternité.

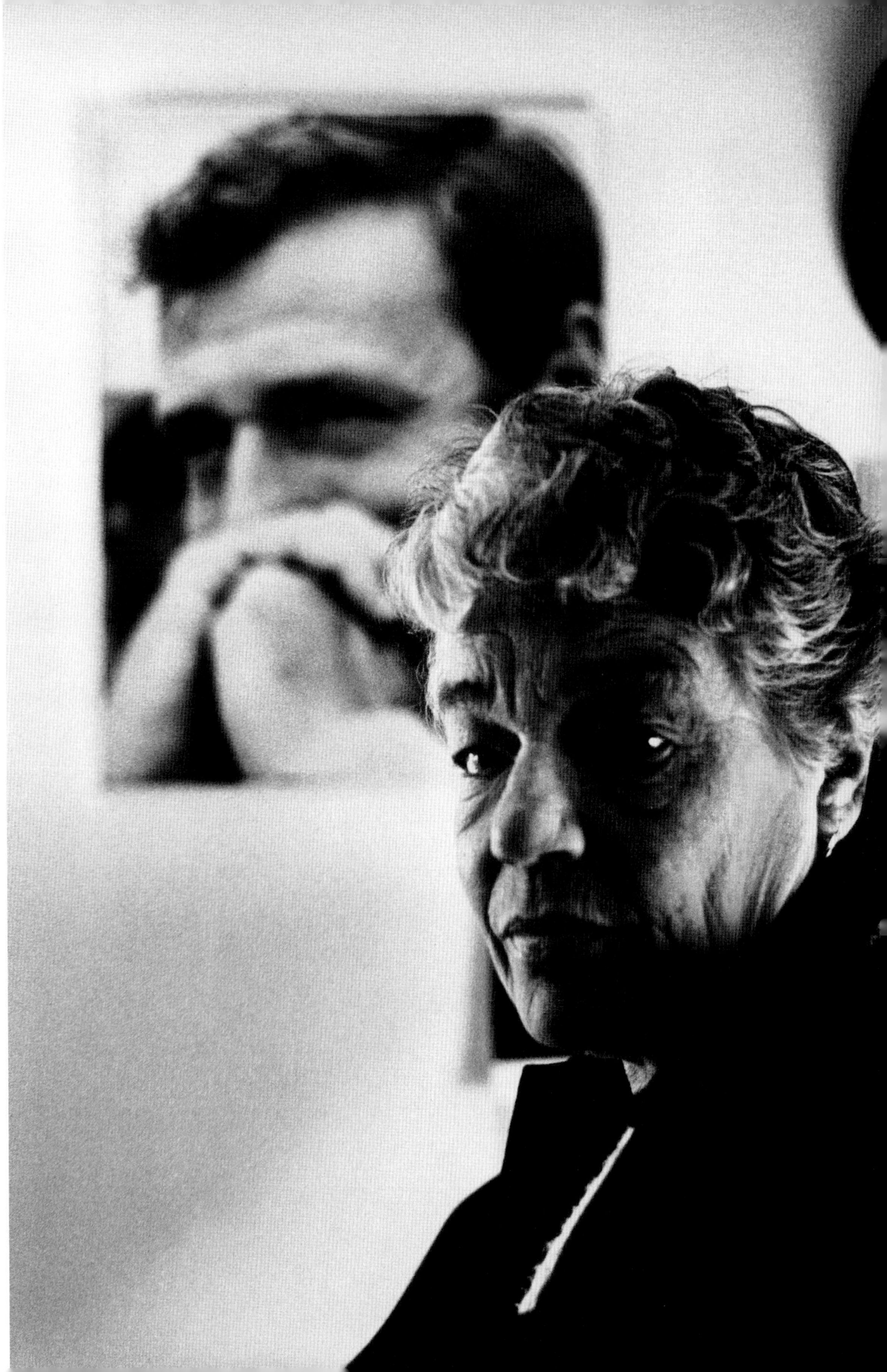

Montand avait
changé depuis la
mort de Mamie.
Il parlait maintenant
d'elle avec douceur et
ferveur en l'appelant
" ma femme ".

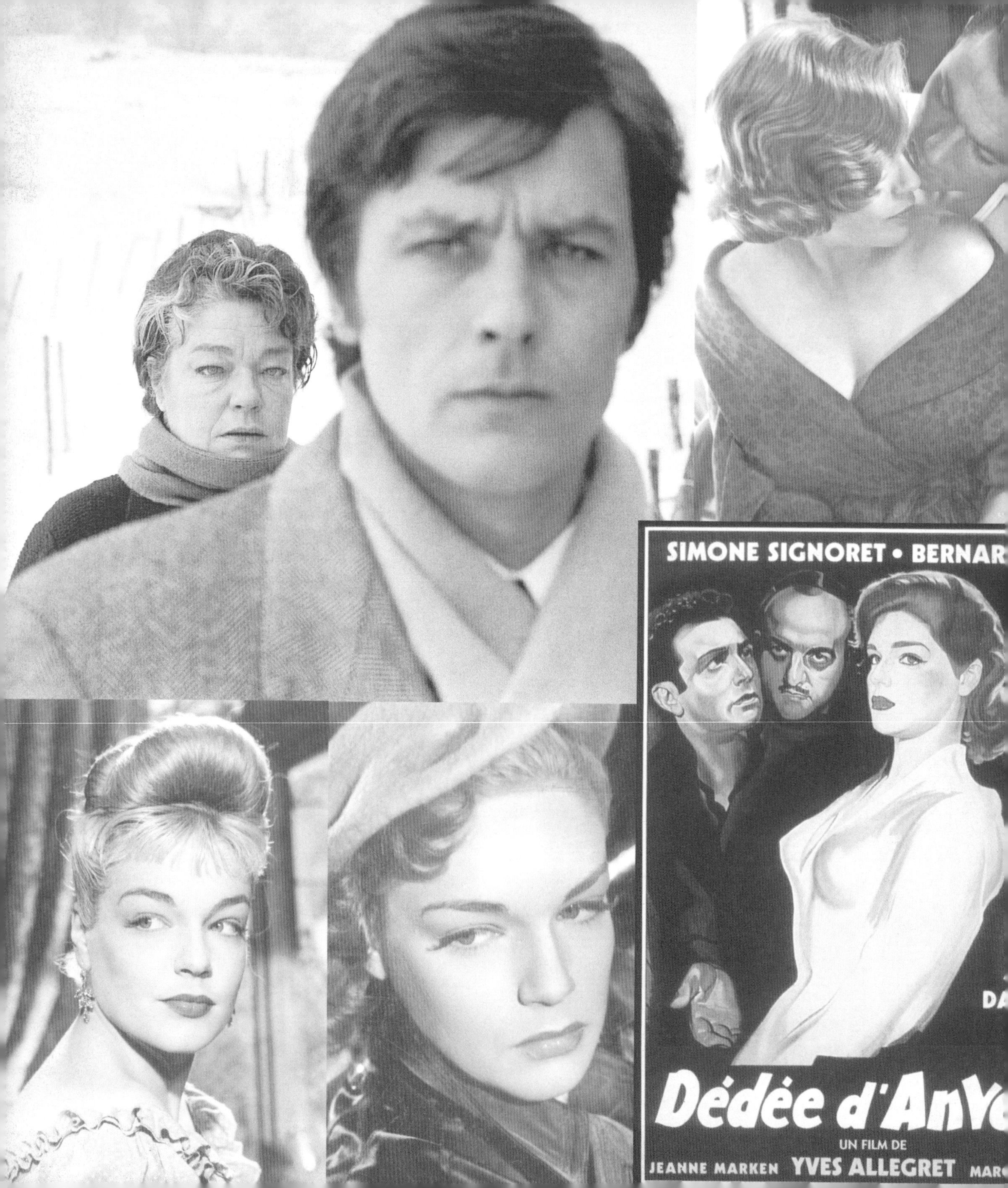
SIMONE SIGNORET • BERNAR
DA
Dédée d'AnVe
UN FILM DE
JEANNE MARKEN YVES ALLEGRET MAR

FILMOGRAPHIE

1937 : *Arsène Lupin contre Arsène Lupin*

1941 : *Le prince charmant*
1941 : *Boléro*
1942 : *L'Ange de la nuit*
1942 : *Les Visiteurs du soir*
1942 : *Le Voyageur de la Toussaint*
1943 : *Adieu Léonard*
1943 : *Béatrice devant le désir*
1943 : *La boîte aux rêves*
1943 : *Le mort ne reçoit plus*
1944 : *Service de nuit*
1945 : *Le couple idéal*
1945 : *Les Démons de l'aube*
1946 : *Macadam*
1946 : *Face à la vie*
1946 : *Ulysse ou les mauvaises rencontres*
1947 : *Fantômas*
1947 : *Les guerriers dans l'ombre*
1947 : *Dédée d'Anvers*
1948 : *Impasse des Deux-Anges*
1949 : *Manèges*

1950 : *La Ronde*
1950 : *Le traqué*
1950 : *Ombre et lumière*
1951 : *Casque d'Or*
1951 : *Sans laisser d'adresse*

1952 : *Jouons le jeu* dans le sketch « La jalousie »
1952 : *Saint-Germain-des-Prés*
1953 : *Thérèse Raquin*
1953 : *Confidences en zig-zag sur l'amour*
1954 : *Les Diaboliques*
1955 : *Mère courage* (film resté inachevé)
1956 : *La Mort en ce jardin*
1956 : *Les Sorcières de Salem*
1956 : *Un matin comme les autres/ La rose des vents*
1959 : *Les Chemins de la haute ville*
1960 : *Adua et ses compagnes*
1961 : *Les Mauvais Coups*
1961 : *Les Amours célèbres* dans le sketch « Jenny Lacour »
1962 : *Le Jour et l'Heure*
1963 : *Dragées au poivre*
1963 : *Le joli mai*
1963 : *Le Verdict*
1964 : *Aux grands magasins*
1965 : *Compartiment tueurs*
1965 : *La nef des fous*
1965 : *The love godlesses*
1966 : *Paris brûle-t-il ?*
1966 : *M.15 demande protection*
1967 : *Le Diable à trois*

1968 : *Mister Freedom*
1968 : *La Mouette*
1969 : *L'Américain*
1969 : *L'Armée des ombres*
1969 : *L'Aveu*
1969 : *Le deuxième procès d'Arthur London*
1969 : *Jour de tournage*
1970 : *Comptes à rebours*
1970 : *Henri Langlois*
1971 : *Le Chat*
1971 : *La Veuve Couderc*
1973 : *Les Granges brûlées*
1973 : *Rude Journée pour la reine*
1974 : *La Chair de l'orchidée*
1976 : *Police Python 357*
1977 : *La Vie devant soi*
1977 : *Le fond de l'air est rouge*
1978 : *L'Adolescente*
1978 : *Judith Therpauve*
1978 : *Madame le Juge*
1979 : *Chère inconnue*

1982 : *L'Étoile du Nord*
1982 : *Guy de Maupassant*
1983 : *Thérèse Humbert*
1983 : *Des terroristes à la retraite* (voix uniquement)
1986 : *Music Hall*

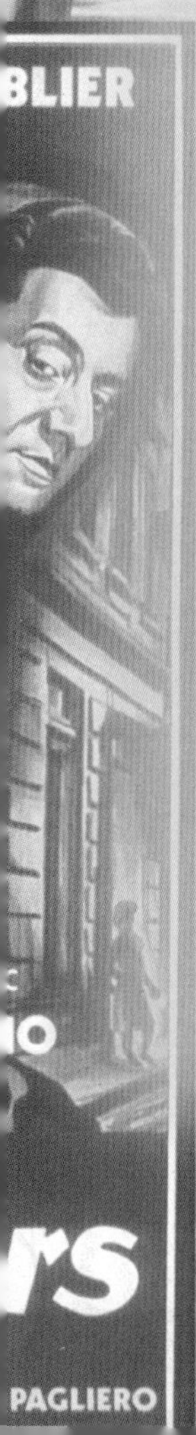

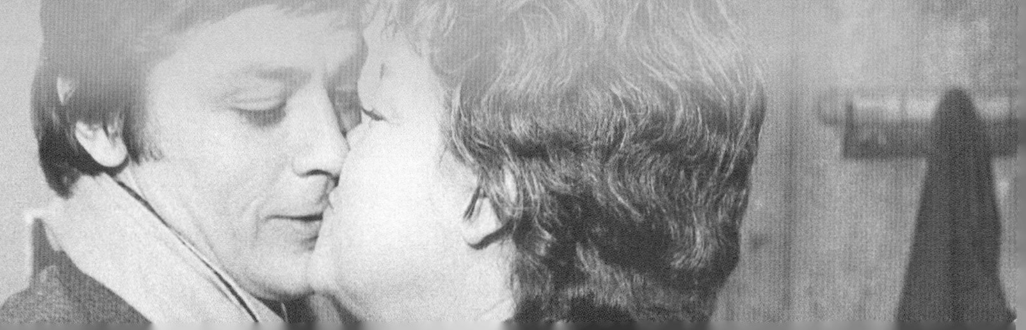

Crédits photos

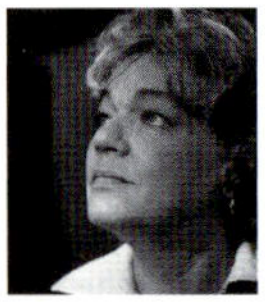
Couverture : Simone Signoret à *Apostrophes*, 1985, Gamma/Louis Monier.

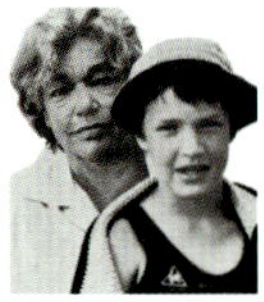
Photo 4ème de couverture : Collection privée, SR, Catherine Allégret et Benjamin Castaldi.

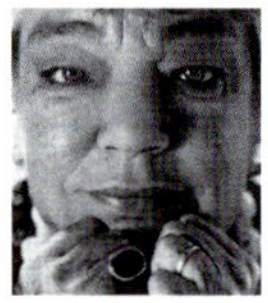
Page 8 : Plan serré de Simone Signoret en Normandie, 1977, Gamma/Michèle Pelletier.

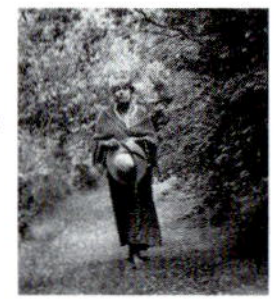
Page 10 : Simone Signoret en Normandie, 1979, Gamma/ Michèle Pelletier.

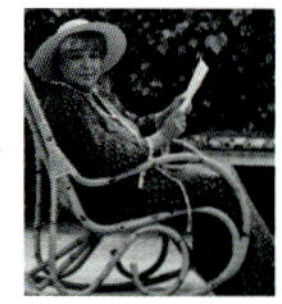
Page 12 : Simone Signoret en Normandie, 1979, Gamma/ Michèle Pelletier.

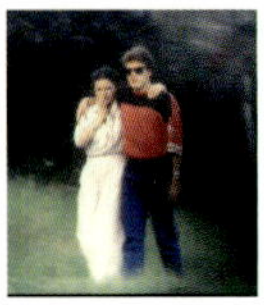
Page 13 : Agence Angeli/DR.

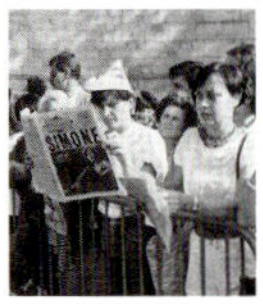
Page 15 : Obsèques de Simone Signoret à Paris en 1985, Keystone-France.

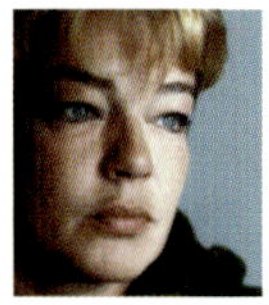
Page 16 : Simone Signoret, Rapho/Monique Jacot.

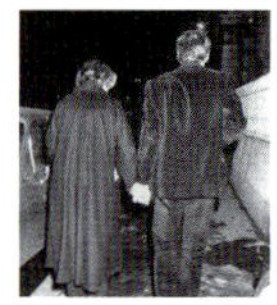
Page 19 : 1976, Agence Angeli/Bertrand Rindoff Petroff.

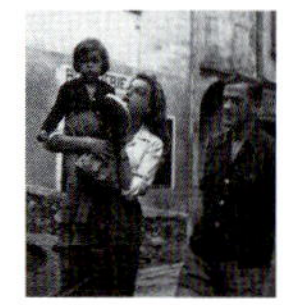
Page 20 : Simone Signoret avec son mari Yves Allégret et sa fille Catherine Allégret pendant leurs vacances à Saint-Paul de Vence, 1949, SIPA/Lido.

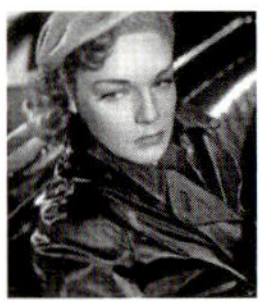
Page 22 (haut) : *Dédée d'Anvers* de Yves Allégret avec Simone Signoret, 1947, Rue des Archives/ Collection CSFF.

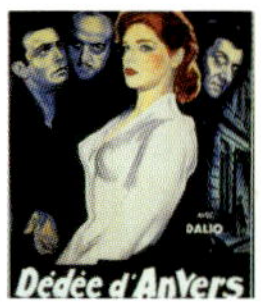

Page 22 (bas) : *Dédée d'Anvers* de Yves Allégret avec Bernard Blier, Simone Signoret, Marcel Pagliero, 1947, Rue des Archives.

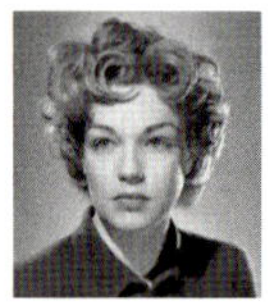
Page 23 : *La Ronde* de Max Ophuls avec Simone Signoret, 1950, Rue des Archives.

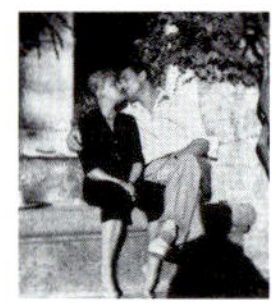
Page 25 : Yves Montand et Simone Signoret dans les années 1950, Gamma/ R.A.

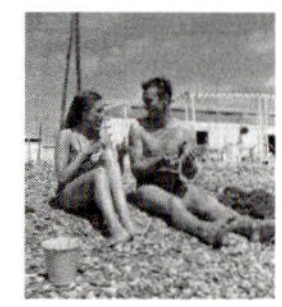
Page 26 : Simone Signoret et Yves Montand à l'époque du film *Le Salaire de la Peur* d'Henri Georges Clouzot, 1953, Gamma/R.A.

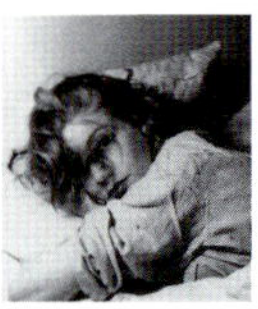
Page 29 : Simone Signoret. SIPA/Lido.

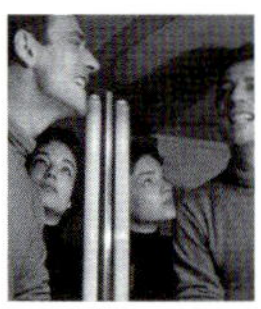
Page 30 : Simone Signoret et Yves Montand, Photo12/Archives du 7e Art/DR.

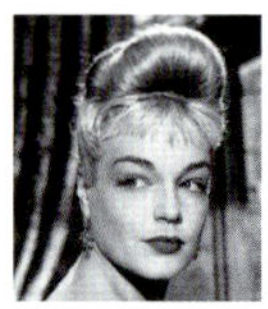
Page 33 : Simone Signoret dans *Casque d'Or* de Jacques Becker, 1952, Rue des Archives/ Collection CSFF.

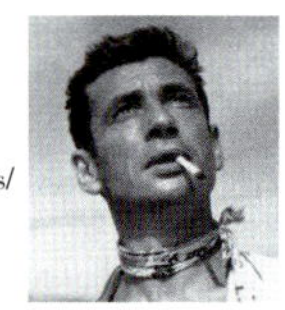
Page 34 : Yves Montand dans *Le salaire de la peur* d'Henri Georges Clouzot, 1953, Rue des Archives.

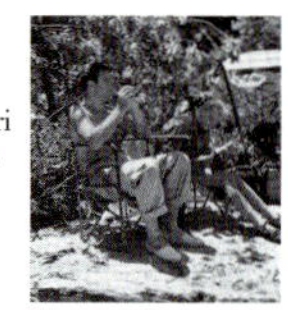
Page 35 : Yves Montand et Simone Signoret sur le tournage du film *Le Salaire de la Peur*, 1953, Gamma/R.A.

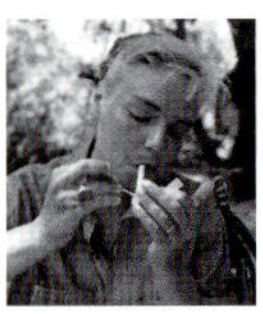
Page 36-37 : Simone Signoret sur le tournage le tournage du film *Le Salaire de la Peur*, 1953, Gamma/R.A.

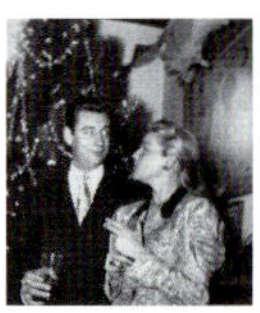
Page 38 : Mariage d'Yves Montand et de Simone Signoret à Saint-Paul de Vence dans le restaurant *La Colombe d'Or*, 1951, Rapho/ Michel Mako.

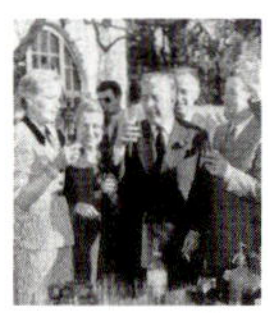
Page 40 : Le 23 décembre 1951, Yves Montand et Simone Signoret se sont mariés à Saint-Paul de Vence, au restaurant *La Colombe d'Or*, 1951, Keystone-France.

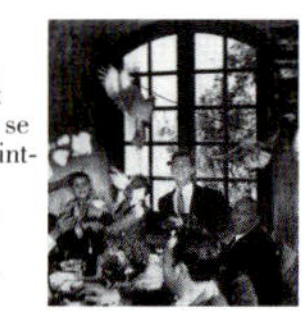
Page 42 : Mariage d'Yves Montand et de Simone Signoret à Saint-Paul de Vence dans le restaurant *La Colombe d'Or* - le lâcher de colombes, 1951, Rapho/ Michel Mako.

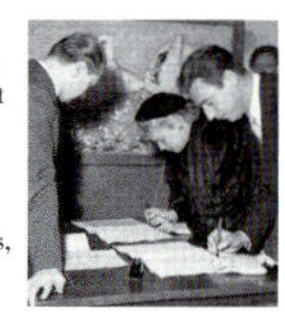
Page 43 (gauche) : A Saint-Paul de Vence, le 23 décembre 1951, Yves Montand et Simone Signoret signent le registre à la mairie, Keystone-France.

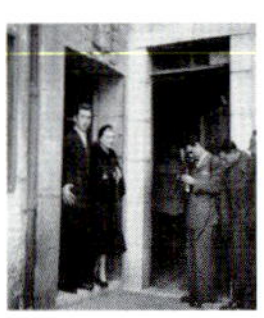
Page 43 (milieu) : Mariage d'Yves Montand et de Simone Signoret à Saint-Paul de Vence, 1951, Rapho/Michel Mako.

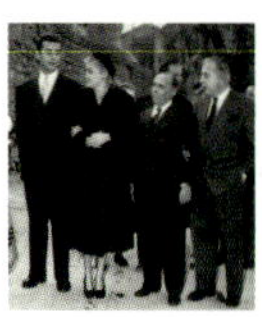
Page 43 (droite) : Yves Montand et Simone Signoret se marient à Saint-Paul de Vence le 22 décembre 1951, à leurs côtés Jacques Prévert, Rue des Archives/AGIP.

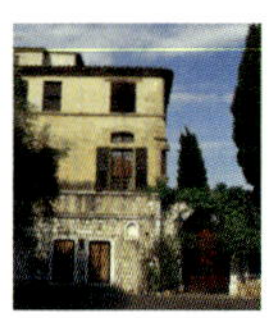
Page 45 : *La Colombe d'Or* à Saint-Paul de Vence, 1994, Gamma/Alexis Duclos.

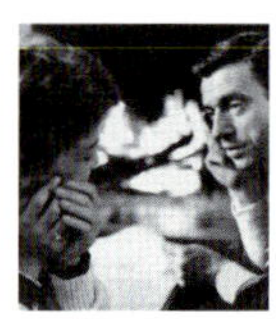
Page 47 : Simone Signoret et Yves Montand dans leur maison d'Autheuil, Top-Rapho/Michel Desjardins.

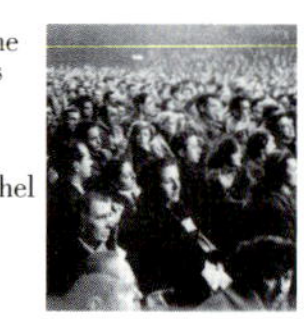
Page 48 : En février 1953, au Vél d'Hiv à Paris, Yves Montand et Simone Signoret assistent à une réunion organisée par le P.C.F. (Parti Communiste Français) en faveur des Rosenberg, couple de scientifiques communistes américains accusés d'avoir livré des secrets nucléaires à l'U.R.S.S., Keystone-France/ L'Humanité.

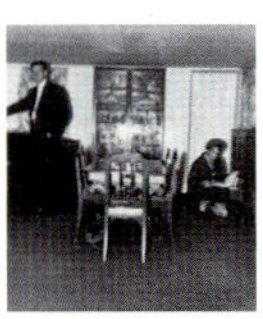
Page 50 (haut) : Yves Montand et Simone Signoret, 1963, SIPA/ Dalmas.

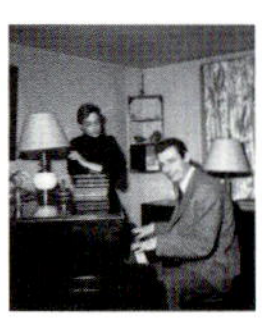
Page 50 (bas) : Simone Signoret et Yves Montand chez eux à Paris dans les années 1950, Gamma/ Stills/Quinio.

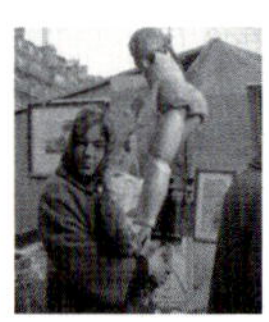
Page 51 : Simone Signoret chine chez les antiquaires à Paris, 1966, Magnum Photos/ Eve Arnold.

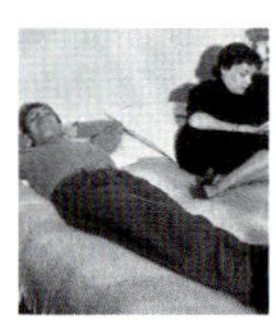
Page 53 (haut) : Simone Signoret et Yves Montand, Photo12/Archives du 7e Art/DR.

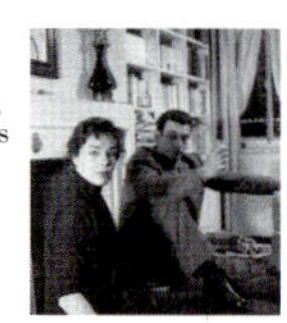
Page 53 : Simone Signoret et Yves Montand, Photo12/Archives du 7e Art/DR.

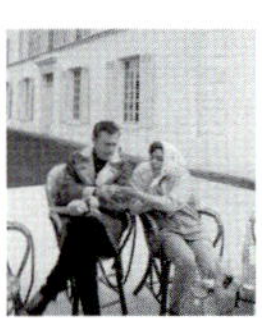
Page 55 : Simone Signoret et Yves Montand à Autheuil, 1966, Magnum Photos/ Eve Arnold.

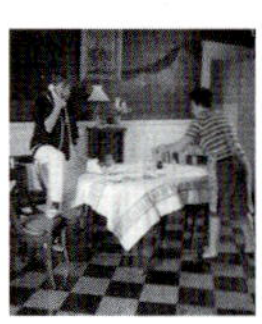
Page 56 : Simone Signoret en Normandie, 1966, Magnum Photos/Eve Arnold.

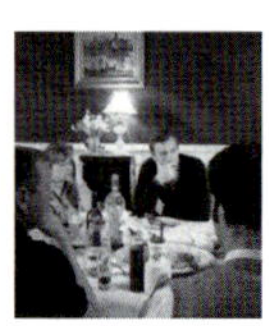
Page 57 : Simone Signoret et Yves Montand en Normandie, 1966, Magnum Photos/Eve Arnold.

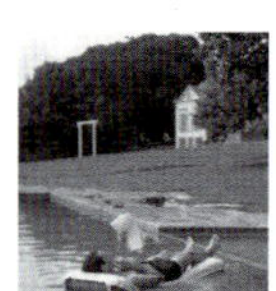
Page 58-59 : Yves Montand chez lui, 1958, Gamma/Stills/ Picot.

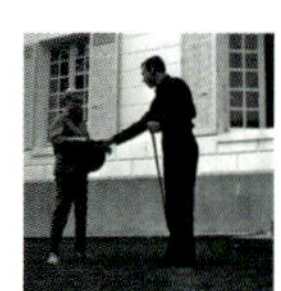
Page 60 (haut) : Yves Montand et Simone Signoret devant leur maison d'Autheuil, 1958, Photo12/Luc Fournol.

Page 60 (bas) : Simone Signoret avant une représentation privée d'Yves Montand dans leur maison d'Autheuil, 1958, Photo12/Luc Fournol.

Page 61 (haut) : Yves Montand et Simone Signoret devant leur maison d'Autheuil, 1958, Photo12/Luc Fournol.

Page 61 (milieu) : Yves Montand et Simone Signoret devant leur maison d'Autheuil, 1958, Photo12/Luc Fournol.

Page 61 (bas) : Yves Montand et Simone Signoret devant leur maison d'Autheuil, 1958, Photo12/Luc Fournol.

Page 63 (haut) : Simone Signoret et sa fille Catherine Allégret dans leur maison d'Autheuil, 1958, Poto12/Luc Fournol.

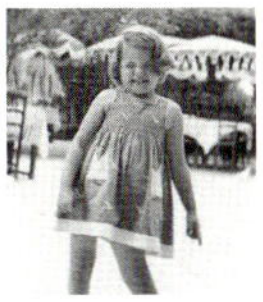

Page 63 (bas) : Catherine Allégret, fille de Simone Signoret, Rapho/Michel Mako.

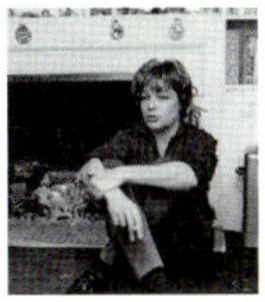

Page 64 : Simone Signoret dans son appartement de la place Dauphine à Paris, 1962, SIPA/Dalmas.

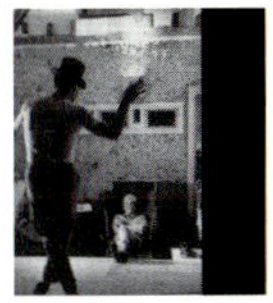

Page 67 : Simone Signoret et Yves Montand dans le théâtre privé de leur maison d'Autheuil, 1959, Roger-Viollet/Jean Mounicq.

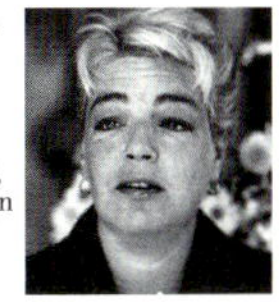

Page 69 : Simone Signoret à *La Colombe d'Or* à Saint-Paul de Vence, 1954, Gamma/Stills/ Botti.

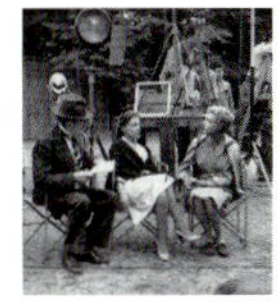

Page 70 : Vera Clouzot et Simone Signoret sur le tournage du film *Les diaboliques* le 20 août 1955, Rue des Archives/ AGIP.

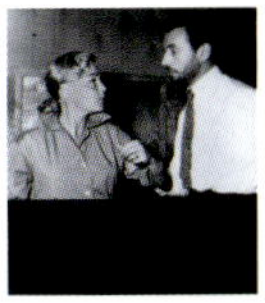

Page 73 : Simone Signoret et Yves Montand répètent des scènes du film *Les Sorcières de Salem*, 1956, Rue des Archives/ AGIP.

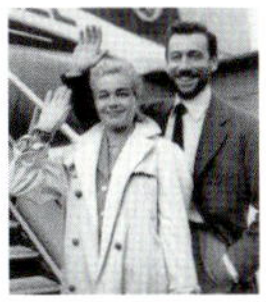

Page 75 : Simone Signoret et Yves Montand le 23 juillet 1956 à l'aéroport d'Orly, ils partent pour Berlin pour le tournage du film *Les Sorcières de Salem*, Rue des Archives/AGIP.

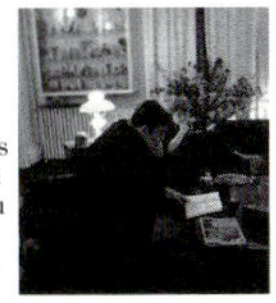

Page 77 : Simone Signoret et Yves Montand dans leur appartement de la place Dauphine à Paris, 1966, Magnum Photos/ Eve Arnold.

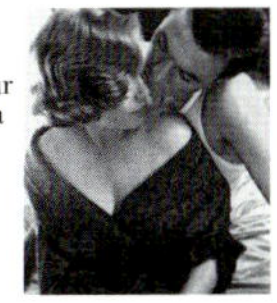

Page 78 : Simone Signoret et Laurence Harvey dans le film *Les Chemins de la haute ville*, 1959, Rue des Archives/ BCA.

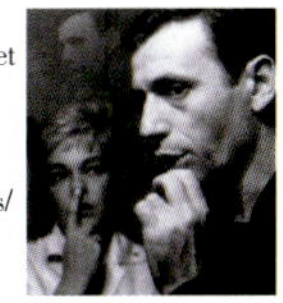

Page 81 : Simone Signoret et Yves Montand dans les coulisses du théâtre Henri Miller à Broadway, Magnum Photos/ Bruce Davidson.

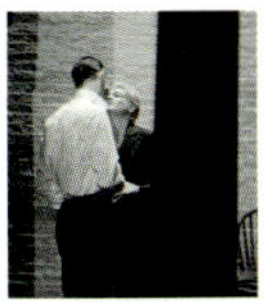

Page 82 : Yves Montand et Simone Signoret à New York, 1959, Magnum Photos/ Bruce Davidson.

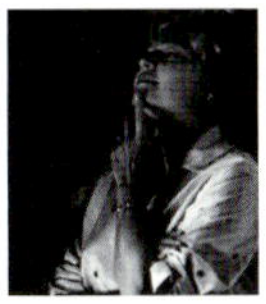

Page 85 : Simone Signoret en répétition au théâtre Henri Miller à Broadway, Magnum Photos/ Bruce Davidson.

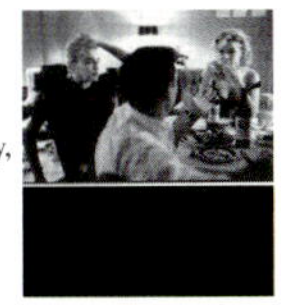

Page 87 : Simone Signoret, Yves Montand et Marilyn Monroe au Beverly Hills Hotel, 1960, Magnum Photos/ Bruce Davidson.

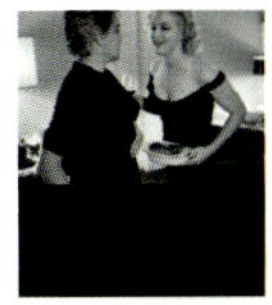

Page 89 : Simone Signoret et Marilyn Monroe à un dîner privé durant le tournage du film *Let's Make Love* à Hollywood, 1960, Magnum Photos/Bruce Davidson.

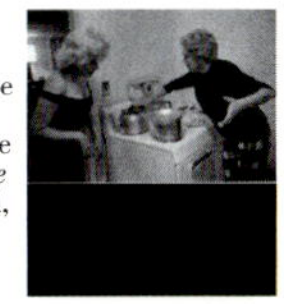

Page 91 (haut) : Marilyn Monroe et Simone Signoret dans l'appartement d'Yves Montand au Beverly Hills Hotel. 1960, Magnum Photos/ Bruce Davidson.

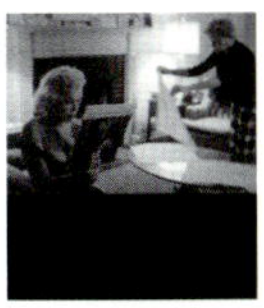

Page 91 (bas) : Marilyn Monroe et Simone Signoret à Los Angeles, 1960, Magnum Photos/Bruce Davidson.

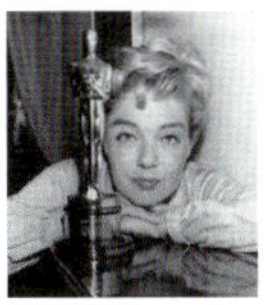

Page 92 : le 1er avril 1960, Simone Signoret pose dans son appartement parisien, avec l'Oscar, Keystone-France.

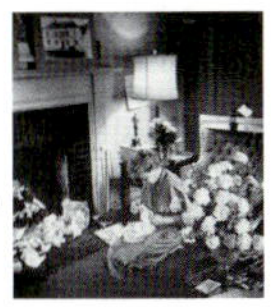

Page 95 : Simone Signoret, 1960, Getty Images/Time & Life Picture/Allan Grant.

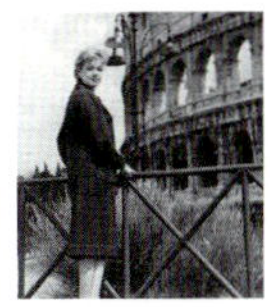

Page 96 : Le 21 avril 1960, Simone Signoret fait une pause devant le Colisée à Rome, Keystone-France.

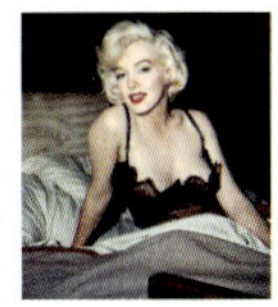

Page 99 (haut) : Marilyn Monroe pendant le tournage du film *Some like it hot* de Billy Wilder, 1959, Gamma/Stills/Pele Colls.

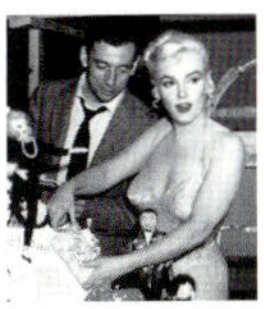

Page 99 (bas) : Marilyn Monroe et Yves Montand au moment du tournage du film *Let's Make Love* de George Cukos, 1960, Gamma/ Stills/Pele Colls.

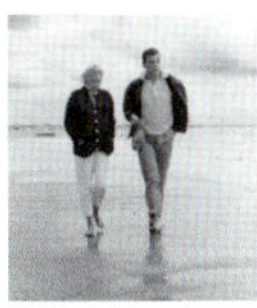

Page 100 : Le 30 juillet 1959, Simone Signoret et son mari Yves Montand se promènent sur la plage de La Baule, Keystone-France.

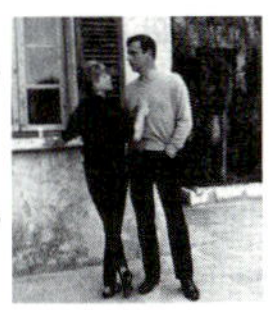

Page 103 : Yves Montand et Simone Signoret à Saint-Paul de Vence, 1961, Gamma/Kerby.

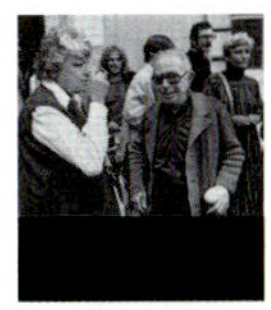

Page 104 : Jean-Paul Sartre avec Simone Signoret au Collège de France le 26 juin 1979. Jean-Paul Sartre y a donné une conférence après sa visite à l'Elysée, SIPA/Aslan.

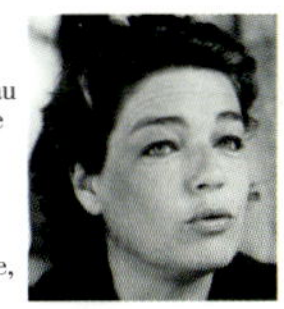

Page 106 : Simone Signoret à *La Colombe d'Or* à Saint-Paul de Vence, 1962, Gamma/Stills/ Botti.

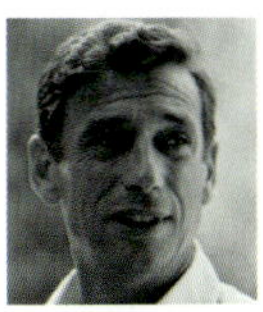

Page 109 : Yves Montand à *La Colombe d'Or* à Saint-Paul de Vence, 1962, Gamma/Stills/ Botti.

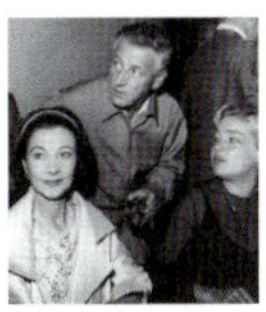

Page 110 : Simone Signoret et Vivien Leigh à la soirée donnée par Stanley Kramer pour célébrer la fin du tournage de *Ship of Fools*, Hollywood, 1965, Getty Images/Keystone.

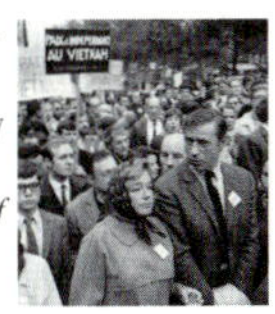

Page 113 : Le 22 octobre 1967, à Paris, Simone Signoret et Yves Montand dans la manifestation contre la guerre du Vietnam, parmi 30 000 manifestants, Keystone.

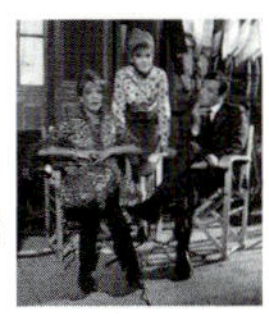

Page 114 : Simone Signoret, Catherine Allégret et Yves Montand sur le tournage du film *Compartiment tueurs* de Costa Gavras, 1964, Gamma/R.A.

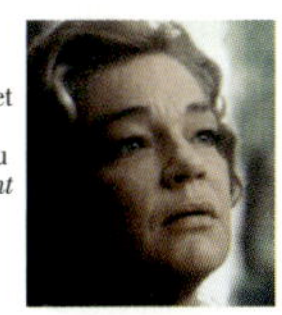

Page 116 : Simone Signoret dans *L'Aveu* de Costa Gavras, 1970, Rue des Archives/ Collection CSFF.

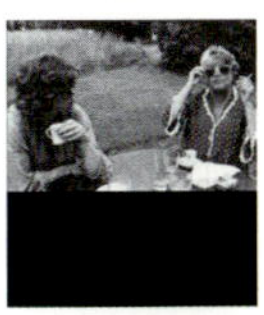

Page 119 : Simone Signoret et Catherine Allégret en Normandie, 1979, Gamma/ Michèle Pelletier.

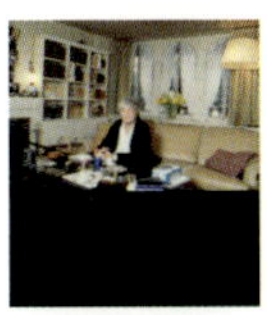

Page 120 : Simone Signoret chez elle à Paris, 1983, Corbis/ Kipa/Jérôme Prébois.

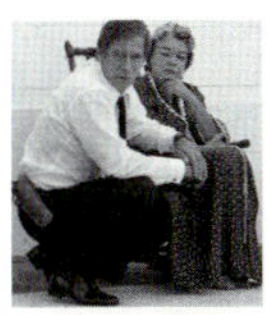

Page 123 : Simone Signoret et Yves Montand au moment du tournage du film *Police Python* 357 d'Alain Corneau, 1975, Gamma/ Daniel Simon.

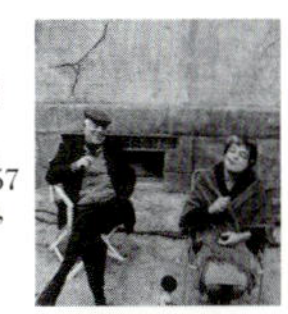

Page 124 : Simone Signoret et Jean Gabin sur le tournage du film *Le Chat* de Pierre Granier-Deferre, 1970, Gamma/Stills/ Botti.

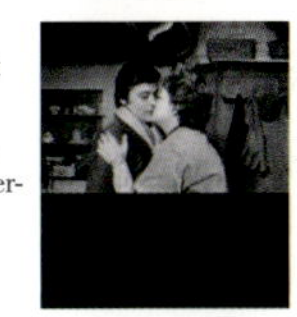

Page 126 : Simone Signoret et Alain Delon lors du tournage du film *Les Granges brûlées* de Jean Chapot, 1973, Gamma/ Jean-Pierre Bonnotte.

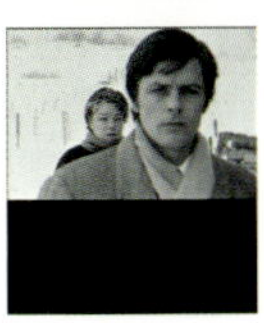

Page 127 : Simone Signoret et Alain Delon lors du tournage du film *Les Granges brûlées* de Jean Chapot, 1973, Gamma/Jean-Pierre Bonnotte.

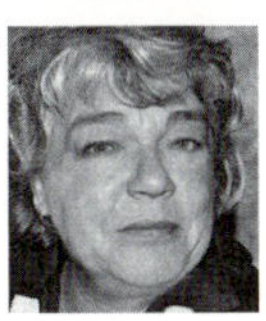

Page 129 (gauche) : Simone Signoret après la générale de la pièce de théâtre *Coupe choux*, 1976, Agence Angeli/ Jean-Claude Woestelandt.

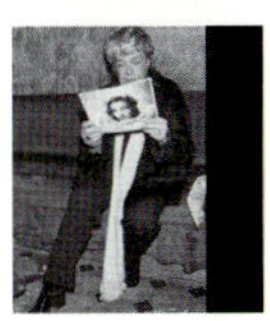

Page 129 (droite) : Simone Signoret après la générale de la pièce de théâtre *Coupe choux*, 1976, Agence Angeli/ Jean-Claude Woestelandt.

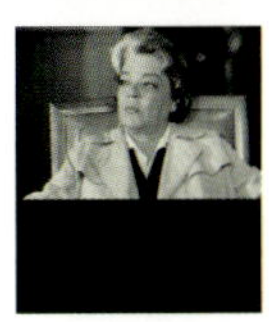

Page 131 : Simone Signoret sur le tournage de la série télévisée *Madame le Juge* de Claude Chabrol, 1977, Gamma/Daniel Simon.

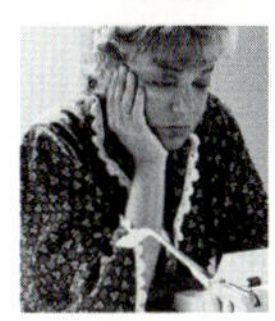

Page 132 : Simone Signoret en Normandie, 1979, Gamma/ Michèle Pelletier.

Page 135 : Simone Signoret en Normandie, 1979, Gamma/ Michèle Pelletier.

Page 136 : Simone Signoret en Normandie, 1979, Gamma/ Michèle Pelletier.

Page 139 : Simone Signoret au Salon du Livre à Paris, 1982, Gamma/Michèle Pelletier.

Page 141 (haut) : Bernard Pivot reçoit Simone Signoret et Pierre-Jean Rémy sur le plateau de son émission *Apostrophes*.

Page 141 (bas) : Simone Signoret sur le plateau de l'émission télévisée Apostrophes le 22 juin1979 dédicace de son livre *La nostalgie n'est plus ce qu'elle était*, Rue des Archive/René Saint Paul.

Page 143 : Simone Signoret, 1985, Rapho/ Robert Doisneau.

CASSI EDITION

Achevé d'imprimer en France par Pollina
N° d'impression : L54932
N° d'édition : 17848
Dépôt légal : septembre 2010